Chanson für Edith

Das Buch

1931 gilt Norbert Glanzberg in Berlin mit gerade mal 21 Jahren als die Entdeckung der Saison: Die *Comedian Harmonists* singen sein »Hasch mich« in Billy Wilders letztem deutschen Ufa-Film »Der falsche Ehemann«. Mit Hans Albers führt er die »Csárdásfürstin« auf, mit Béla Bartòk spielt er vierhändig Klavier und für Erich Kästner vertont er einen Film, der bis heute als verschollen gilt. Als die politische Lage sich 1933 zuspitzt, geht der jüdische Komponist wie so viele andere nach Paris ins Exil. Mit dem späteren Einmarsch der Deutschen beginnt für ihn ein abenteuerliches Versteckspiel mit falschen Identitäten über Nizza, Marseille, Antibes – immer in Angst vor der drohenden Deportation. Wie durch ein Wunder und mit Hilfe seiner Musikerfreunde – allen voran Edith Piaf, mit der ihn eine kurze, heftige Liaison und eine lebenslange Freundschaft verbindet – überlebt er.
Ein jüdisches Schicksal, die Geschichte einer ungewöhnlichen Liebe und ein vergessenes Stück Musikgeschichte.

Die Autorin

Astrid Freyeisen, geboren 1969 in Würzburg, hat Geschichte und Sinologie in Würzburg und Hangzhou/China studiert, 1998 folgte die Promotion. Seit 1987 arbeitet sie als freie Journalistin, seit 1997 als Hörfunk-Reporterin beim *Bayerischen Rundfunk*. Bei den Recherchen für ein Rundfunk-Feature stieß sie zufällig auf den vergessenen, damals noch lebenden Würzburger Komponisten Norbert Glanzberg.

Astrid Freyeisen

Chanson für Edith

Das Leben des Norbert Glanzberg

List Taschenbuch

Besuchen Sie uns im Internet:
www.list-taschenbuch.de

Umwelthinweis:
Dieses Buch wurde auf chlor- und säurefreiem Papier gedruckt.

Ungekürzte Ausgabe im List Taschenbuch
List ist ein Verlag der Ullstein Buchverlage GmbH, Berlin
1. Auflage Juli 2005

Umschlagkonzept: HildenDesign, München - Stefan Hilden
Umschlaggestaltung: Hauptmann und Kompanie Werbeagentur, München–Zürich
Titelabbildung: Privatbesitz
Satz: Franzis print & media GmbH, München
Druck und Bindearbeiten: Clausen & Bosse, Leck
Printed in Germany
ISBN-13: 978-3-548-60560-9
ISBN-10: 3-548-60560-5

Inhalt

Cet air qui m'obsède jour et nuit
Cet air n'est pas né d'aujourd'hui
Il vient d'aussi loin que je viens
Traîné par cent mille musiciens

(Padam … Padam)

Mama, warum lacht die Musik, warum weint die Musik?

Eine Kindheit in Würzburg

Eigentlich hat alles mit einer Eisbahn angefangen, die eine Eisenbahn hätte sein sollen. Norberts Vater Samuel Glanzberg war ein kleiner, hagerer Mann. Er strich in seiner Heimat in den Weiten Galiziens, wo der Glanz des österreichisch-ungarischen Kaiserreiches gerade verblasste, für viel zu wenig Geld Hauswände an. Das Städtchen, in dem er 1910 lebte, hieß Rohatyn und lag etwa hundert Kilometer südöstlich von Lemberg. Doch das Leben dieser Metropole Österreichisch-Galiziens, die später zu Polen und noch später zur Ukraine gehören sollte, und in der sich Beamte aus der fernen Kaiserstadt Wien wie kleine Könige sonnten, durfte einer wie Samuel Glanzberg höchstens aus der Ferne bestaunen. Juden lebten zwar seit Generationen als Nachbarn der Christen, aber dennoch trennten sie durch ihre Lebensart und ihre religiösen Gesetze Welten. In den Dörfern und kleinen Städten rund um Lemberg waren sie daran gewöhnt, ihre eigenen Bräuche mit den Pflichten kaiserlicher Untertanen zu verbinden, hatten es aber dennoch schwer, ihren Lebensunterhalt inmitten ihrer christlichen, oft feindlichen Umwelt zu verdienen. Samuel Glanzberg sprach jiddisch, wie schon seine Väter und Vorväter und wie das Mädchen Malka, das er drei Jahre zuvor geheiratet hatte. Gerade erst war ihr erstes Kind geboren worden, am 12. Oktober 1910: Nathan, der immer nur Norbert gerufen werden sollte. Malka war 28 Jahre alt und wusste ganz genau, was sie wollte: ein leichteres Leben, weit weg von Rohatyn. Es kümmerte sie wenig, dass sie hier geboren war, dass auch ihre Eltern hier lebten und dass dasselbe für Samuel galt, der immerhin schon 41 Jahre alt war. Malka hatte von einem besseren Dasein im Westen gehört und davon träumte sie. Sie wollte nicht ihr Leben lang nur träumen. Und sie setzte sich durch.

Samuel Glanzberg musste sich also auf den Weg Richtung Westen machen. Die Zugfahrt dauerte Tage. Sie endete in Würzburg am Main, in Franken. Es war eine enorme Überwindung für Samuel diese Expedition zu wagen, um Malka und seinem winzigen Schreihals von Sohn eine sicherere Heimat zu suchen, in der der Kleine die Chance bekommen würde, ohne die ständige Furcht vor dem Judenhass aufzuwachsen. Die dunklen Haare und den Schnurrbart sorgfältig gekämmt und geölt, demonstrierte Samuel Zuversicht und Selbstbewusstsein, als er sich zu jener Zeit fotografieren ließ. Die Fliege war etwas zu groß, aber dadurch wirkten die Weste und der Frack über seinen schmalen Schultern umso herrschaftlicher.

Samuel wanderte durch die Stadt der Weinberge, kaufte bei jüdischen Bäckern in engen mittelalterlichen Gässchen ein, erschrak beim Läuten der Straßenbahn, blinzelte vor der barocken Residenz in die Abendsonne und war wie betäubt von den mächtigen, scheinbar unzähligen Glockenschlägen der Kirchen. Und er traf auf Juden, die eine ähnliche Expedition wie er schon hinter sich hatten – Juden, die sich mit ihren Familien für immer hier niedergelassen hatten und denen es gut ging. Dann kam der Tag, an dem Samuel aus Würzburg beruhigt zurück nach Hause fahren durfte, weil er wusste, dass Malka mit dieser neuen Heimat bestimmt zufrieden sein würde. Mit einem verschmitztem Lächeln in den dunklen Augen fragte Samuel in holprigem Deutsch einen Würzburger seinen wohlvorbereiteten Satz: »Wo ist Eisbahn?« Norbert Glanzberg konnte sich später diebisch freuen, wenn er sich diese Szene bildlich vorstellte: »Mein Vater wollte nach der Eisenbahn fragen, sagte aber: Wo ist die Eisbahn?, – und so hat man ihn zur Eisbahn auf der anderen Mainseite geschickt. Er musste mit seinem Koffer zu Fuß gehen und hat natürlich seinen Zug verpasst. Er hat auf den nächsten Zug einen Tag später warten müssen.«

Zuvor schon hatte Norbert Glanzbergs Vater in Würzburg allerlei komische Dinge erlebt. Da war zum Beispiel die Episode mit der Bratwurst. Er hatte Essen in einer billigen Wirtschaft bestellt, aber als der Teller kam, schüttelte er sich vor Ekel: Was war denn dieses gelbe Zeug, das aussah wie der Inhalt von Norberts Windeln, um die sich Malka zur selben Zeit weit weg in Rohatyn ganz allein kümmerte? »Mein Vater hatte noch nie Senf gesehen.« Er blieb für Norbert Glanzberg ein Leben lang ein ungebildeter galizischer Jude, für den man sich schämte, weil er nie so gut Deutsch sprechen lernte, als dass er wirklich nach Würzburg gepasst hätte. Wäre es nach Samuel gegangen, hätte er die weite Reise nämlich nie gemacht. »Mich hat es genug Mühe gekostet, deinen Vater aus Polen rauszukriegen«, schrieb Malka viele Jahre später an Norbert. Die drei Glanzbergs zogen also nach Würzburg. Der Sohn war erst ein Jahr alt. Von Nathan war keine Rede mehr. In Deutschland war es praktischer, Norbert zu heißen.

Dabei hatte es Samuel Glanzberg in Franken nicht leicht. Das lag vor allem an seinem holprigen Deutsch, dem jeder sofort anhören konnte, wen er vor sich hatte: einen Ostjuden! Und Ostjuden gegenüber war man reserviert. Schlimm war auch, dass Samuel keine Zeit hatte, seine abenteuerliche Grammatik und seinen lückenhaften Wortschatz zu verbessern, was dringend nötig gewesen wäre. Und Anstreicher gab es in Franken genug. Samuel hatte keine andere Wahl, als einen völligen Neuanfang zu wagen. Etwas, zu dem er überhaupt keinen Bezug hatte und wofür er obendrein sehr flüssig Deutsch hätte sprechen müssen, um erfolgreich zu sein: Mit einem Koffer voller Weinproben wanderte er bis hinüber in den Thüringer Wald und versuchte, Wein zu verkaufen – eine furchtbar mühsame Sache. Umso mehr, als er nicht einmal in einer der unzähligen Würzburger Weinhandlungen Arbeit gefunden hatte, sondern ausgerechnet bei einer Firma namens Mohrenwitz im fernen Schweinfurt, wo es noch mehr Weinhandlungen gab als in

Würzburg. Samuel verließ also Montag morgens in aller Herrgottsfrühe seine kleine Familie, stieg in die Bimmelbahn ins fünfzig Kilometer entfernte Schweinfurt, packte dort seinen Sortimentenkoffer voller Fläschchen, deren Inhalt er selbst nur vom Hörensagen kannte, und ließ sich vom Chef erklären, was er wohl den Kunden sagen könnte. Erschöpft von einer Woche des Wanderns und des Kampfes mit der ihm fremden Sprache, kam er am Freitag wieder in Würzburg an, gerade rechtzeitig zum Sabbat. Als Norbert ein kleiner Junge war, durfte er seinen Vater manchmal nach Schweinfurt begleiten: »Da gab es eine schöne Pferdebahn.«

Am Würzburger Festungsberg fiel in Norberts Kinderzeit im Winter genug Schnee, um die Nachmittage auf einem hölzernen Schlitten zu verbringen, den er keuchend den steilen Hang hochschleppte, um inmitten einer Hundertschaft anderer Würzburger Kinder jubelnd und kreischend hinunterzusausen. Mehr als achtzig Jahre später machte er ein Ritual daraus, bei jedem seiner Würzburg-Besuche die Alte Mainbrücke unterhalb des Festungsbergs zu überqueren, mit seinem Stock auf den alten Schlittenhang zu zeigen und sich voller Wehmut zu fragen: »Ob man dort heute auch noch Schlitten fährt?«

In der Nähe der Wohnung am Festungsberg war die Fasshandlung Oistrach. Sie waren ebenfalls Juden aus dem Osten. Aber die Oistrachs hatten sich erfolgreich etabliert, sie gehörten in der jüdischen Gemeinde zu den betuchteren Leuten, und Vater Oistrach leitete sogar die israelitische Darlehenskasse in Würzburg. Heute erzählt seine Großnichte, Norberts erste Mundharmonika sei ein Geschenk von Frau Oistrach gewesen. Ob dem so war, bleibt dahingestellt. Fest steht, dass er damit zur Attraktion im Freundeskreis seiner Eltern wurde. An den Sonntagnachmittagen hob man den kleinen Norbert unter den Bäumen im Ausflugslokal »Huttenscher Garten« auf den Tisch. Voller Selbstbewusstsein pustete er in seine Mundharmonika, und jeder erkannte sofort die damals populären Schlager: »Puppchen, Du bist mein Augenstern« oder »Die Männer sind alle Verbrecher«. Man sah sich verwundert an: Woher kannte der kleine Knirps die überhaupt? Er hatte sie auf der Gasse aufgeschnappt, von pfeifenden Handwerkern, sagte die Mama. Die Bekannten starrten Norbert bewundernd an – ganz offensichtlich ein Wunderkind! Sie überreichten dem Kleinen feierlich ein Stückchen »Eszet«-Schokolade – der Anfang einer lebenslangen Leidenschaft für Süßes.

»Ich gedenke deinem ersten Liedchen auf der Harmonika am Main, das du rausgebracht hast: Mariechen, wenn ich dich kriege, reiße ich dir das linke Bein heraus«, erinnerte sich Malka später in einem Brief an ihren Sohn. Schnell sprach es sich in der jüdischen Gemeinde herum: Die Glanzbergs, die aus dem Osten, hatten einen Sohn, der ein kleiner Mozart zu sein schien! Alle waren neugierig darauf, ihn schließlich auch singen zu hören! »Bei meiner Bar-Mizwa waren alle furchtbar enttäuscht. Ich musste singen, und keiner konnte es glauben: Sang so ein musikalisches Wunderkind? So schlecht?«

Auch mit der Mundharmonika fühlte sich Norbert nicht richtig wohl. Sie machte nicht alles, was er wollte, und das konnte er gar nicht vertragen. Eines Tages entlud sich die Unzufriedenheit in einem Wutanfall. Voller Wucht pfefferte er die verhasste Mundharmonika aufs Pflaster und zertrat sie mit dem Fuß, was ihm sofort danach Leid tat. Aber nun war es zu spät. Sie war kaputt. Er fing laut zu weinen an und kauerte sich neben den traurigen Mundharmonika-Trümmern aufs Kopfsteinpflaster. Seine Welt schien zusammengebrochen zu sein, Wut und Tränen schüttelten ihn. Malka riss das Fenster auf. Was war denn da unten auf der Gasse los? »Mama, die Harmonika spielt falsch!« Norbert war so verstört, dass er den unbekannten Mann neben sich erst bemerkte, als der ebenfalls zu Malka hochrief: »Gnädige Frau, ich meine zu wissen, weshalb Ihr Sohn weint. Darf ich ihm helfen? Ich möchte ihm gerne eine neue Mundharmonika kaufen.« Der Mann nahm Norberts klebriges Händchen, zog ihn vom Boden hoch und führte ihn in die Domstraße zum nächsten Spielzeuggeschäft.

Dort, wo heute ein Kosmetikgeschäft ist, durfte sich Norbert alle Mundharmonikas vorführen lassen: »Ich weiß es noch ganz genau. Der Mann war ein General in Uniform. Er hat besser als ich verstanden, was ich mit den fehlenden Tönen meinte. Er hat mir eine Mundharmonika mit chromatischen Tönen gekauft. Dann spielte ich wieder ›Püppchen, Du bist mein Augenstern‹ und ›Die Männer sind alle Verbrecher‹.« Die Welt der Klänge war von Anfang an mehr Norberts Welt als die Welt der Ereignisse um ihn herum.

Seine Mutter war die Erste, der das auffiel. Wenn man die Alte Mainbrücke hinunter ging und das Rathaus mit seinem barocken, prächtig geschmückten Brunnen passierte, dort, wo die Pferdedroschken parkten und die jungen Burschen herumlungerten, wenn man in Richtung Dom ging, dann prangten gleich am ersten der großzügigen Bürgerhäuser große Lettern und Bilder von schönen, eleganten Menschen: die Reklame des »Lu-Li«-Kinos, wie die Würzburger ihre »Luitpold-Lichtspiele« nannten. Norberts Mama liebte das Kino, und er durfte von ihrem Schoß aus zuschauen. Sie spürte Norberts Aufregung, wenn das kleine Orchester zu den Bildern der Stummfilme zu spielen begann. Er fragte sie in seinem Kinderkauderwelsch auf Polnisch: »Dlevezago musika tak plaeza – Mama, warum lacht die Musik, warum weint die Musik?« Für Norbert wurde diese kindliche Frage im Kino der Schlüssel zu seinem ganzen Leben: »Das war der Anfang meiner angeblichen Begabung.«

Damals wohnten die Glanzbergs schon nicht mehr am Festungsberg, sondern in einem engen Gässchen wenige Meter vom Rathaus entfernt: Wolfhartsgasse, Haus Nummer 6. Dort spürte er Jahrzehnte später den Schmerz der nicht aufzuhaltenden Zeit am meisten. Immer blieb er am Ort seiner Kinderjahre stehen und starrte die glatte Nachkriegsfassade an: »*Pas le même*, das hat sich so sehr verändert, das war hier alles viel enger, und die Häuser waren alt.« Er zeigte mit seinem Stock hoch zur ersten Etage, wo ihm die Nachbarin einst versprochen hatte: »Leg Zucker aufs Fensterbrett, dann bringt der Storch dir Geschwister.« Und so geschah es auch wirklich, 1914 kam Norberts Schwester Liesel zur Welt.

Sie war kaum geboren, als es an der Tür in der Wolfhartsgasse klingelte. Ein heißer Sommertag: Im Gang steht Samuel, wieder einmal fertig zur Abreise. Aber diesmal scheint etwas nicht zu stimmen. Mit seinen vier Jahren versteht Norbert nicht, warum der Vater plötzlich so ähnlich aussieht wie die vielen jungen Männer, die neuerdings alle gleich angezogen sind und unförmige Mützen tragen. Er weiß nicht, warum der Vater eine kratzige Jacke mit riesigen Brusttaschen trägt und den Kragen bis unters Kinn zuknöpft, findet auch die grauen Hosen und die groben Strümpfe verwirrend. Man hat ihm gesagt: Schau her, das sind Soldaten, der Papa ist jetzt auch Soldat. Er muss fort und sich um andere Soldaten kümmern, wenn die krank sind. Soldaten? Aber nein, die kannte Norbert doch: Die waren viel schöner angezogen, und vor allem spielten die im Hofgarten bei den Sonntagskonzerten, wo alle laut klatschten. Der Papa konnte nicht spielen, ihm klatschte niemand zu, er gehörte ganz sicher nicht zu den Soldaten.

Aber wo ist Papas Koffer mit den Weinproben? Norbert sieht ihn nirgends. Ächzend hebt Samuel einen unförmigen Rucksack auf seine Schultern. Die aufgeregte Stimme der Mutter hört Norbert schon unten vor der Haustüre. Mit wem spricht sie? Die Treppenstufen knarren laut. Er wird neugierig, drückt sich an seinem Vater vorbei ins Treppenhaus und quetscht sein kleines Gesicht zwischen die eisernen Stäbe des Geländers. Zwei schwitzende und keuchende Männer schleppen einen riesigen Kasten an ihm vorbei in die Wohnung. Vorbei an Samuel, der immer noch mit seinem Rucksack im Gang steht. »Ins Wohnzimmer«, ruft Malka den Männern zu, bevor sie sich Samuel zuwendet. Norbert wird zu ihm hochgehoben, aber er strampelt und quengelt, weil er lieber sehen will, was das für ein Kasten ist. Er rennt den Männern hinterher. Sprachlos vor Staunen steht er dabei, als sie den Kasten von seinem Tuch befreien: ein Klavier! So eins wie im Kino! Norbert hört die Wohnungstür nicht hinter Samuel zuschlagen. Er hat mit viel Mühe schon den Deckel aufgeklappt und mit seinem kleinen Finger die erste Taste angeschlagen.

Das war im Sommer 1914. Samuel Glanzberg rückte als Sanitätssoldat in die österreichische Armee ein. Malka Glanzberg verdiente in Würzburg nun ganz allein das Geld für sich und die beiden Kinder, indem sie Schulterklappen für Uniformen nähte. Manchmal blieb genug übrig, um nebenan ein Konzert im bayerischen Staatskonservatorium zu hören – ein Konzert zugunsten Verwundeter. Manchmal nahm die Mama Norbert auch dorthin mit.

Musik und Politik, dazwischen ein Norbert Glanzberg, der nur an das eine dachte, nie an das andere. Diese Konstellation sollte sein Leben bestimmen. Auch gegen seinen Willen. Nur wenn es nach Abenteuer roch, rückte die Welt der Ereignisse auch für ihn in den Vordergrund. Er war ein rothaariger Achtjähriger, der nicht auf seine Lehrer in der jüdischen Grundschule hörte, die mahnten: »Geht nach der Schule sofort heim. Auf keinen Fall auf den Residenzplatz, da wird geschossen!« Für Norbert gab es nach dieser Warnung natürlich keinen Weg am Residenzplatz vorbei, und so stand er fasziniert in der Menschenmenge, die ängstlich und sensationslüstern zugleich zusah, wie die Revolutionäre vom Dach des hochherrschaftlichen Gebäudes schossen. »Hinterher haben mich meine Klassenkameraden beim Lehrer verpfiffen, und ich bin bestraft worden.« Das verstand er nicht ganz. Taten nicht auch die Großen Dinge, die man nicht durfte? Als der Papa noch im Krieg war und alle wenig zu essen hatten, dachte sich die Mama einen guten Trick aus. Die Glanzbergs hatten Bekannte in Unsleben, einem kleinen Dorf in der Rhön, fast hundert Kilometer von Würzburg entfernt. Diesen Leuten ging es besser, weil man auf dem Land leichter an Lebensmittel herankam. Mit der Mama musste er deshalb oft in langen Tagesmärschen nach Unsleben reisen und einen sperrigen Geigenkasten mitschleppen: »Mit dem Kasten konnte man gut hamstern gehen. Da passte eine Menge hinein. Man hat meine Mutter nie erwischt.« Norbert hasste dieses Unsleben. Seine Eltern hatten nämlich ein paar Jahre später die Idee, ihn dorthin in die Sommerferien zu schicken: »Es war furchtbar langweilig. Da bin ich ausgerissen, zu Fuß zwanzig Kilometer nach Meiningen gelaufen und von dort mit der Bahn nach Hause gefahren. Ich muss damals etwa vierzehn Jahre alt gewesen sein.«

Im humanistischen Alten Gymnasium hatte es Norbert schwer, weil er den Bogen weg von der Welt der Klänge zu selten schlagen konnte oder wollte – durchgefallen! Mit einem bitteren Lächeln erinnert er sich an das Unverständnis, das man ihm entgegenbrachte: »Ich war ein furchtbar fauler Schüler. Gerade in Mathematik war ich schlecht, obwohl Juden doch angeblich so gut rechnen können.« Auch nach dem Wechsel auf das Königliche Realgymnasium quälte sich Norbert regelrecht durch die eintönigen Schulstunden. Nachmittags beschäftigte er sich zwar ebenfalls mit Dingen, die ihn wenig interessierten, aber immerhin ging es da um Musik: Malka und Samuel hatten beschlossen, das Talent ihres Sohnes durch Klavierunterricht in der »Staatlich genehmigten Elementarschule für Klavierspiel« bei Eva Messerer in der Sanderstraße zu fördern. Vermutlich befehligte das Fräulein Messerer ihren Flohhaufen mehr oder weniger begabter Pianisten in spe wie ein General. Die Talentierteren unter ihnen durften auftreten. Der kleine Glanzberg spielte Beethoven – in einem Konzert zugunsten der Würzburger Kriegsblinden.

Schon damals spürte er instinktiv, dass Berühmtheit einen Menschen aus der Menge heraushebt und dass man sich solche Menschen merken sollte. Eines Tages stand er mit seiner Mutter am Straßenrand und wollte auf seinen kleinen Beinen an den großen Schaulustigen vor ihm vorbei nach vorn drängeln, um die Kutsche mit Cosima Wagner zu sehen. Alle waren neugierig und aufgeregt, die Bayreuther »Meisterin« zu sehen. Aber das Kind Norbert sah nur eine alte Frau voller Falten in einem altmodischen schwarzen Kleid aus einer Kutsche winken. Und Siegfried Wagners Auftritt im »Huttenschen Garten« bewertete Norbert vor allem als Musiker und wunderte sich darüber, dass die Würzburger den Sohn des großen Komponisten so ehrfürchtig anstarrten, als ob er ein Wundertier sei, das sich dazu herabgelassen habe, in einem Würzburger Ausflugslokal aufzutreten. Norbert grinste noch Jahrzehnte später: »Siegfried Wagner dirigierte. Übrigens sehr schlecht.«

Der faule Junge Glanzberg wechselte also ans Realgymnasium. Er fügte sich, wenn auch mit Widerwillen. Wurde seine Klasse fotografiert, dann stellte er sich nie in die erste Reihe. Einmal lehnte er sich an eine Regenrinne, die Arme vor der Brust verschränkt, trotzig, verschlossen, arrogant. Ein andermal saß er wie immer hinten im Klassenzimmer und strengte sich an, nicht zum Fotografen zu schauen – ganz anders als seine Klassenkameraden. Glanzberg war ein Außenseiter. Sie sprangen im Pausenhof so schlimm mit ihm um, dass das sogar älteren Schülern auffiel. Waren es Norberts »ziegelgrüne Haare«, über die ein Klassenkamerad noch 75 Jahre später lachte? Rothaarige stechen einfach aus der Menge heraus. War es sein aufbrausendes Temperament? Spürten die anderen Jungen, dass er in einer anderen Welt lebte als sie selbst? Traf er beim Fußball in der Kickers-Jugendmannschaft seltener als die anderen? Immerhin war Norbert gut genug, um am 6. Juni 1924 eine »Ehrenurkunde des Reichsausschusses für Leibesübungen« zu gewinnen, und das »mit Auszeichnung«.

Musste Norbert in der hintersten Bank sitzen oder wollte er selbst nirgendwo anders sitzen? »Oh weh, unsere Eltern bekamen ständig Briefe von seinen Lehrern«, erinnerte sich Norberts Schwester Liesel Jahre später. »Seine Hefte waren voller Noten statt voller Zahlen und Buchstaben. Überall kritzelte er seine Musik hin. Und dann trommelte er ununterbrochen irgendeinen Rhythmus mit den Fingern oder sogar mit den Füßen. Unsere Eltern wurden natürlich in die Sprechstunde bestellt.« Oder war es ganz einfach so, dass Norbert der Außenseiter war, weil Juden zu Außenseitern gemacht wurden? »Schon damals schlug den jüdischen Schülern Hass entgegen«, sagte sein Schulkamerad Martin Vogel später. Aber in Norberts Klasse saßen noch sieben andere Juden. Darunter Walter Oestreicher, dessen Vater eine Handschuhfabrik hatte und der mit einem echten Lederfußball prahlte. Angeblich soll gerade Oestreicher ein Anführer der Hetze gegen Glanzberg gewesen sein. Oder war Norbert Außenseiter, weil seine Eltern arme Leute aus Galizien waren, ganz anders als die Fabrikbesitzer?

1927 tauchte der Name Norbert Glanzberg zum letzten Mal in den Listen des Realgymnasiums auf. Denn in diesem Jahr setzte Norbert durch, ganz in seiner Musikwelt leben zu dürfen. Liesel hat die Szene nie vergessen: »Ich ging eines Samstags mit den Eltern im Hofgarten spazieren. Plötzlich kam uns Norbert entgegen. Er sagte: ›Papa, ich komme gerade vom Stadttheater, sie haben mir die Stelle eines Korrepetitors angeboten, ich darf auch dirigieren. Ich werde die Schule verlassen.‹ Es gab natürlich einen furchtbaren Krach zwischen den beiden, und das Ganze mitten im Hofgarten, wo auch andere jüdische Familien spazieren gingen! Aber Norbert schrie: ›Keine zehn Pferde bekommen mich zurück in die Schule!‹ Und Papa wollte doch, dass Norbert sein Abitur macht, studiert und dann Arzt oder Rechtsanwalt wird. Alle jüdischen Eltern wollten einen Arzt oder Rechtsanwalt in der Familie haben.«

Norberts Entschluss bedeutete für Samuel eine Katastrophe. Jahrelang hatte er seinen Sohn zu unzähligen, teuren Nachhilfestunden gezwungen und den desinteressierten Jungen durch ein weiteres Schuljahr geboxt. Womit hatte ein treusorgender Vater so etwas verdient? Schließlich war Norbert ganz eindeutig sein Liebling – der Sohn, der Stammhalter, der Augenstern, das Wunderkind. Liesel hatte da einen schweren Stand: »Vor anderen Leuten hat Papa immer von Norbert geschwärmt, so dass Frau Frank, eine Freundin der Familie, einmal gesagt hat: ›Herr Glanzberg, haben Sie eigentlich auch eine Tochter?‹ Papa hat Norbert verwöhnt und auf jeden seiner Schritte aufgepasst. Sie hatten eine sehr enge Beziehung.« Die lebhaften Erinnerungen ließen Liesel in jene skurrile Mischung aus Deutsch und Englisch verfallen, die Norbert nicht hören konnte, ohne über das grässliche »Dinglisch« seiner Schwester zu lästern. »Norbert *was very* frech. Wir haben uns gehauen und angeschrien. Ich hab ihn vom Klavierschemel gerissen, und er hat mich weggestoßen. Und es ist seine Schuld, dass ich bis zum heutigen Tag Furcht vor dunklen Räumen habe. Wenn die Eltern nicht da waren, machte er mir gern Angst. *He said: There is* der Schwarze Mann! Aber er hat mich auch vor den Jungs beschützen wollen, als ich älter wurde. Und selbst nach einem großen Krach konnte er von einer Sekunde auf die andere plötzlich sagen: ›Ach, Yissele!‹ So nannte er mich liebevoll, Yissele.«

Ob sich Samuel nach jener Szene im Hofgarten gefragt hat, ob er die Leidenschaft seines Sohnes zu sehr gefördert hat? Aber auch im Musikunterricht war Norbert faul gewesen und hatte nur mit Widerwillen geübt. Den Geigenunterricht boykottierte er schon nach kurzer Zeit. Und genauso schwierig war es, als man es mit dem renommierten bayerischen Staatskonservatorium für Musik gleich hinter dem Dom versuchte, dem ältesten Institut dieser Art in Deutschland. »Du wolltest doch gar nicht hingehen«, schrieb Samuel seinem Sohn viele Jahrzehnte später. »Erst mit Aufregung und Anstrengung bist du zur Aufnahme gegangen.«

Hätte ich nur nicht auf dieses unglückselige Konservatorium bestanden, mag sich Samuel an jenem Samstag im Hofgarten gedacht haben. Wanderte er deshalb Tag für Tag bis nach Thüringen, um Weine zu verkaufen, von denen er nichts verstand? Er hatte es ja schon lange geahnt, dass sein rothaariger Sohn irgendwie aus der Art geschlagen war: Einmal hatte er ihn in einem Wirtshaus um die Ecke in der Karmelitenstraße mit Freunden erwischt, und zwar nicht etwa beim verbotenen Trinken, sondern – viel schlimmer – als bezahlten Klavierspieler, der einen singenden Freund begleitete. Samuel traute seinen Augen nicht – sein Sohn, ein Klezmer? Ein fahrender, verlotterter Musiker, der froh sein musste um jede Münze, die er auf einer Hochzeit verdiente? Nein, nur über seine Leiche! Der Zusammenstoß zwischen Vater und Sohn war gewaltig. Aber Norbert blieb stur. Er passte hinterher einfach ein bisschen besser auf, wenn er sich aus dem Haus stahl, um den Freund in der Wirtschaft zu treffen. Den nächsten Kummer, den er seinem Vater bereitete, war die Anschaffung eines Grammophons. Dafür spielte und sparte er nicht nur, sondern verkaufte kurzerhand auch Dinge aus der Wohnung. Samuel tobte, Malka ließ den

Anfall gelassen vorüberziehen und schenkte ihrem Sohn – wie so oft – hinter Samuels Rücken ein Lächeln. Das bestärkte und beruhigte Norbert. Denn die Mama war seiner Meinung nach ja ohnehin die Klügere. Das gab ihm Mut, seine Welt ein für alle Mal gegenüber dem Vater durchzusetzen. Was wusste denn der Papa: Der lebte im Kopf doch immer noch in Galizien!

Norbert blieb stur, gewann und ging vom Gymnasium ab. Im Konservatorium, das wusste er schließlich mittlerweile, galt er als ein erstaunliches Talent. Schon nach den ersten Klavierstunden nahm man den alten Glanzberg beiseite, um ihn über die Aussichten seines Sohnes ganz offiziell und ein bisschen ehrfürchtig in Kenntnis zu setzen. Noch kurz vor seinem Tod schrieb Samuel an Norbert: »Denn laut deiner Talente und deiner Begabung, deiner Fähigkeiten, und wenn du allem, was man dir sagte, nachgekommen wärst, wärst du der größte Künstler auf der Welt. Warum hat sich dein gottseliger Professor Niebauer mit dir so aufgeregt? Er hat uns gesagt: In dir liegt eine Gottesbegabung.«

Norbert nahm also Klavierstunden bei Professor Max Niebauer: »Dienstagnachmittags um halb zwei.« Eines schönen Dienstags verspätete sich der Professor. Norbert vertrieb sich die Zeit, indem er an dem arbeitete, »was ich meine Kompositionen nannte«. Voller Inbrunst und nicht sonderlich leise spielte er Klavier. Plötzlich wurde die Tür aufgerissen und herein trat Geheimrat Professor Doktor Hermann Zilcher, Direktor des Konservatoriums, ein markantes, sinnliches Gesicht, das Würzburgs Frauenwelt in Verzückung versetzte, der Inbegriff der Musik in dieser Stadt, der Gründer des Mozartfestes, der Held aller Musikschüler, der auch wegen seiner Strenge bei der Ausbildung geachtet war.

Zilcher sah den vor Schreck erstarrten Blick aus den weit aufgerissenen blauen Augen dieses Jungen, der blitzschnell von seinem Klavierhocker aufgesprungen war und die Hände an die Hosennaht knallte – »wie man das damals machen musste, stramm«. Stillgestanden! Zilcher lugte über den dünnen Rand seiner runden Brille auf das Klavier hinter dem Jungen. »Von wem ist das, was Sie da gespielt haben?« – »Von mir, Herr Direktor.« Zilcher blieb weiter streng: »Geben Sie mir mal die Noten!« Und damit verschwand er. In Norbert tobte ein nie gekanntes Glücksgefühl, denn plötzlich schien die ganze weite Welt hinter dem Würzburger Bahnhof – Berlin, München, Wien – ganz nah: »Jetzt hat er mich entdeckt, jetzt wird aus mir Mozart, Beethoven, Richard Wagner. Zwei Wochen später hat Zilcher mir die Noten zurückgegeben. Er hat gesagt: ›Sie sind begabt, aber die musikalische Grammatik haben Sie noch nicht gelernt.‹«

Das war keine Enttäuschung. Denn kaum jemandem außer Norbert Glanzberg dürfte das Glück widerfahren sein, vom viel beschäftigten Direktor höchstpersönlich in dessen Klasse aufgenommen zu werden, ohne ein reguläres Mitglied dieses elitären Kreises der besten Studenten zu sein. Man kann davon ausgehen, dass dies Norberts Selbstvertrauen und seine Träume enorm beflügelt hat. Er hatte sich ein kleines dunkelblaues Büchlein mit leeren weißen Seiten angeschafft, in das er mit eleganten, feierlichen Buchstaben auf die erste Seite geschrieben hatte: »Autogrammalbum von Norbert Glanzberg«. Seine Entdeckung durch Zilcher kann nicht lange her gewesen sein, als er diesen Titel fein säuberlich mit ausgeschnittenen Buchstaben aus Zeitungen überklebte: »Kritiken über Norbert Glanzberg«. Ab 1927 tauchte dieser Name zwar nicht oft, aber doch mit schöner Regelmäßigkeit in der Würzburger Lokalpresse auf. Im *Fränkischen Volksblatt* stand: »In den symphonischen Variationen für Klavier und Orchester, einem sehr dankbaren Werk voll reicher Schönheit, spielte Norbert Glanzberg den Klavierteil mit viel Ruhe, ausgezeichneter Haltung, Festigkeit und feinabstufender Empfindung.«

Unter dem bayerischen Rautenwappen des Konservatoriums kündigten Konzertplakate an: »Dritte Morgen-Aufführung am Sonntag, 22. Januar 1928, elf Uhr«. Norbert spielte wieder Beethoven. Die Rückseite eines anderen Konzertprogramms füllte er damals mit lateinischen Sätzen. Nicht immer findet ein junger Künstler schließlich Zeit, Hausaufgaben für die Schule höchstpersönlich zu erledigen. Und wenn man jemanden überreden kann, abschreiben zu lassen, findet sich dann nicht immer sofort das Lateinheft. Damals, im Juli 1927, spielte er Chopin – während Carl Höller und Helmut Saller, die wie er Konservatoriumsschüler waren, bereits mit eigenen Werken zu hören waren. Man kann davon ausgehen, dass dies Norberts Ehrgeiz noch einmal angestachelt hat.

Diese Konzerte waren zwar gut, aber Norbert fühlte, dass er noch besser sein konnte, dass es noch mehr zu erobern gab. Und damit war der Weg geebnet für das Vorspiel zum Familienstreit im Hofgarten. Ehrgeiz und Frechheit führten Norbert ein paar Schritte weg vom Konservatorium zum Würzburger Stadttheater. Jedes Mal fühlte er wieder einen unbestimmten Kitzel, wenn er die Platzanweiserinnen passiert hatte und einen Moment lang im prunkvollen Theatersaal stehen blieb. Mit seinem Freund Kurt Frank und dessen Schwester Ilse gehörte Norbert dort zu den jungen Leuten, die regelmäßig die billigen Plätze belegten. Für ihn eröffneten sie eine ganze Welt, die anders und besser als das Kino war.

Wenn sich der Vorhang öffnete, wenn nicht nur ein winziges Orchester zu spielen begann, sondern ein riesiges, wenn dicke Sänger mit schmetternder Stimme schöne Sängerinnen anschmachteten, wenn Norbert mit den anderen Zuhörern stürmisch Arien beklatschte, wenn der Vorhang fiel und ganz zuletzt der Dirigent in Frack und Fliege auf die Bühne trat und mindestens so viel Beifall bekam wie die dicken Sänger und die schönen Sängerinnen, dann wusste Norbert, dass er genau dahin auch wollte. Am liebsten sofort! Als er sich Intendant Paul Smolny vorstellte und ein paar Stücke am Klavier spielen durfte, erhielt er auf der Stelle einen Posten beim Theater.

Am 14. September 1928 unterzeichnete Norbert Glanzberg einen »Volontär-(Eleven-)Vertrag«: Als Korrepetitor und »Kapellmeister-Volontär« durfte er den Sängern helfen, ihre Rollen einzustudieren. Für einen 17 Jahre alten Musikschüler muss das eine gewaltige Sache gewesen sein. Da spielte Punkt drei des Vertrags keine Rolle: »Herr Glanzberg erhält als Volontär

(Eleve) keinerlei Gehalt oder sonstige Entschädigung.« Norbert konnte nun bei den Würzburger Mädchen ordentlich angeben. Mit einer Dunkelhaarigen lag er im Sommer im gestreiften Badeanzug am Mainufer. Vielleicht spürte er instinktiv, dass er jetzt auf dem Sprungbrett stand und nur noch den richtigen Moment erwischen musste, um zu einem weiten Sprung abzuheben – ohne Angst vor dem kalten Wasser.

Der richtige Moment kam noch in den Wintermonaten der Spielzeit 1928/29, Norberts erster Theatersaison. Man gab das »Intermezzo« von Richard Strauss, eine anspruchsvolle, moderne Musik. Norbert war fasziniert. Mit dem Klavierauszug unter dem Arm stürmte er nach Hause in die Wolfhartsgasse. Liesel würde helfen müssen! Norbert rief nach seiner Schwester, die ahnungslos im Klavierauszug zu blättern begann. Norbert ordnete an: »Du wirst nun die Partien singen, damit ich üben kann. Wir beginnen sofort!« Liesel hatte keine Chance – sie kannte ihren Bruder. Wenn es um Musik ging, verstand der keinen Spaß, erst recht keine kleine Schwester, die eigentlich etwas ganz anderes mit ihrem Abend anfangen wollte, als stundenlang vom Blatt zu singen. »Ich sang also, und immer, wenn ich den Ton nicht traf, versuchte er, mir eine zu wischen. Ich schlug natürlich zurück. So ging das immer weiter. Norbert war nicht zu stoppen, wenn er am Klavier saß. Er spielte ganze Nächte durch, und es interessierte ihn überhaupt nicht, dass meine Eltern oder ich oder die Nachbarn schlafen wollten. So war er halt.«

Über das Resultat eines solchen Übungsmarathons konnte sich das Stadttheater natürlich nur freuen. Den jungen Korrepetitor setzte man in den Aufführungen gern ans Klavier – in die Nähe des Dirigentenpultes, wo der erste Kapellmeister Hans Oppenheim, ein Freund von Direktor Zilcher, seine Noten liegen hatte. »Intermezzo« begann. Plötzlich gab es einen Knall, und Norbert saß im Dunkeln. Oppenheim hatte mit seinem Dirigentenstab die kleine Lampe am Klavier zerschmettert. Norbert konnte Oppenheims entsetzten Ausdruck nur erahnen, aber der winzige Moment reichte aus: Er schüttelte den Kopf und gab seinem Chef mit der Hand Zeichen: Weitermachen, ich komm schon klar! Und er spielte den ersten Akt, der fast eine Stunde dauerte, komplett auswendig. »Das war frech von mir, später hätte ich das nicht mehr gemacht, aber ich war 18 Jahre alt. Oppenheim ist hinterher zu mir gekommen, hat mir Komplimente gemacht und gesagt, ich könne mir was wünschen. Ich habe sofort geantwortet: Ich will dirigieren.«

Die Chance kam schnell: Halb Würzburg lag mit Grippe im Bett, unter anderem auch sämtliche Herren, die in der musikalischen Hierarchie des Stadttheaters die Stufen über Norbert besetzten. Also ließ Oppenheim ihn ans Dirigentenpult, was sehr gewagt war. Denn es ging nicht um ein Stück, das in jedem Repertoire ohnehin vorkommt, sondern um ein Experiment des Theaters, das dem konservativen fränkischen Publikum vielleicht nicht schmecken würde: »Corregidor«, eine neue Oper von Hugo Wolf, der eher durch seine Lieder bekannt war. Norbert meisterte die Herausforderung in seiner unbekümmerten Art. Danach ließ man ihn auch »Peer Gynt« und »Das Weihnachtsmärchen« dirigieren. Ende Dezember führte Norbert die Märchenvorstellung »Rumpelstilzchen« auf, und selbst im siebten Philharmonischen Konzert der Saison, einem reinen Bach-Abend, durfte die junge Entdeckung im Finale bei einem Stück für drei Klaviere mitspielen. Einer der anderen beiden Pianisten war Hans Oppenheim höchstpersönlich.

Der hatte offenbar unbegrenztes Vertrauen in den jungen Glanzberg. Denn das Theater wagte es in dieser Spielzeit, Bert Brechts brandneues Stück »Dreigroschenoper« aufzuführen. Und Oppenheim plante den »Eleven« von vorneherein als musikalischen Leiter ein. Auf die Einsätze des Achtzehnjährigen sollten nun jahrzehntelang bejubelte Lokalgrößen wie Alois Sator in der Rolle des Münzmatthias hören – nicht einmal ein Jahr zuvor hatte Norbert diese gewichtige Würzburger Ausgabe von Heinrich George als einer von vielen jungen Zuschauern auf den billigen Plätzen beklatscht. Was für eine steile Karriere! Aber fünf »Huren« auf der Bühne einer erzkatholischen Stadt waren schon ein Skandal, als Smolny seinen Spielplan bekannt gab. Die konservativen Kritiker beschimpften die

»Dreigroschenoper« schon lange vor der Premiere als »Machwerk«. Diesen Dauerbeschuss hielten die Schauspieler nicht aus – reihenweise meldeten sie sich krank. Intendant Smolny musste schließlich das Skandalstück absetzen.

Die Zeiten wurden schlechter. Immer schneller leerten sich die Kassen des Würzburger Rathauses, die ja auch Norbert und seine Kollegen vom Theater ernährten. Die Herren im Stadtrat rangen mit sich: Sollte man dieses letzte große Opfer bringen? Sie taten es. Im Frühjahr 1929 musste das Musiktheater schließen – das Schauspiel wurde nur deshalb weitergeführt, weil es billiger war. Für Norbert bedeutete das keine große Katastrophe, sondern eher eine Umstellung, die früher oder später ohnehin hätte kommen müssen. Vielleicht ersparte er sich so sogar eine neue hässliche Auseinandersetzung mit seinem Vater, denn jetzt war er ja gezwungen, aus Würzburg fortzugehen. Je erfolgreicher Norbert am Theater wurde, desto öfter dachte er an den Bahnhof, an die Züge, die hier nur kurz hielten. Was konnte man in Würzburg schon werden? Die Stadt seiner Kindheit war für einen jungen, ehrgeizigen und talentierten Musiker kaum mehr als ein Sprungbrett. Ein Sprungbrett in all jene Städte, deren Namen er als kleiner Bub sehnsüchtig auf der Anzeigetafel des Würzburger Bahnhofs entziffert hatte und die in seiner Welt wie fernes Lachen klangen: München, Wien, Berlin … da spielte die Musik!

Intendant Smolny und vor allem Oppenheim sorgten sich um das Nachwuchstalent, als die Oper geschlossen wurde. Oppenheim vermittelte Glanzberg nach Aachen, wo Heinrich K. Strohm Intendant war, ebenfalls ein ehemaliger Würzburger. Der griff sofort zu, als ihm der Kollege den angeblichen musikalischen Wunderknaben anbot. Oppenheim handelte sogar die Konditionen aus. Am 26. März 1929 beschrieb Strohm Glanzberg seine neue Stelle: »Es handelt sich hauptsächlich um den Tanz, dessen Proben Sie durchweg spielen müssten. Außerdem kommt die Leitung der Schauspielmusik für Sie in Frage. Für die Oper könnten sie nur so weit herangezogen werden, wie es die Tanzproben möglich machen. Nahezu ausgeschlossen ist es, dass Sie (abgesehen von der Schauspielmusik) zum Dirigieren kommen.«

Vielleicht atmeten Samuel und Malka erleichtert auf, als sie hörten, dass es ausgerechnet Aachen sein sollte. Denn dort war der Sohn wenigstens nicht allein, sondern es gab jemanden, der auf ihn aufpassen konnte: Ilse Frank, die ältere Schwester seines Freundes Kurt, hatte ihre Karriere als Schauspielerin in Aachen fortgesetzt. Norberts Eltern ahnten ja nicht, dass Ilse auf den »Bub«, wie sie Norbert nannte, ganz anders aufpassen wollte, als die Eltern sich das wünschten. Sie war zwar sieben Jahre älter als er, aber das störte weder sie noch ihn. Ilse wurde seine erste Freundin. »Schön war sie nicht«, wiederholte Norbert später gebetsmühlenartig. »Ich wollte das alles eigentlich gar nicht.« Trotzdem lebte Ilse, den Kopf mit den dunklen Locken zurückgeworfen und zufrieden lächelnd, noch Jahrzehnte nach ihrem Tod auf Norberts Fotowand weiter; er sagte oft das Gegenteil von dem, was er fühlte.

In Aachen war Norbert Glanzberg plötzlich berühmten Musikern nahe, die er aus tiefstem Herzen bewunderte. Alban Berg dirigierte dort den »Woyzeck«, Norbert durfte ihm assistieren und fühlte sich auch »menschlich bereichert«. Mit Ilse besuchte er ein Konzert des damals noch kleinen, wenn auch schon weltberühmten Yehudi Menuhin. Béla Bartók trat als bedeutendster Künstler eines Meisterabends für Gegenwartsmusik auf: »Bartóks ›Rumänische Tänze‹ habe ich bei der ersten Matinee selbst gespielt.« Nach dem Konzertabend spielte er bei einer Feier im Theater vierhändig mit dem Idol Klavier. Norbert war felsenfest davon überzeugt: Er würde alles daran setzen, ein großer Dirigent und Komponist zu werden.

In Aachen arbeitete er mit dem Ballett zusammen, begleitete Tänze aus dem ukrainischen Osten am Klavier – Musik, die Mama bestimmt gerne gehört hätte, weil es die Lieder ihrer Jugend waren. Aber irgendwie ging ihm das alles noch immer viel zu langsam. In seinem Inneren gärte es. Norbert Glanzberg, der Ehrgeizige, der Ungeduldige – den kannten seine Förderer, und sie schmunzelten, weil er ihnen so gefiel. Seinen ehemaligen Würzburger Chef Hans Oppenheim hatte es nach Breslau verschlagen. Im Spätherbst 1929 kaufte er eine Postkarte mit dem Breslauer Opernhaus. Er begann zu schreiben: »Herrn Kapellmeister Glanzberg, Stadttheater Aachen«. Und Oppenheim lachte leise über diese Anrede für seinen jungen Assistenten: »Lieber Herr Glanzberg! Nehmen Sie diese Ansicht vorläufig als Abschlagsdank für Ihre beiden netten Briefe und die guten Kritiken! Sehen Sie, wie richtig sich alles entwickelt. Nur keine Hast – nicht so sich ›machen‹ wollen –, es ›wird‹ alles! Beste Grüße aus der Strawinsky Arbeit, Ihr Oppenheim.«

Und wie alles »wurde«. Für Norbert spielte die Musik so, wie sie Strawinsky nie gefallen hätte – und Oppenheim erst recht nicht.

Hans Albers war sehr nett zu mir

Als junger Dirigent im Berliner »Admiralspalast«

»In Aachen hatte ich eine sehr hübsche Freundin, auch eine Würzburgerin.« Diese sehr hübsche Freundin hieß Irmgard Kern, war eine fränkische Apothekerstochter von leicht indischem Aussehen und tanzte im Aachener Ballett. Eines Tages, es kann nur ein paar Monate nach Oppenheims aufmunternder Postkarte gewesen sein, fragte Irmgard Norbert Glanzberg ganz beiläufig, ob er nicht Lust habe, mit ihr nach Berlin zu fahren. Er spürte sofort, dass es hier nicht um eine Vergnügungsreise ging. Sie eröffnete ihm, dass sie in Berlin vortanzen sollte und dass sie die Sorge plagte, wen man ihr da ans Klavier setzen würde. »Na, einverstanden, kann ja nichts schaden«, sagte er zu ihr.

Berlin – was für ein Erlebnis für den Jungen aus der Provinz. Glanzberg, der kaum mehr gesehen hatte als Aachen und Würzburg und für den der Besuch einer Ausstellung in Frankfurt mit seinem Jugendfreund Kurt Frank schon ein Erlebnis gewesen war, wanderte mit großen Augen durch dieses hektische Straßengewirr. Vor dem gebieterischen Anhalter Bahnhof schaufelten Straßenkehrer den Müll noch auf Pferdewagen, während knatternd Automobile und doppelstöckige Busse an ihnen vorüberfuhren. Nicht weit davon entfernt hasteten Menschen aus Schächten mit großen »U«-Schildern: Die Untergrundbahnhöfe kannte Glanzberg bisher nur vom Hörensagen. Davor alte, bärtige Männer in einstmals teuren, jetzt verschlissenen Anzügen, die Streichhölzer verkauften. Und immer wieder Menschen allen Alters, die Schilder trugen, auf denen zu lesen war: »Hallo! Ich suche Arbeit!«

Doch das war es nicht, was Glanzberg beeindruckte. Voller Staunen blieb er sogar gern stehen, wenn Irmgard Kern auf dem Weg vom Bahnhof zum Vortanzen an den mondänen Geschäften nicht vorübergehen konnte. Schuhläden mit endlosen Plätzen zur Anprobe, gigantische, kastenförmige Kaufhäuser aus Beton und Glas, in die es einen schier hineinsog, weil sie so streng wirkten und alles in ihrer Umgebung lächerlich klein aussehen ließen. Vor kurzem erst war ein Warenhaus der Firma Karstadt eröffnet worden, das sogar einen riesigen Dachgarten hatte – nirgendwo sonst in Europa konnte man moderner einkaufen. Und so hübsche und interessante Frauen wie in Berlin hatte Glanzberg noch nirgends gesehen: geschminkte Lippen, der kesse Bubikopf, ärmellose Kleider, hochhackige Schuhe. Warum war er eigentlich nicht schon früher in diese Weltstadt gefahren? Das brodelnde Berlin muss ihn doch magnetisch angezogen haben. Gestattete er sich Vergnügen schon damals nur dann, wenn sie den Anstrich der Nützlichkeit hatten?

Diese Reise mit Irmgard Kern war also eine Dienstreise, die nicht irgendwohin führte: Sie tanzte im »Admiralspalast« vor, gleich neben dem Bahnhof Friedrichstraße. Der »Admiralspalast« hatte den Ruf eines Olymps der Unterhaltungsmusik. Und was das bedeutete, wusste man selbst an den Provinztheatern: Dass nämlich der Ort, wo Irmgard ihre Chance bekommen sollte, inmitten einer unvorstellbaren Szene von 75 Bühnen zu den besten Adressen der Hauptstadt gehörte. In Berlin herrschte in den Goldenen Zwanziger Jahren zwischen den großen Revuetheatern ein wahrer Konkurrenzkampf um die Gunst des Publikums. Man mischte die Schlager entweder lose mit Tanznummern oder bettete den Tanz in herzzerreißende, süßliche Geschichten ein. Bis zu vierhundert Mitwirkende wurden auf die Bühne geschickt, denn die Vorstellung sollte vor allem pompös wirken und den Zuschauer mit ihrer verwirrenden Pracht beeindrucken.

Zusammengenommen zählten die großen Revues im »Admiralspalast«, dem Großen Schauspielhaus und der Komischen Oper jeden Abend bis zu elftausend Besucher. »Ein Mixtum compositum von Sinn und Unsinn, Derbheit (in Nacktkultur) und Sentimentalität, höchstem Raffinement und tiefstem Ungeschmack«, schrieben fasziniert und gleichzeitig angewidert die Kritiker. Die Ideen hatte man im verruchten Paris und am Broadway geklaut, und das »Theater des Westens« buhlte mit dem »Admiralspalast«, dem riesigen Großen Schauspielhaus mit seinen dreitausend Sitzplätzen, dem »Metropol«, der Komischen Oper und etlichen kleineren Bühnen um Zuschauer. Man ließ ganze Batterien gut gebauter, aber schlecht bezahlter Mädchen, alle mit mehr oder weniger knappen Glitzerkostümchen bekleidet, aufmarschieren und ihre langen Beine in Richtung Publikum schleudern. Das Ganze wurde mit üppigen Kulissen garniert, weshalb diese Art der Unterhaltung »Ausstattungsrevue« hieß. Während Erich Kästner über das »ewig gleiche Beinerlei« knurrte, schrieb Joseph Roth am 28. April 1925 belustigt in der Frankfurter Zeitung: »Die ohne Zweifel anmutig gebauten Geschöpfe können Beinchen schleudern, auf Seilen klettern, auf Händen gehen. Sie sind wie eine Übersetzung des männlich ernsten Militärexerzierens ins Weibliche. Ihre Spiele sind Kompositionen aus Militarismus und Erotik.«

Noch Mitte der zwanziger Jahre hatten die Revuen ihren Besitzern viel Geld eingespielt, aber mittlerweile hatte sich das Blatt längst gewendet. In der Wirtschaftskrise drehten plötzlich selbst die vergnügungssüchtigen Berliner jeden Pfennig fünfmal um – so sie denn überhaupt noch einen hatten. Die Theater gerieten ins Straucheln, was selbst der Direktor Erik Charell vom Großen Schauspielhaus spürte, der einst als gefeierter Tänzer und Choreograph die Revue erst richtig populär gemacht hatte. Auch Hermann Haller vom »Admiralspalast« musste knallhart kalkulieren. Er ließ seinen Admiralspalast umbauen. Am 2. Oktober 1930 eröffnete er neu mit 2160 Sitzplätzen. Aber der lästige Rivale Charell war immer noch um ein Drittel größer. Schlechte Voraussetzungen, um den »Admiralspalast« zur unbestritten erfolgreichsten Spielstätte der Stadt zu machen. Also setzte Haller nicht nur auf die Revue. Man sah ja, wie ein Richard Tauber mit dem Schmelz und der romantischen Leidenschaft seiner Tenorstimme die Massen verzückte. Die altmodische Operette zieht immer noch, überlegte sich Haller und wollte ein Experiment wagen: die Kombination von klassischer Operette und Revue. Doch bitte nur mit echten Stars!

Dem jungen Provinztalent Glanzberg blieb fast die Luft weg, als er mit seiner Freundin Irmgard Kern schüchtern das säulengeschmückte Haus mit dem ehrfurchtsgebietenden Namen betrat und sich auf der größten Bühne seiner kurzen Karriere wiederfand, vor mehr als tausend Sitzplätzen: »Der ›Admiralspalast‹ war riesig. Das war die Haller-Revue mit den Tillergirls.« Diese englischen Tänzerinnen waren die prominentesten Vertreterinnen ihrer Zunft. »Man spielte gerade eine neue Bearbeitung der ›Csárdásfürstin‹ mit Hans Albers.« Die »Csárdásfürstin« als Revue, und Haller selbst führte Regie. Eine waghalsige Idee. Im Jahrbuch der deutschen Bühnen wurde sie als »Neuheit« angekündigt.

Das war das Ziel ihrer Dienstreise, hierher hatte man Irmgard Kern eingeladen. Und sie tanzte vor, von Glanzberg am Klavier begleitet. Als die Darbietung beendet war, kamen die entscheidenden Herren tatsächlich auf die Bühne – darunter auch Emmerich Kálmán, niemand Geringerer als der Komponist der »Csárdásfürstin«. Doch es war nicht die Tänzerin, die ihn interessierte. »Was machen Sie?«, fragte er den Pianisten. »Ich bin Korrepetitor am Aachener Stadttheater«, sagte Glanzberg. »Wie viel verdienen Sie dort?« – »150 Mark im Monat.« – »Sie kriegen 350, wenn Sie hierbleiben.«

Fünf Sätze und zwanzig Sekunden, die über ein Leben entscheiden sollten. Kálmán wollte Glanzberg als zweiten Kapellmeister für die »Csárdásfürstin« – unfassbar für einen kaum Zwanzigjährigen aus Würzburg, der noch nicht einmal Aachen und seine kurzen Bekanntschaften mit Alban Berg und Béla Bartók richtig verdaut hatte. Gab es Musiker nicht wie Sand am Meer, dazu noch in Berlin, wo Berühmtheiten vom Kaliber eines Emmerich Kálmán sicher von früh bis spät von jungen, ehrgeizigen Talenten verfolgt wurden? Was fand so einer an einem Pianisten wie ihm? Glanzberg wagte später sogar, diese Frage an den Komponisten selbst zu richten. »Sicher, Sie waren nur der Klavierbegleiter«, sagte der. »Aber an der Art, wie Sie gespielt haben, habe ich erkannt, dass Sie der Dirigent sind, den ich brauche.« Irmgard Kern fuhr wieder zurück nach Aachen.

»Wir konnten es nicht glauben. Wir waren wie vor den Kopf gestoßen.« Liesel Glanzbergs Gesicht sieht man über siebzig Jahre nach jenem Tag im Berliner »Admiralspalast« immer noch an, wie die ganze Familie damals in der Küche in der Wolfhartsgasse sprachlos auf die nüchterne Nachricht des Wunderkindes starrte, das ihnen den unglaublichen Sachverhalt nur kurz mitteilte. »Und bis zum heutigen Tag kann ich es mir nicht erklären. Er hatte sich doch immer so über Operetten aufgeregt – *terribly*, schrecklich! Das kam uns nicht ins Haus, das vertrug er nicht. Nur Bach, Beethoven, Mozart, Brahms und so weiter. Nur das Höchste. Und dann plötzlich das! Wir konnten es nicht glauben! War es das Geld? Ich weiß es nicht, ich weiß es wirklich nicht.« Glanzberg sagte schließlich im »Admiralspalast« zu.

Jener Tag im Jahr 1930 war ein Glückstag für Norbert Glanzberg. Man gab im »Admiralspalast« nach dem Vortanzen einen Empfang mit kaltem Buffet, und das freute ihn natürlich: »Ich bin ein großer Fresser.« Aber an diesem Tag behinderte ihn seine Schüchternheit. Außer Irmgard Kern – und die dürfte nicht sonderlich gut gelaunt gewesen sein – kannte er aus der illustren Gesellschaft dieses Palasts niemanden. Bis *sie* plötzlich vor ihm stand: schlank, im Hosenanzug, mit dunkelblondem Bubikopf, Erfahrung in den Augen und zwei gefüllten Tellern vom Buffet in den Händen. »Hier, der eine ist für Sie.« Sie war direkt auf ihr Ziel zugesteuert, Charlotte Gieseler, die im »Admiralspalast« tanzte und vier Jahre älter als Glanzberg war.

Der verliebte sich sofort in die charmante Tänzerin. Aber obwohl er Lotte ernst nahm, war Ausschließlichkeit nie seine

Sache. Der junge Pianist feierte die Feste, wie sie fielen, und seine Lust nach Abwechslung und Abenteuer war von keinem noch so guten Willen bezwingbar. Und schon gar nicht in einer Stadt wie Berlin, in der es über sechzehntausend Kneipen und Bars gab, wo Schönheitsköniginnen gewählt wurden und sich Modelle auf den Laufstegen der Modenschauen bewundern ließen. Gerade 1930 hatte man einen bunten Stadtplan der besonderen Art veröffentlicht: »Führer durch das lasterhafte Berlin«. Das »Residenz-Casino« in der Blumenstraße warb mit seinen Tischtelefonen, und was man auf diese Weise angeboten bekam, beschrieb ein Journalist so: »Willst, feiner Knabe, Du mit mir gehen? Die Dame im Sternchenkleid, Tisch Nr. 64«.

Die Berlinerin stand in dem Ruf, sehr direkt und kess zu sein. Und der Berliner stand in dem Ruf, dies zu mögen. Eines Abends begleitete Norbert Lotte bis an die Bushaltestelle. Als sich die Türen hinter der Freundin geschlossen hatten, zog er allein in die nächste Bar weiter, wo ihn eine andere Frau abschleppte. Am nächsten Morgen war er um acht Uhr mit Lotte zu einer Bootsfahrt auf dem Wannsee verabredet, und in der Hektik, nach der Eskapade rechtzeitig nach Hause zu kommen, vergaß er seinen Pullover bei der anderen. Lotte kannte seine Sachen sehr genau. Ihr fiel das sofort auf. Aber Berlin wäre nicht Berlin gewesen, wenn nicht auch Lotte etwas zu verbergen gehabt hätte. Eines Abends erwischte Glanzberg sie mit einem älteren Mann: »Der hat sie wohl finanziell ausgehalten, was ich nicht wusste. Was ich dann getan habe, bedauere ich noch heute. Ich habe einen Wutanfall bekommen und Lotte die Treppe hinuntergestoßen.« Glanzberg tobte. Mit dieser Frau wollte er nichts mehr zu tun haben!

Aus der Fasanenstraße 63, erster Stock, tauchte er jeden Morgen in seine schöne neue Welt ein. Wenn er aus der Haustür trat, dann wollte er sich von den unzähligen anderen jungen Männern abheben, die mit überdimensionalen Schiebermützen und in Knickerbocker schwarzen bulligen Limousinen auswichen. Voller Entschlossenheit ging er an ihnen vorbei: Norbert Glanzberg, der junge hoffnungsvolle Musiker, der das erreicht hatte, wovon alle träumten, was aber kaum jemandem gelang – nicht mehr der Junge aus der Provinz zu sein, sondern ein Mann in der Metropole von Welt. Eine Persönlichkeit mit blitzenden Lederschuhen, einem dunkelgrauen Nadelstreifenanzug, aus dessen Brusttasche ein weißes Tüchlein gut inszeniert hervorschaute. Das weiße Hemd hatte er bis zum letzten Knopf über der hellen Krawatte zugeknöpft. Und vor allem trug er stets einen ledernen Aktenkoffer in der linken Hand. Ein junger Mann ohne Sorgen, der sich wie ein König fühlte. An jeder Ecke in Berlin jazzte und bebte und schmachtete die aufregendste, farbenfroheste Musik, trafen sich die besten Musiker der Welt, und Norbert Glanzberg aus Würzburg, geboren in Galizien, war ein Teil dieses klingenden Berlins!

Hier erfüllte sich sein Kindheitstraum. Hallers Idee, Operette und Revue zu kombinieren, wurde im Oktober 1930 mit der »Csárdásfürstin« zu einem spektakulären Triumph. Er hielt sich zwar an die seit der Uraufführung 1915 wohlbekannte Geschichte vom jungen Adligen, der sich in eine Sängerin verliebt, standesgemäß heiraten muss, am Ende aber die Angebetete doch noch bekommt, nachdem diese zwischendurch vermeintlich mit einem Grafen namens Boni verheiratet worden war. Haller garnierte seine »Csárdásfürstin« mit ungewohnten Einlagen, die er »Bühnenschauen« nannte. Natürlich tanzten da Girls in kurzen Kleidchen, die viel Rücken und Schulter sehen ließen und mit dem Plüsch am Rocksaum einen Hauch von Verruchtheit versprühen sollten. Am meisten verzauberte Haller sein Publikum, wenn die Wienerin Edith Lorand, eine in ganz Europa als weiblicher Johann Strauß verehrte Geigerin, mit ihrem eigenen Herrenorchester auf der Bühne zu spielen begann. Aber das machte Glanzberg und das Orchester des »Admiralspalasts« glücklicherweise nicht überflüssig.

Seine Arbeit brachte ihn jeden Tag mit weiteren Berühmtheiten zusammen. Da war vor allem der blonde, elegante Herzensbrecher Hans Albers in der Rolle des Grafen Boni, der damals schon seit 15 Jahren ein großer Star in über hundert Stummfilmen und Bühnenrollen war. Ein Jahr lang blieb die

»Csárdásfürstin« auf dem Spielplan. Leider musste Haller erleben, wie sein Triumph nur einen Monat später von Charell in den Schatten gestellt wurde. Der brachte sein weltberühmtes »Weißes Rößl« heraus, und das mit Emil Jannings, der Hans Albers in nichts nachstand.

Albers mochte Glanzberg, diesen lustigen, energischen Kapellmeister mit den roten Haaren. In den Pausen holte er ihn oft in seine Garderobe: »Dort hatte Albers ein Radiogerät, was damals noch selten war. Er war sehr nett zu mir. Er war kein Antisemit, sondern hatte damals sogar eine jüdische Freundin. Da er aber so beliebt war, konnten ihm die Nazis später nichts anhaben.«

Billy Wilder hat gegenüber seinem Biographen Hellmuth Karasek immer wieder betont, dass ein entscheidender Glücksumstand in seinem Leben der war, meist zur richtigen Zeit am richtigen Ort gewesen zu sein. Norbert Glanzberg war nicht mit einer solchen Zufriedenheit gesegnet wie Billy Wilder. Sein Leben lang war er zwanghaft auf die Dinge fixiert, die ihm fehlten oder schief gelaufen waren. Dabei war er gerade in diesen Berliner Jahren mit einem seltenen Glück gesegnet. Kaum hatte sich der Vorhang im »Admiralspalast« gehoben, kaum gab er dem großen Albers die ersten Einsätze, da sprach sich schon herum, dass Kálmán ein junges Talent entdeckt hatte. Nicht einfach nur jemanden, der die »Csárdásfürstin« gut und dennoch frech dirigieren konnte. Sondern jemanden, in dessen Kopf auch eigene flotte Melodien spielten.

Hasch mich, mein Liebling, hasch mich!

Filmmusik für die »Comedian Harmonists« und Billy Wilder

Glanzberg wohnte in der Fasanenstraße im Zentrum von Berlin nur zur Untermiete, aber die 350 Mark reichten sogar für ein eigenes Telefon. Nummer: Tiergarten 0763. Eines Tages, es muss im Sommer oder Herbst 1930 gewesen sein, rief Bruno Eisner an, ein bekannter Berliner Musikprofessor – nicht, um ihm ein Gast-Dirigat irgendwo im klassischen Bereich anzubieten, sondern im Auftrag der Ufa-Filmproduktion. Ob der Herr Kapellmeister Glanzberg Interesse hätte, für einen Tonfilm die Musik zu komponieren? Einen Film! Natürlich wollte der Herr Kapellmeister. Blitzartig fühlte er sich in das Würzburger »Lu-Li«-Kino zurückversetzt und sah das kleine Orchester vor sich, das die Stummfilme begleitete. Und hier in Berlin klang das Wort »Film« noch viel märchenhafter: Hunderte von Kinos gab es, von denen viele rund um die Uhr Vorstellungen gaben, und nachts stand Norbert oft staunend vor den Reklamen aus Neonröhren und Glühbirnen, die die überlebensgroßen Porträts von Stars wie Greta Garbo taghell erleuchteten. Lange Schlangen warteten vor berühmten Filmpalästen wie dem »Capitol«, dem »Universum« und dem »Gloria« auf Karten. 1925 hatte man in Berlin unglaubliche 44 Millionen Kinogänger gezählt. Und gerade eben feierten Heinz Rühmann und Willy Fritsch mit »Die Drei von der Tankstelle« einen großen Erfolg. Niemand zweifelte nun mehr daran, dass dem erst fünf Jahre alten Medium Tonfilm die Zukunft gehören würde.

Und dann war es gleich die Ufa, die Glanzberg haben wollte. Was konnte ihm Besseres passieren? Immer wieder staunte er über das fantastische neue Ufa-Filmtheater »Universum« am Lehniner Platz. Ohne Zweifel war dies das modernste, verwegenste Kino überhaupt: Das runde Gebäude sah aus wie der Rumpf eines Überseedampfers, in dessen Bauch nicht nur die Kinosäle Platz hatten, sondern auch noch eine Geschäftszeile, ein Wohnblock und sogar ein Hotel. Mit der S-Bahn fuhr Glanzberg von zu Hause eine Dreiviertelstunde lang in die Ufa-Studios nach Neubabelsberg. Hier hatte Marlene Dietrich ihren Siegeszug durch Hollywood angetreten. Babelsberg war das deutsche, nein, das europäische Hollywood! Es war eine Stadt aus Häuserattrappen, durch die die Kameras auf Rädern und Schienen geschoben wurden, wo grell geschminkte Männer und Frauen in Hallen verschwanden, aus denen Hitze und gleißendes Scheinwerferlicht quollen. Neubabelsberg war der Nabel der Filmwelt außerhalb der USA. Doch Glanzberg ließ sich davon keineswegs einschüchtern, im Gegenteil erfüllte ihn die Blitzkarriere mit Stolz und Selbstbewusstsein.

Sein Filmprojekt trug vorläufig den Namen »Tohuwabohu«, was schnell in Vergessenheit geriet, denn der Film wurde kein Erfolg, der in die Annalen der Kinogeschichte einging. Auch unter dem endgültigen Titel »Der falsche Ehemann« nicht.

Am ersten Drehtag, dem 29. Januar 1931, drückte Produktionsleiter Bruno Duday Glanzberg das Drehbuch mit den Beschreibungen der Szenen und Dialoge in die Hand, 143 mit der Schreibmaschine beschriebene Seiten auf dickem, robustem Papier. In fünf Wochen musste die Sache im Kasten sein. Als letzten Drehtag plante man den 10. März, denn nur zwei Wochen später sollte der Streifen schon in die Kinos kommen. Dieser enge Terminplan verlangte eine eiserne Disziplin bei der Arbeit, denn aus den 143 Seiten mussten in der kurzen Zeit 85 Minuten Film werden, und zu allem Überfluss waren Außenaufnahmen beim Skifahren vorgesehen, die in Sankt Moritz in der Schweiz gedreht werden sollten. Auf der ersten Seite des Textbuchs stand in Blockschrift, doppelt unterstrichen: »Tohuwabohu. Ein Lustspiel von Paul Frank und Billie Wilder.«

Vor seiner Flucht nach Frankreich und auch später in die USA schrieb Samuel Wilder seinen Spitznamen aus Kindertagen, der zu seinem Rufnamen geworden war, zunächst noch mit »ie«. Wilder war ein kleiner, dunkelhaariger Mann mit einem runden Gesicht und großen Augen, vier Jahre älter als Glanzberg. Billy hatte, bevor er beim Film gelandet war, ein bewegtes Leben hinter sich, das perfekt nach Berlin passte. »Wilder war Eintänzer in einem großen Hotel, ich glaube, es war das ›Eden‹. Ein-tänzer« – dieses Wort zog Glanzberg süffisant in die Länge – »das hieß, dass er mit einsamen Damen tanzen musste, die allein in die Bar des Hotels gekommen waren.« Ein Job, auf den sich Glanzberg niemals eingelassen hätte und der ihn deshalb amüsierte. Tanzmusik komponieren, ja, das tat er täglich. Aber selber tanzen, und das auch noch mit alten Frauen – niemals!

»Der falsche Ehemann« begann mit einer Szene, wie sie in ihrer unwiderstehlichen Komik typisch für Billy Wilder war. »Ein Bett, ein sehr pikantes Mädchen davor«, las Glanzberg im Drehbuch. »Das Mädchen zieht sich ungeniert aus. Bis sie in einem verlockenden Nachthemd dasteht. Jetzt geht sie auf ein Nachttischchen zu, gießt sich aus einer typischen Medizinflasche ein paar Tropfen in ein Wasserglas, trinkt. Worauf sie prompt zu gähnen beginnt, sich ins Bett legt und in einen etwas übertrieben gespielten Schlaf versinkt.« »Synchronisiertes Geräusch«, schrieb Glanzberg neben Wilders getippte Regieanweisung. »Jetzt erst fährt die Kamera sehr langsam zurück. Wir sehen, dass sich dieses Mädchen nicht in seinem Boudoir, sondern in einem Schaufenster befindet. Die zurückfahrende Kamera erfasst eine Menge von Zuschauern, die, von dieser süßen Reklame angelockt, auf das Mädchen im Schaufenster starrt.«

Auf die Rückseite kritzelte er, was er an dieser Stelle hören wollte: »Ein Grammophon, dessen Stück durch Lautsprecheranlage auf die Straße übertragen wird, spielt irgendeine bekannte Weise, die sich auf den Verkaufsartikel und nicht auf das Bild bezieht.« Das »nicht« ist fett unterstrichen. Bei Wilder ging es nämlich so weiter: »Noch weiter fährt die Kamera zurück, bis wir das Ladenschild sehen: SOMNOLIN A.G. In diesem Augenblick senkt sich in der Auslage ein großer Vorhang, der das dahinter liegende Mädchen vollkommen verdeckt. Auf diesem Vorhang sehen wir sehr groß den Kopf eines Mannes, der furchtbar gähnt und sich dabei die Hand vor den Mund hält. Darunter der Slogan: WER SCHLAFEN WILL, NIMMT SOMNOLIN!« Glanzberg, ganz Absolvent des Konservatoriums, vermerkt am Rand: »Irgendein Instrument löst sich solistisch aus dem Orchester, parodiert in Form einer chromatischen Tonleiter nach abwärts sehr deutlich ein Gähnen (während der Überblendung). Die Musik parodiert nun die Müde.« Denn ein paar Seiten weiter setzte Wilder seine Pointe so: »Aus dem Chefzimmer kommt jetzt Peter Hannemann, hinter ihm die Sekretärin, die durch Hustensignale ihre schlafenden Kollegen warnt. Peter Hannemann geht am Pult vorbei und fragt ganz ruhig: Was gibt's Neues? Der eine Verkäufer meldet: Fräulein Danegger legt sich eben zum 71. Mal ins Bett. Peter Hannemann: Und wieviel Flaschen verkauft? Der Verkäufer: Keine einzige!«

Glanzberg arbeitete mit Drehbuch, Stoppuhr und dem entstehenden Filmstreifen. Täglich fuhr er schon früh mit der S-Bahn nach Babelsberg, denn er musste bereits morgens um neun Uhr am Dreh antreten. Das muss den notorischen Langschläfer, den man sonst vor elf Uhr nicht stören durfte, eine große Überwindung gekostet haben. Aber der Komponist hatte in den Studios zu arbeiten. Er bekam die Szenen vorgeführt, die bereits fertig geschnitten waren. Der Regisseur Johannes Guter sagte ihm, wo er Musik haben wollte: Dort, wo etwas nicht ordentlich gefilmt war, wenn zu viel oder zu wenig Licht auf die Darsteller fiel oder wenn eine Szene ein bisschen Pep vertragen konnte, um die Zuschauer bei Laune zu halten. Für den Künstler in Glanzberg war das nicht unbedingt eine große Herausforderung. Aber er analysierte seine Situation kühl und drückte das Jahrzehnte später so aus: »Ich hatte gehofft, durch meine Tätigkeit für die Ufa, hinter der das riesige Finanzimperium des Hugenberg-Konzerns stand, wichtige Kenntnisse zu sammeln und Kontakte zu knüpfen, die mir langfristig auch die Aufführung von Kompositionen eigener Prägung ermöglichen sollten.«

Außerdem liebte er die aufregende Atmosphäre in den Ufa-Studios, die Hollywood damals tatsächlich Konkurrenz machten. In der Kantine begegnete Norbert Glanzberg auch der schönen und energischen Leni Riefenstahl, und nicht nur ihr. Das Leben war hell und aufregend! Glanzberg fühlte sich wie ein König, der mit Geld nur so um sich werfen konnte: 1200 Mark verdiente er pro Film, ergänzt durch die 700 Mark, die er durch das Arrangieren von Musik für Grammophon-Gesellschaften und andere Nebenjobs monatlich verdiente – das waren für einen Zwanzigjährigen ganz unglaubliche Summen. Da stach ihn der Ärger nur ein paar Sekunden, wenn ihm neue Liedtexte von Gert Karlick vorgesetzt wurden, die er als fürchterlich peinlich empfand. Und er zwang sich, nicht darüber nachzudenken, warum Produzent Bruno Duday gerade jene romantischen Boston-Melodien, die er am besten fand, ablehnte, während andere Vorschläge begeistert angenommen wurden, weil sie angeblich mehr zum Mitsummen verleiteten. So ein Blödsinn! Aber, wenn der Herr Produzent das so wollte.

Wenn Glanzberg über seine Musik für »Der falsche Ehemann« sprach, redete er sich richtig in Fahrt und erklärte voller Überzeugung: »Das war schlecht, das ist mir diktiert worden. Ich hatte doch keine Autorität, ich war doch nur ein kleiner Junge aus Würzburg. ›Hasch mich, mein Liebling, hasch mich‹, das Lied, das die ›Comedian Harmonists‹ gesungen haben, war von mir. ›Hasch mich, und dann vernasch mich‹. Schrecklich.« Die »Comedian Harmonists«, jene sechs Unübertroffenen des a-capella-Gesangs, waren schon lange Glanzbergs Helden. Sie waren die einzigen, deren Können vor seinem unbarmherzigen musikalischen Urteil uneingeschränkt bestehen konnte und die er gern und oft lobte. Für die »Comedian Harmonists« war

»Hasch mich« kein wichtiges Lied, und es fehlt in der endlosen Liste ihrer Aufnahmen, denn »Der falsche Ehemann« war erst Wilders sechster Film, sein Name war außerhalb des Studios noch nicht bekannt. Dennoch sagte Roman Cycowski, der Bariton der »Comedian Harmonists«, kurz vor seinem Tod mit 98 Jahren: »Glanzberg? Ja, ich erinnere mich an diesen Namen.«

Im »falschen Ehemann« treten die »Comedian Harmonists« als Kapelle beim abendlichen Tanzvergnügen in einem Luxushotel in den Schweizer Bergen auf. Glanzbergs Foxtrott »Hasch mich« wurde zum musikalischen Leitmotiv des Films, das schon während des Vorspanns zu hören war. Und es fiel sofort auf. Am 27. März 1931, dem Tag der Premiere des »falschen Ehemanns«, kaufte sich Norbert Glanzberg als Erstes die neueste Ausgabe des renommierten *Filmkurier*. Was würden sie wohl über seine Musik nach der Vorpremiere geschrieben haben? Sofort stach ihm die Überschrift »Ein neuer Komponist« ins Auge: »Der in der Aufführung so auffallend gelungene neue Schwank der Ufa-Produktion macht auch durch seine schmissige Schlagermusik aufhorchen. Norbert Glanzberg heißt der neue Mann, dessen Lieder man gleich mitsingen kann. Er geht ins Ohr, sein Rhythmus wirkt verführerisch. Der bisher unbekannte Komponist kann sich gleich neben die bewährtesten Namen stellen. Die illustratorischen Absichten wirken wie bester Hollaender. Dieser Glanzberg hat's im Handgelenk. Solche Musik ist im Kino hochwillkommen.«

Glanzberg konnte also voller Stolz am selben Abend den »Gloria-Palast« an der Kaiser-Wilhelm-Gedächtniskirche – eins der glamourösesten Berliner Kinos – betreten. Lässig zeigte er in der festlich geschmückten Eingangshalle seine Einladung vor, auf der stand: »Die Direktion der Ufa beehrt sich, Ew. Hochwohlgeboren zu der Freitag, den 27. März abends 9.15 Uhr im Gloria-Palast stattfindenden Uraufführung ergebenst einzuladen.« Hochwohlgeboren Glanzberg! In den Frühjahrswochen des Jahres 1931 rauschte dieser Name durch den gesamten Blätterwald deutscher Zeitungen: Im *Frankfurter General-Anzeiger*, den *Leipziger Neuesten Nachrichten*, den *Hamburger*

Nachrichten, den *Danziger Nachrichten*, der *Neuen Preußischen Zeitung* in Berlin, der *Neuen Badischen Landeszeitung Mannheim*, der *Württemberger Zeitung Stuttgart*, der *München-Augsburger Abendzeitung*, der *Essener Volkszeitung* – überall erschienen Besprechungen des »falschen Ehemanns«.

Auch in der Provinz, aus der Glanzberg kam, schlug die Nachricht wie eine Bombe ein. Im *Politischen Tageblatt* Aachens, das sich rühmte, »beliebtestes und wirksamstes Anzeigen-Organ der Stadt und des Regierungsbezirks« zu sein, griff man das Thema Glanzberg am 8. April 1931 auf. Die schwungvolle, auffällige Überschrift lautete: »Hasch mich, ich bin das Glück …« Der Journalist hatte im Aachener Theater über Norbert Glanzberg nicht viel mehr erfahren, als dass er ein Jahr lang »zur Zufriedenheit dirigiert« hatte: »Und schon wird er als Schlagerkomponist gefeiert und neben Hollaender gestellt. Und vielleicht – wer weiß! – wird sein Foxtrott wirklich der Schlager der Frühjahrssaison … Vielleicht wird Norbert Glanzberg schon in kurzer Zeit ein Name sein, den alle kleinen Mädchen im lieben deutschen Vaterlande kennen und alle tanzfreudigen Jünglinge und alle Kinobesucher jeder Altersklasse nicht minder. Vielleicht hat er es wirklich im Handgelenk, dieser Glanzberg … Und wir haben es hier nur nicht gemerkt. Er selbst hat es wohl nicht gewusst, als er geduldig die mühselige Arbeit des Korrepetitors tat, von der kein Theaterzettel meldet. Aber es lohnt sich doch, ein wenig über den Fall Glanzberg nachzudenken. Wie es ihm gegangen ist, könnte es uns allen gehen. Ein winziger Zufall kann unserem ganzen Leben die Richtung geben.«

Glanzbergs Ruhm drang sogar bis ins immer eine Spur langsamere Franken. Auch der Würzburger *Generalanzeiger* zitierte den *Filmkurier*. Aus eigener Kraft fügten die Herren Journalisten, typisch für die Stadt am Main, am 4. April jedoch nur viereinhalb dürre Zeilen hinzu: »Norbert Glanzbergs Musik zum Ufa-Tonfilm ›Der falsche Ehemann‹ wird allgemein gerühmt. Glanzberg war bekanntlich früher Kapellmeister am Würzburger Stadttheater.« Aber einen Steinwurf vom Dom entfernt, in der engen Wolfhartsgasse, stand die Welt Kopf. Vom missratenen Klezmer, der sich im sündigen Berlin herumtrieb, war keine Rede mehr. Samuel Glanzberg fühlte sich nun stolzer denn je, auch wenn aus dem inzwischen erwachsenen Wunderkind nie ein Arzt werden würde. Magisch zog ihn das »Lu-Li«-Kino an: »Als mein erster Film herauskam, hat man meinen Namen hier auf der Werbetafel an der Hauswand genauso groß geschrieben wie die der Hauptdarsteller Johannes Riemann und Maria Paudler, damals bekannte Stars. Mein Vater stand tagelang davor, hat die Leute angehalten und gesagt: ›Seht her, das ist mein Sohn‹.«

In den gängigen kleinen Büchern mit den Texten der beliebtesten Schlager wurde »Hasch mich« abgedruckt, und die Ufa gab ein Heftchen heraus, in dem sie »die schönsten Tonfilmschlager der Saison« anpries: zwei Lieder von Werner Richard Heymann, zwei von Friedrich Hollaender, zwei von Mischa Spoliansky – und auch zwei von Norbert Glanzberg. »Noten und Platten überall zu haben«, warb die Ufa. »'Hasch mich' – der zur Zeit populärste Schlagererfolg Berlins!« Trotzdem nahmen die »Comedian Harmonists« das Lied nie in ihr Repertoire auf. Warum? War ihnen auf dem Höhepunkt ihrer Popularität vielleicht peinlich, dass dieses »Hasch mich« zur Hymne des Jahres 1931 erklärt worden war? Die Ufa jedenfalls hatte die Zielgruppe schnell erkannt und überredete Glanzberg zu einer Werbetour. Eines Abends schickte man ihn in einen Ballsaal, wo er unter dem Jubel der Tanzenden als Komponist von »Hasch mich« präsentiert wurde: Begeistert packte man ihn und hob ihn wie einen gewonnenen Pokal hoch in die Luft. Was sollte das? Plötzlich verstand er: »Das waren alles Männer, ich war auf einen Schwulenball geraten. Mein Lied war zum Lieblingslied der Berliner Schwulen geworden!«

Glanzbergs zweiter vertonter Film ist heute verschollen. Man weiß nicht viel mehr, als dass er »Dann schon lieber Lebertran« hieß. Das Drehbuch dazu stammte von Erich Kästner. Sein Co-Autor war ein junger Theaterregisseur aus Ungarn, der später durch seine englischen Filme bekannt werden sollte, Emmerich

Pressburger. Max Ophüls, der später in Hollywood berühmt werden sollte, führte bei »Lebertran« zum ersten Mal Regie. »Ophüls wurde ein Stab von routinierten Könnern zur Seite gestellt«, schrieb der Kästner-Biograph Ingo Tornow. Norbert Glanzberg gehörte bereits dazu: »Der falsche Ehemann« hatte ihn über Nacht in die oberste Riege der Ufa katapultiert. An die klobige Kamera hatte Produzent Duday einen der besten Männer der Ufa gestellt, Eugen Schüfftan. Der sollte auf den Neuling Ophüls aufpassen und die Regie übernehmen, falls Ophüls pures Chaos am Set produzierte. Duday hielt aber große Stücke auf seine Entdeckung vom Theater und hatte Max Ophüls sogar erlaubt, sich in Babelsberg aus dem unendlichen Archiv der auf Halde liegenden Manuskripte etwas Schönes für seinen Debütfilm auszusuchen. Der Regisseur war dann beim Stöbern auf einen zwei Seiten langen Entwurf von Erich Kästner gestoßen: »Dann schon lieber Lebertran ...« Und diese Geschichte gefiel sogar Glanzberg.

Sie handelte von zwei Kindern, die gegen ihre Eltern rebellieren: Ein Stoff wie gemacht für den kleinen, groß gewordenen Rebellen! Die Kinder möchten abends lieber länger aufbleiben, werden aber von ihren Eltern ins Bett gesteckt, nicht ohne einen Riesenlöffel Lebertran schlucken zu müssen. Eines Abends beten die Geschwister zum lieben Gott und bitten ihn um einen Rollentausch – die bösen Eltern sollen einmal selbst die allabendliche Qual erleben und die Kinder wollen in die Rolle der Großen schlüpfen. Der heilige Petrus, im Film mit wallenden Gewändern, einem weißen Rauschebart und Plüschflügeln ausgestattet, hat an jenem Abend Dienst im Himmel und hält das Stoßgebet für keine schlechte Idee. Die Kinder dürfen also Eltern spielen, finden aber bald, dass das gar nicht so viel Spaß macht! Und schwupps, kehrt sich der Zauber des Petrus wieder um. Dann schon lieber Lebertran!

Max Ophüls ergänzte die Geschichte durch eigene Ideen: »Wie schon Herrn Duday mitgeteilt, könnte man die Szene, in der die Kinder ihre Eltern zur Schule begleiten, noch einfügen. Es würden sich sehr komische Situationen ergeben. Man sähe ältere Herren in Kinderkleidung, von Schupos über die Straße geleitet usw. usw. Wenn dieser Vorschlag angenommen werden würde, würde sich der bisherige Szenen-Komplex um ca. 15 weitere Einstellungen vergrößern.« Das wurde dem Filmteam auf einem losen Zettel mitgeteilt. Glanzberg klebte ihn auf die erste des 82 Seiten starken Drehbuchs. Diesmal nahm er den Filmbetrieb bereits routinierter und kritzelte viel weniger in die Regieanweisungen. Außerdem wusste er jetzt, wie man mit den Filmleuten umzugehen hatte: »Die meisten von ihnen waren völlig unmusikalisch. Produzenten, Regisseure – die hatten nur ihre Technik und das Geschäft im Kopf!« Deshalb klebte er sich noch ein Blatt ins Drehbuch: was er bei den Verhandlungen mit Duday und seinen Kollegen auf keinen Fall vergessen durfte! Nummer eins: »Stoppuhr«. Nummer zwei: »Instrumentation«, Nummer drei: »15-Mann-Orchester«. Es schwebten ihm aus dem Ufa-Sinfonieorchester zwei Geigen, jeweils eine Bratsche, ein Cello, ein Kontrabass, eine Flöte, eine Oboe, eine Klarinette, ein Fagott, eine Posaune, Harfe, Klavier und Schlagzeug vor, außerdem zwei Trompeten. Nummer vier der Verhandlungstaktik unterstrich er ganz besonders dick: »Vertrag«. Nur den letzten Punkt – »Reklame« – hielt er wohl für nicht ganz so wichtig. »Dann schon lieber Lebertran« war ein Kurzfilm von rund dreißig Minuten, der 1931 recht erfolgreich gewesen zu sein scheint.

Ein dritter großer Auftrag kam nicht. »Außer dieser Tätigkeit arbeitete ich für berühmte Komponisten als Hintermann«, erinnerte sich Glanzberg nach dem Krieg. Dafür gab es zwar Geld, aber keinen Ruhm, weil der große Name noch ein bisschen größer wurde und niemand je erfuhr, dass eigentlich jemand ganz anderes die Musik komponiert hatte. So wird es auch bei »Schleppzug M 17« gewesen sein, einem Film, den Glanzberg später immer wieder flüchtig erwähnte und den er 1958 in seinem Antrag auf Wiedergutmachung anführte. Hier hießen die Komponisten Will Meisel, Alex Stone und Richard Dochan.

Vor allem aber: In dieser Geschichte über einen Binnenschiffer auf der Elbe spielten niemand Geringere als Heinrich George und seine Frau Berta Drews die Hauptrollen. Wäre das der große Durchbruch geworden, wenn Glanzberg dafür ganz offiziell die Musik geschrieben hätte? Aber als die jüdische Produktionsgesellschaft Orbis-Film in den letzten Monaten der Weimarer Republik »Schleppzug M 17« vorbereitete, hatte sie strenge Auflagen zu erfüllen: Bis zum kleinsten Beleuchter musste jeder seinen Pass registrieren lassen – die Produktion hatte eine vorgeschriebene Deutschenquote einzuhalten. Und Norbert Glanzberg, geboren in Galizien, besaß keinen deutschen Pass. In dem gesamten Schriftwechsel, den Heinrich George zu führen hatte, weil »Schleppzug M 17« gleich nach seinem Erscheinen im April 1933 als »künstlerisch nicht wertvoll« eingestuft wurde, taucht Glanzbergs Name nicht ein einziges Mal auf.

Gehen Sie nicht nach Hause, zwei Gestapomänner warten auf Sie!

Die Flucht nach Frankreich

»Schon 1931 hat man es gespürt«, erinnert sich Glanzberg. »Es roch nach etwas. Die Ufa vermied es zunehmend, Juden zu engagieren. Und dann hatte ich die Ehre, dass Goebbels, der damals Gauleiter in Berlin war, mich persönlich in seiner Zeitung *Der Angriff* erwähnte. Dass der kleine, galizische Jude Glanzberg inzwischen schon den jungen, blonden Komponisten die Butter vom Brot nehme.«

Glanzberg verlor also seinen Auftrag für »Schleppzug M 17« mit Heinrich George wieder. Alles, was er nun bekam, waren kleinere Aufträge, die nicht einmal annähernd mit »Der falsche Ehemann« hätten mithalten können, geschweige denn mit »Schleppzug M 17«. Nichts, womit er ein zweiter Friedrich Hollaender hätte werden können, wie man ihm prophezeit hatte. Irgendetwas lag in der Luft und stank gewaltig.

Mit bangem Gefühl gab er am 15. Juli 1932 zwanzig Pfennig aus, um sich das Blatt *Der Deutsche Film* zu kaufen – die Filmzeitung der NSDAP, die alle drei Monate erschien. Er kaufte sie, weil er gehört hatte, dass darin wieder einmal gegen die Ufa geschossen wurde. Er konnte sich ungefähr denken, was ihn dort erwartete. Trotzdem packten ihn Ekel und Wut, als er die zweite Seite aufschlug und den groß aufgemachten Artikel eines gewissen »W. B.« las, der angeblich Schrifststeller war: »Mehr Licht über die deutsche Filmproduktion!« lautete die Überschrift. »W. B.« schilderte einen Rundgang über das Ufa-Gelände, nachdem er angeblich – wie konnte es anders sein in diesem Nazi-Blatt – eine »blonde, arische« Schauspielerin vor Hunger hatte weinen sehen: »Um ihr und dem deutschen Volk sagen zu können, hier findet der deutsche Künstler Brot, Verdienst, Ehre und Achtung.« Normalerweise strich Glanzberg fein säuberlich nur jene Stellen in Artikeln an, die ihn betrafen. Hier umrahmte er mit groben, fahrigen Strichen den ganzen Text – er fühlte zum ersten Mal eine würgende Angst. Da stand inmitten der üblichen krankhaften sexuellen Verleumdungen und Anschuldigungen gegen Juden nämlich auch: »Die Ufa-Tonfilm-Komponisten sind sämtlich Juden; die Herren May, Meisel, Grabowski, Heymann, Glanzberg, Hollaender, Gilbert, Erwin Strauß usw. Vor allem für Sie, Herr Geheimrat Hugenberg, sind diese Zeilen, vielleicht wissen Sie das alles gar nicht. Deutsche Literatur, Zeitungen und Filme müssen nur von deutschen, fühlenden Menschen redigiert werden.«

Norbert Glanzberg besaß nicht jenes arglose und unerschütterliche Vertrauen in die Menschen, das vielen Juden das Leben kosten sollte, die zu lange warteten und auf die Zivilisation ihrer Heimat, des Landes der Dichter und Denker, vertrauten. Als Hitler an die Macht kam, ahnte er, was passieren würde. Die marschierenden SA-Kolonnen am Abend des 30. Januar 1933 trieben ihn aber noch nicht aus der Stadt, in der er eigentlich sein Glück hatte machen wollen. Das geschah erst nach dem Reichstagsbrand Ende Februar. Die Notverordnungen, die darauf folgten, setzten die bedrohte Zivilisation in Deutschland endgültig außer Kraft. Jetzt regierte Hitler, ohne sich um Bürgerrechte scheren zu müssen. Goebbels hatte verstanden, dass er die Medien so schnell wie möglich in seine Gewalt bringen musste – den neuen Tonfilm vor allem, aber auch das Theater und die Musik, kurzum, all jene Magie, die die Herzen von Millionen von Menschen mit Freude erfüllte. Nach dem Reichstagsbrand setzte seine Hetzjagd auf die Künstler jener Sparten ein. Und damit auch auf Glanzberg, der weiterhin versucht hatte, seine Arbeit zu tun. Dazu gehörten die täglichen S-Bahn-Fahrten zwischen Babelsberg und dem Bahnhof Zoo. Eines

Abends, als er aus der S-Bahn stieg, erwartete ihn seine Vermieterin auf dem Bahnsteig, die vielleicht schon stundenlang dort ausgeharrt hatte: »Gehen Sie nicht nach Hause, Herr Glanzberg, in Ihrer Wohnung warten zwei Männer auf Sie – Gestapo!«

Was mag Glanzberg wohl empfunden haben? Manchmal ist seine Wut und Trauer später ungebremst durchgebrochen. Einmal kippte seine Stimmung, als er lapidar erzählen wollte, wie er als Junge auf seiner Mundharmonika das Deutschlandlied gespielt hat. Unter Tränen schleuderte er plötzlich bitter und gallig Nazi-Lieder heraus: »Wenn Judenblut vom Messer spritzt«.

Berlin am letzten Februartag des Jahres 1933, der Reichstag schwelt noch in der Morgendämmerung: Wohin jetzt? Billy Wilder hat seinem Biographen Hellmuth Karasek berichtet, dass er sofort nach dem Inferno, also schon am 28. Februar, in Richtung Paris aufgebrochen war, wohin ihm wenige Tage später einige seiner Freunde aus der Filmszene folgten. Wie die anderen bedrohten Kollegen auch, reiste Glanzberg überstürzt nach Paris ab. Dabei konnte er sich auf Lotte, seine Exfreundin verlassen. Sie wartete, bis die Männer von der Gestapo in der Fasanenstraße 63 aufgegeben hatten und zum nächsten Opfer weitergezogen waren. Dann holte Lotte aus Glanzberg Zimmer Geld und einige Habseligkeiten. Er nahm den nächsten Zug nach Paris, dem Zentrum der Emigration in diesen ersten Jahren des Hitler-Regimes. Dort, das hatte er gehört, traf man an jeder Ecke andere Flüchtlinge. Und das stimmte auch. Glanzberg fand schnell heraus, dass Billy Wilder im Hotel »Ansonia« nahe des Arc de Triomphe hauste, einer nicht gerade luxuriösen Absteige.

Billy Wilder, der kleine Mann mit dem runden Gesicht und den dunklen Knopfaugen, litt offenbar nicht unter derselben inneren Lähmung wie Norbert Glanzberg. Er nutzte die neun Monate bis zu seiner Weiterreise in die USA, um mit seinem Freund Max Kolpe einen Film zu machen: »Mauvaise Graine«, der wegen mangelnden Geldes in Pariser Garagen und auf belebten Straßen gedreht wurde. Warum schrieb Glanzberg dazu nicht die Musik? Oder für irgendein anderes Projekt? Nicht nur Wilder war in Paris, auch Max Ophüls und Eugen Schüfftan bastelten an mehr oder weniger provisorisch inszenierten Filmen herum. Alle waren sie da, und keinem ging es besser als Norbert.

Billy Wilder redete oft von seiner geplanten Weiterreise nach Amerika. Mensch, komm doch mit, Norbert, drängte er. Aber der sah sich außerstande, sich ein Leben in den USA auch nur vorzustellen. Er wusste selbst nicht genau, warum. Tief in ihm bohrte die Angst des kleinen Jungen aus der Provinz: Wenn er schon hier in Frankreich nicht richtig zurechtkam, wie tief würde er dann erst in Amerika sinken, dem Land, aus dem der Jazz kam, den er als Kind nur heimlich hatte hören dürfen, wo die erfolgreichsten Filme der Welt gedreht wurden und wo die Komponisten sicher mit spitzeren Ellbogen ausgestattet waren und eingängigere Melodien komponierten, als er es sich zutraute. Nein, bis nach Amerika reichte sein Selbstvertrauen bei weitem nicht. Daran änderten auch Nachrichten von Bekannten nichts, die den großen Schritt gewagt hatten. Ratlos hielt Glanzberg eine Farbpostkarte mit der Wolkenkratzer-Skyline von Miami bei Nacht in der Hand, die ihm ein gewisser Friedmann nach Paris geschrieben hatte: »Bin ganz erschüttert von America. Alles hier großartig. Unglaublich fortschrittlich. War in Madeira, Martinique, Bahama Inseln und komme nach Mexiko, Cuba. Auf dem Schiff ist's fabelhaft.« Das machte Glanzberg jedoch keinen Mut, sondern ängstigte ihn nur. Außerdem lebten die Eltern und die Schwester immer noch in Würzburg: »Ich wollte nicht zu weit fort von ihnen.«

In Paris hielt er es nur kurze Zeit aus, wahrscheinlich nur einige Wochen, die er im selben Hotel wie Billy Wilder verbrachte. Lotte hatte ihm zu wenig aus der Fasanenstraße mitbringen können, und ihm ging nun das Geld aus. Deshalb entschied er sich einfach, nach Hause zu seinen Eltern nach Würzburg zu fahren. Denn in diesen Zeiten hatten Entfernungen auf der Landkarte noch eine Bedeutung. Würzburg war nicht Berlin. Berlin, die Gestapo und Goebbels mit seiner Hetze gegen den kleinen, galizischen Juden, der deutschen Komponisten das Brot wegnahm, waren weit weg vom Main. Sicher, Hitler war an der Macht – aber redeten nicht viele davon, dass der Spuk nicht lange dauern könne? Dass die vernünftigen alten Männer der Rechtskonservativen in dieser Regierung den lächerlichen Schnauzbart schon bald in die Ecke drängen würden? Solche Irren wie die Nazis würden sich nicht lange halten können. Sie würden verschwinden, sobald ihre Versprechungen wie Seifenblasen zerplatzten. Doch der lächerliche Schnauzbart hatte Glück: Anfang 1933 zog die Weltwirtschaft nach katastrophalen Jahren langsam wieder an. Immer mehr Menschen fanden auch in Deutschland wieder Arbeit. Das sprach sich herum, die Angst in den Herzen verlor sich mit jeder neuen, Mut machenden Meldung, egal, ob die nun stimmte oder nicht. Und auf diesen Zug konnten die Nazis in unverdienter Siegerpose aufspringen. Doch das konnte Glanzberg nicht ahnen. Er ging davon aus, in Würzburg zumindest eine Zeit lang sicher zu sein. Er ließ Lotte wissen, dass er zwar wieder in Deutschland war, aber dass er bald wieder wegwollte. In dieser Zeit war er nicht einmal besonders unzufrieden. Bei seinen Eltern stand er wegen seiner Blitzkarriere hoch im Kurs. Sie genossen die Zeit mit ihrem Sohn und ließen sich bei ihren Spaziergängen gerne mit ihm fotografieren. Ein Bild von trügerischer Harmonie: Unbeschwert lachend die drei Glanzbergs, rechts daneben in einem Schaufenster ein Plakat mit einem Hakenkreuz. Vor dem 30. Januar 1933 werden im erzkatholischen Würzburg wenige Geschäftsleute ihre Schaufenster so geschmückt haben.

Der faule Glanzberg schrieb sogar an Lotte in Berlin, worüber die sich begeistert zeigte: »Lieber Norbert! Für Deinen lieben Brief herzlichen Dank. Als Du ihn schriebst, hattest Du ja glänzende Laune«, schrieb sie im Juli. »Also mein Junge, wann geht's denn los? Kann mir vorstellen, dass Dir etwas bange wird vor dem Ungewissen in der Fremde.« Im Juni hatte Lotte noch säuerlich auf Post von ihrem ehemaligen Schatz reagiert, weil sie nur sehr sporadisch »eine Karte oder einen ganz belanglosen Brief« bekommen hatte, die aber jedes Mal die Aufforderung enthielten, doch selbst öfter und spannender zu schreiben: »Wie ich merke, fühlst Du Dich im Kleinstadtleben sehr gut ein, und es ist nur sehr wenig von Berlin an Dir haften geblieben. Wie es scheint, wird es mit Paris doch nichts, gell? Habe manchmal ordentlich Sehnsucht, mich mit Dir zu zanken, es war wenigstens immer etwas Abwechslung, jetzt ist alles langweilig. Pfingsten war ich mit Bekannten fort. Es war soweit ganz nett, leider bekam ich einen Sonnenstich, wie Du damals in Schildhorn, nachdem Dir die Sache mit Straus und Massary durch die Finger ging.«

Ein Sonnenstich, den Glanzberg später verdrängte und vergaß. Dabei kann es sich nur um den berühmten Operettenkomponisten Oscar Straus und um die noch viel berühmtere, ja legendäre Operettensängerin Fritzi Massary gehandelt haben. Diese dunkelhaarige Königin Berlins – man nannte die winzige Person mit dem unglaublichen Charisma sogar »Fritzi I. von Massaryen« – hielt sich noch im Alter von fünfzig Jahren konkurrenzlos auf der Höhe eines unantastbaren Ruhmes. Fritzi Massary war seit Jahrzehnten ein Mythos, der Inbegriff der Eleganz, der Leidenschaft, der Schauspiel- und Sangeskunst. Im September 1932 feierte die Massary im Berliner Theater »Metropol« als Hauptdarstellerin der von Oscar Straus neu komponierten Operette »Eine Frau, die weiß, was sie will« noch einen letzten Triumph, bevor sie kurz danach mit ihrem jüdischen Ehemann Max Pallenberg, Deutschlands Chaplin, vor dem Naziterror nach Österreich floh. Was war das für eine »Sache mit Straus und Massary«, die Glanzberg »durch die Finger« gerutscht war? Hatte man im »Metropol« nach einem Kapellmeister für »Eine Frau, die weiß, was sie will« gesucht?

Das war noch nicht einmal ein Jahr her. Doch Lotte machte Glanzberg in ihren Briefen kaum Mut. Sie beschrieb, wie sehr sich Berlin in den wenigen Monaten seit seiner Abreise verändert hatte. Persönlich hatte sie wenig zu klagen: »Im September fangen wir wieder im ›Admiralspalast‹ an, es soll eine ganz große Angelegenheit werden, mit Albers. Ich bin schon engagiert.« Aber Lotte klagte trotzdem: »Hoffentlich jedoch kann ich im Oktober mit meinem Freund ins Ausland, denn mich hält hier nichts. Lieber Norbert, wenn Du nun fährst, wirst Du hoffentlich nicht vergessen, mich auf dem Laufenden zu halten. Berlin ist sehr öde geworden. Am Kurfürstendamm lauter fremde Gesichter, die Juden bleiben alle mehr zu Haus, ich gehe sonst auch wenig fort.«

Als Lotte im Januar 1934 erneut ein längst fälliges Lebenszeichen von ihm forderte, war sie nicht einmal sicher, ob er überhaupt noch in Würzburg wohnte und mutmaßte ein wenig ironisch, dass aus ihm vielleicht schon irgendwo ein Generalmusikdirektor geworden sei. Aber sie irrte sich. Was Glanzbergs Mutter Jahrzehnte später schrieb, lässt ahnen, was im Frühsommer 1933 passiert sein muss: »Du hast eine viel versprechende Karriere in Deutschland begonnen, bist aus Deinem Milieu gerissen worden, nach Paris geflüchtet, abgerissen worden wie ein Blatt.« Glanzberg hatte erst einmal gründlich planen wollen, bevor er sich ein zweites Mal in das Abenteuer Paris stürzte. Aber ihm blieb dafür keine Zeit. Warum? Vielleicht war es die Tag für Tag wachsende Zahl der Uniformen, die ihn in der Stadt seiner Kindheit immer mehr verängstigten. Vielleicht waren es die ständigen Geschichten über die Brutalität dieser Männer in Uniform. Er reiste überstürzt nach Paris ab. Die Oistrachs aus Würzburg waren schon dort und etwa siebentausend andere Flüchtlinge aus Deutschland auch. Vielleicht würde es diesmal ja nicht so schwer sein, Fuß zu fassen.

Wieder stieg Norbert Glanzberg in den Zug. Man schrieb den 10. Juli 1933. Diesmal war es kein Abschied auf Zeit. Der Eiffelturm, der Louvre und die eleganten Pariser Bürgerhäuser erfreuten sein Herz nicht. Wenn er die Pracht dieser Weltstadt um sich herum sah, die modischen Kleider der Damen und die gut geschnittenen Anzüge der Herren, fühlte er nur eine Mischung aus tiefer Traurigkeit, Wehmut und Neid. Er konnte es nicht fassen, dass sein eigenes hoffnungsvolles Leben in einer Weltstadt, die diesem Paris in nichts nachstand, zerstört sein sollte. Er hatte doch nichts verbrochen, nicht einmal irgendeinen Fehler begangen – und jetzt war er dennoch von seiner Welt abgeschnitten. Leben bedeutete nur noch Überleben: »Mein Weg nach Paris war mir von anderen Schicksalsgenossen aus Mitteleuropa vorgezeichnet worden, und er war deprimierend in der Beständigkeit, mit der er mich wie alle meine Vorgänger über die gewohnten Stationen der Entwurzelung und Verelendung führte. Ein Flüchtlingsheim irgendwo zwischen Clichy und Belleville nahm mich auf.«

Flüchtlingsheime waren in jenen Tagen überall auf der Welt nach Schweiß riechende, überfüllte Absteigen voller nervöser Menschen unterschiedlichster Herkunft, denen es nur darum ging, den nächsten Tag zu überstehen, ohne vor Verzweiflung, Enge und Hunger verrückt zu werden. Es gab in Glanzbergs Heim im proletarischen 20. Arondissement ein Flüchtlingskomitee, das beim Start in Paris helfen sollte. Man empfahl ihm einen Job als Straßenverkäufer. In einem Bauchladen trug er Bleistifte, Radiergummis und anderen Krimskrams durch die Straßen: »Doch dazu hatte ich kein Talent.« Die so verdienten Groschen reichten gerade einmal für die Grundnahrungsmittel. Für neue Kleidung war bei weitem nicht genug Geld da. Tag für Tag beobachtete er, wie die Farbe seines grauen Anzuges aus Berliner Tagen ein bisschen undefinierbarer wurde und wie sich seine Kleidung unförmiger und unangenehmer anfühlte. Seine Mutter schrieb später: »Ich glaube, Du selbst hast alles vergessen, aber ich gedenke allem. Oh, wie mein Herz geblutet hat. Ich hab Dir erst einen warmen Mantel bringen müssen …«

Dann lieh sich Glanzberg ein Akkordeon: »Ich konnte gar nicht darauf spielen. Rechts hatte es aber Tasten, darauf klimperte ich dann ein bisschen.« Was er ebenfalls nicht wusste: Die französischen Behörden achteten scharf auf die Einhaltung ihrer komplizierten Regelungen. Eine davon besagte, dass Straßenmusikanten eine Arbeitserlaubnis der Verwaltung vorweisen mussten. Davon waren die massenhaft ankommenden Flüchtlinge aus dem Einflussbereich Hitlers natürlich nicht befreit – im Gegenteil: Sie hatten keinen Anspruch auf die Arbeitserlaubnis, weil sie Ausländer waren. Diese Situation war gerade in Frankreich für die Flüchtlinge ein schwer lösbares Problem. Vielleicht hat Glanzberg das nicht einmal gewusst, als er eines Tages bei seinem misstönenden Spiel auf dem geliehenen Akkordeon in den, wie er sie nannte, »Hinterhofwelten der Boulevards« erwischt wurde. Ein Polizist schleppte den Unglücklichen auf die Wache, wo er zwei Tage in Haft genommen wurde. »Es sollte nicht das einzige Mal bleiben, dass ich Bekanntschaft mit französischen Gefängniszellen schloss.«

Der Place Pigalle und die umliegenden Straßenzüge galten in Paris als verrucht, verdreckt und armselig. Sie waren das Mekka von zwielichtigen Tänzerinnen, Prostituierten, schmierigen Zuhältern und kleinen Gelegenheitsgangstern. »Zweifelhafte Leute«, sagte Glanzberg – und das nicht ohne Stolz. »Da gab es oft Kämpfe mit Messern.« Schräge Vögel zogen ihn sein Leben lang magisch an, er fürchtete und liebte sie zugleich und suchte das Witzige, Abgründige und Spannende in ihren Machenschaften. Dabei übersah er, dass eher die Geschichten über diese Machenschaften als diese Aktivitäten selbst spannend waren. So bezahlte er Bekanntschaften mit »zweifelhaften Personen« mehr als einmal damit, dass er von ihnen übers Ohr gehauen wurde und sein Geld verlor. Einmal polterte er vor Wut schäumend in das Büro eines halbseidenen Geschäftsmannes und schlug dessen gesamtes nobles Mobiliar kurz und klein. Bevor er die zitternde Sekretärin in ihrem Trümmerhaufen sitzen ließ, riss er auch noch das letzte Bild von der Wand und zertrümmerte es. Aber das war Jahrzehnte später.

In den Sommermonaten des Jahres 1933 fand sich Glanzberg plötzlich in jener Situation wieder, die sein Vater über zwanzig Jahre zuvor durchlitten hatte. Er fühlte sich inmitten der vorbeieilenden Menschenmassen wie ein Einsiedler, weil er keinen Kontakt aufnehmen konnte. Dachte er jetzt manchmal mit Reue an das Realgymnasium? Dort hatte er im Französischunterricht grundsätzlich nicht aufgepasst, und die wenigen Wörter, die ihm jetzt irgendwie bekannt vorkamen, halfen ihm kaum weiter – von Sprechen konnte schon gar keine Rede sein. Im Flüchtlingskomitee bot man zwar Französischstunden an, aber dazu hatte er keine Zeit. Jeder Tag begann für ihn am Nullpunkt. Er musste ihn nutzen, um Geld zu verdienen, um zu überleben. Und das konnte ein namenloser Musiker am besten in den Bars des Place Pigalle, wo die Stammgäste Huren und Zuhälter waren. Von ihnen lernte er mühsam seine ersten Worte in der neuen Sprache.

Aber auch aus anderem Grund war für ihn der Place Pigalle lebenswichtig: Dort trafen sich die Tanzmusiker, dort galt es zuzugreifen, wenn ein Musiker gesucht wurde. Ins Café Delta am Boulevard Bochechouart, auf den das Gewirr winziger Gässchen am Fuße des Montmartre mündete, ließ sich Glanzberg seine Post schicken, als er dort für kurze Zeit und wenig Geld vor armen Leuten Klavier spielen durfte. Die Leiter seiner armseligen Combos trieben sich tagsüber auf den Gängen der Pariser Stadtteil-Rathäuser herum und schrieben die Namen und Adressen von den neuen Listen der Taufen, Hochzeiten und Begräbnisse ab, die dort ausgehängt wurden. Bei manch einer Adresse wussten die Erfahrenen unter ihnen schon, dass die Feierlichkeiten mit einem Bankett enden würden, worauf jeder insgeheim hoffte. Ohne die Kontaktbörse am Place Pigalle hätte Glanzberg nie eine Chance bekommen, denn der Wortschatz der Huren und Zuhälter half ihm kaum dabei, aus eigener Kraft ein solches Engagement zu bekommen.

Aber die Würde ließ er sich nicht nehmen. Er hasste es, sich hilflos zeigen zu müssen. Er wollte sich keine Blöße geben. Der stolze Norbert Glanzberg wehrte sich zu dem Zeitpunkt noch gegen den Sog nach unten – wenn auch nur in Scheingefechten. Mitte September 1934 machte eine Postkarte aus Würzburg die Reise nach Paris. Ilse Frank hatte sie in ihrer zackigen Handschrift an das »Hotel du Prado« adressiert. Von dort schickte man sie weiter an das »Hotel Mondial«, wo Norbert im September seine Post abholte. Ilse bedankte sich artig bei ihrem »Buben« für Kompositionen, die er ihr geschickt hatte: »So rasch wie versprochen! Wie Du jetzt siehst, gibt es immer noch Menschen, die treu und lieb an Dich denken. Herzlichst, Ilse.« Spürte die ehemalige Geliebte und Freundin, dass es dem »Bub«

im fernen Frankreich doch nicht so glänzend ging, wie er behauptete?

Die andere Person, die ihm auf dieser Karte schrieb, machte sich um sein Schicksal weniger Gedanken. Maria Niebauer, die Witwe seines Entdeckers, des Klavierprofessors Max Niebauer, jubelte förmlich: »Lieber Herr Norbert! Ich freute mich wirklich herzlich, etwas Gutes von Ihnen zu hören. Alle Achtung! Ja, Vati wußte, was mit dem ›Lausbuben‹, welcher nie fleißig üben wollte, los war. Vielleicht komme ich bald über Paris, dann suche ich Sie auf.« Um Himmels willen, mag Glanzberg beim Lesen gedacht haben. »Lassen Sie doch etwas hören. Vor allem von Ihren Kompositionen. Ich interessiere mich für alles. *Au revoir à bientôt, et beaucoup de succès, votre* Maria Niebauer.« Wenn die wüsste, dass ich nicht einmal verstehe, was die mir da auf Französisch vorfaselt, mag er sich geärgert haben. Auf gar keinen Fall durfte sie sehen, wie er in Paris lebte. Und dass sie ihm auch noch ihre Hamburger Adresse geschickt hatte! Aber wie hatte sie auch nur ahnen können, dass er nicht einmal das Geld hatte, um jeden Tag essen zu können.

Auch in Paris gab es Menschen, die nicht merken sollten, wie schwer er es hatte. Dazu gehörte ein junges Mädchen aus Rumänien: Niura. Sie war vielleicht 16 oder 17 Jahre alt, als sie 1933 mit ihren Eltern in Paris ankam. »Die haben gut auf sie aufgepasst, vor allem der Vater«, erinnerte sich Glanzberg. Niura war eine Schönheit mit braunen Locken und wachen, warmen blauen Augen, die aber verrieten, dass sie genau wusste, was sie wollte. Ihr osteuropäisches Französisch hatte einen ganz eigenen Charme. »In Bukarest lernte man natürlich Französisch«, erzählt sie heute. »Mein Vater war Schauspieler in einer Truppe, die jiddische Stücke aufgeführt hat. Sie spielten gerade in New York, als sie einen Vertrag für Paris bekamen. Mit diesem Vertrag erreichte es mein Vater, dass der Rest der Familie auch nach Paris kommen konnte. Wir waren zu dieser Zeit in Wien. Deshalb spreche ich auch Deutsch.«

Glanzberg lernte Niura kennen, als er ein kleines Engagement als Klavierspieler in jenem jiddischen Theater annahm, in dem

Niuras Vater auftrat. Dass ihr neuer Bekannter in einem Flüchtlingsheim nahe der Gare de l'Est lebte, wusste Niura. »Er kannte niemanden in Paris. Er kam ins Theater und arbeitete. Er konnte ja Jiddisch. Ich erinnere mich vor allem daran, wie wir zusammen Tischtennis gespielt haben. Aber dass er mit mir über seine schwierige Situation gesprochen hätte?« Niura überlegt kurz. »Nein, das hat er nicht getan. Darüber habe ich mir auch damals keine Gedanken gemacht. Er wirkte nicht so, als ob es ihm furchtbar schlecht ging. Ich vermute, er wollte das mir gegenüber nicht zeigen.«

Dann traf Norbert Glanzberg einen Mann namens Schwimmer – ein bezeichnender Name: »Das war ja kein Leben, was ich damals führte. Ich schwamm und versuchte, nicht unterzugehen.« Dieser Herr Schwimmer stammte ebenfalls aus Galizien, war ziemlich alt, schmächtig und bucklig und spielte Geige: »Seiner musikalischen Fähigkeit war durch einen drastischen Mangel an Begabung enge Grenzen gesetzt.« Dafür besaß dieser Schwimmer ein in Glanzbergs Situation sehr viel wichtigeres Talent: Er konnte handeln, verhandeln und Kunden für Musiker finden. Ohne eine Persönlichkiet wie Schwimmer wäre so jemand wie Glanzberg vielleicht verhungert.

Schwimmer pflegte wertvolle Beziehungen vor allem zu den Vereinen der jüdischen Gemeinde, und dessen war er sich sehr wohl bewusst. Keine Frage, dass er, die unbestrittene Autorität, bei den Auftritten seines kleinen Orchesters den Auftakt geben durfte: »Damit auch niemand seinen Einsatz verpasste, hatte er sich den jiddischen Kampfruf ›Nu, hack eran!‹, zu deutsch: ›Nun haut rein!‹ angewöhnt, wenn er den Geigenbogen mit einer genau einstudierten, gefühlsinnigen Geste ansetzte.« Diese musikalischen Nomaden interessierten die französische Fremdenpolizei nicht. Hier fiel es auch nicht auf, dass er keine Arbeitserlaubnis hatte.

Zwei Jahre lang zog er mit den Musikern des buckligen Schwimmer durch die Ballsäle und Hinterzimmer der Gasthäuser von Paris. Das entsprach ihm immer noch mehr als der Bauchladen oder das Akkordeon, außerdem fühlte er sich in der

Gesellschaft seiner Leidensgenossen weniger deprimiert. Aber Schwimmers Verhandlungstalent füllte seinen Bauch leider auch nicht. Dreißig bis vierzig Francs bekam er am Abend nach der Vorstellung ausgezahlt – zum Leben zu wenig, zum Sterben zu viel: »Wie durch einen bösen Fluch hatte die Woche immer einen Tag zu viel. Mein Geld reichte jedes Mal bis zum Donnerstag, und die Bälle waren erst am Samstag und Sonntag. Am Freitag hatte ich regelmäßig nichts mehr zu essen.« Von nagendem Hunger getrieben, erschien Glanzberg schon Stunden vor Beginn seiner Auftritte in den Ballsälen, um vielleicht in der Küche ein paar Reste des Festessens geschenkt zu bekommen oder scheinbar gleichgültig am Buffet vorbeizuschlendern, um etwas einzustecken. An den schlimmen Freitagen, wenn er in seinem schäbigen Bett schon morgens bei dem Gedanken an seine Existenz Hass und Wut empfand und wünschte, er wäre nie aufgewacht, quälte er sich auf den Boulevard Poissonière in sein Stammlokal. Das hieß ironischerweise auch noch »Tout va bien« – »Alles geht gut«. Für sechs Francs bekam man dort eine komplette Mahlzeit, aber an den Freitagen hatte Glanzberg nicht einmal diese paar Francs. Er ging trotzdem ins »Tout va bien«, weil er auf Bekannte hoffte, Flüchtlinge, die gerade ausbezahlt worden waren und ihm das fehlende Geld pumpen oder ihm ein paar Bissen abgeben würden. Meist hoffte er vergebens: »Wer einmal von Hunger gequält worden ist, vergisst sein Leiden auch später nicht. Die Gäste meines Stammlokals ließen sich jedenfalls nur selten erweichen.«

Wie oft mag er sich an solchen Tagen in seine Berliner Stammkneipen zurückgewünscht haben? Wie oft mag er aber die Gespräche von damals verflucht haben, als die Bedrohung durch die hässlichen grünlich-braunen Uniformen und die Schaftstiefel immer stärker spürbar wurden? Ach Norbert, wenn du weggehst, dann wirst du von uns allen am wenigsten Probleme bekommen, hatten ihm dort seine Bekannten mit einer wegwerfenden, etwas neidischen Handbewegung immer gesagt. Die Musik ist doch eine universelle Sprache, die alle Menschen verstehen. Norbert, du wirst leicht an jedem beliebigen Ort überleben können, ganz im Gegensatz zu uns, die wir von der deutschen Sprache in unseren Filmen und auf unseren Bühnen leben. Was soll denn aus uns werden? Mach du dich also bitte nicht verrückt! Glanzberg hatte das zwar nur allzu gern geglaubt, war aber trotzdem beunruhigt gewesen.

Im Jahr 1934 in den Straßen und den Ballsälen von Paris, wenn er aus der knochigen Hand des untalentierten Schwimmer die Mittel zur Verlängerung seiner Leiden um weitere sechs Tage erhielt, wusste er längst, dass sie alle Unsinn geredet hatten. Die Musik, die die Ballgäste von ihm hören wollten, war so anders als die Melodien seiner Heimat, dass es ihm allen Mut nahm.

Im »Admiralspalast« dominierte Operettenmusik, dort sehnte sich das Publikum nach Herzschmerz und Dramatik mit einem hoffentlich guten Ende, das bis zum letzten Vorhang unsicher blieb. Im »Admiralspalast« klatschte man auch, wenn die Geschichte auf der Bühne traurig ausging. Das zentraleuropäische Gefühl für Musik hat Glanzberg so beschrieben: »Wenn sich in einem Berliner Tanzlokal oder in einem Wiener Heurigen der Geiger einer schönen Frau genähert hat, dann hat er versucht, sie zu rühren und sich bei ihr mit sehnsuchtsvollen Melodien einzuschmeicheln, und die Schöne hat vielleicht sogar ein paar Tränen zerdrückt.« Damit hätte der Geiger in Paris kaum eine Chance gehabt. Die Franzosen wollten keine Tränen zerdrücken: »Hier wurde stattdessen Lebensfreude durch ein freimütiges, einladendes Lächeln, treffsichere, witzige Bemerkungen und lockere Unterhaltungen zum Ausdruck gebracht.« Dazu passten schnelle Tempi und fröhliche, flotte Lieder, zu denen man die ganze Nacht tanzen konnte – »sich bis zur Trunkenheit im Kreise drehen«. Die Franzosen wollten von der Musik nicht an die Schwere des Alltags erinnert werden. Aber in Glanzberg sträubte sich noch etwas anderes gegen diese fremde Musik: der gediegene Konservatoriumsschüler. Er war entsetzt über das, was ihm aus den *Bals Musettes* entgegentönte, was hier als besonders chic, als Schlager, als sogenannte *tubes*, verkauft wurde. »Ich war so enttäuscht vom französischen Chanson«, erzählte er später. »Zum Beispiel dieses ›Parlemoi d'amour‹! Das war doch eine Musik voller grammatischer Fehler! Normalerweise muss es doch so sein:« Er drehte sich auf seinem Klavierhocker um und begann zu spielen. »Vier, acht oder 16 Takte ergeben eine Melodie. Hier in Frankreich hatten all diese erfolgreichen Chansons – ich spiel es jetzt mal vor – nur sieben Takte. Unmöglich! Falsch! Wenn man so etwas im Konservatorium geschrieben hätte, wäre man rausgeschmissen worden. Nicht wahr, so ist es doch? Und so etwas ist in Frankreich zur Nationalhymne geworden! Das haben Millionen gesummt ...« Der Konservatoriumsschüler lächelte herablassend.

Würde Glanzberg je wieder erfolgreich komponieren? Die Lähmung dauerte an, weil die Aufgabe ihn schier erdrückte. Doch er wehrte sich. Er komponierte und fand sogar kleine Verlage, die seine Musik kauften. Schon am 7. September 1933 unterzeichnete er den ersten Vertrag: Für die Klavier-Version eines Walzers, dessen »Titel noch bezeichnet werden wird«, verpflichteten sich »Editions Max Eschig, 48, rue de Rome« zur Zahlung von dreihundert Francs Vorschuss. Hinzu kamen dreißig Centimes für jede verkaufte Partitur sowie 25 Prozent Anteil an den Rechten der Melodie. Zwei Wochen später brachte er einen englischen Walzer und Anfang Oktober noch einen Slow Fox bei Eschig unter. Am 18. Juli 1934 kauften »Editions Jacques Rosenberg, 3, rue Rossini« ein Lied namens »Daisy« unter ähnlichen Bedingungen wie zuvor Eschig. Auf die irgendwann einmal fälligen Tantiemen zu hoffen zählte für einen abgebrannten Flüchtling natürlich nicht – wichtig war allein der Vorschuss, den er sofort ausgehändigt bekam.

Summa summarum hatte Glanzberg in seinem ersten Jahr in Paris mit Kompositionen also 1200 Francs verdient. Das war eine Katastrophe, wenn er diese Summe mit den Lebenshaltungskosten für einen einzigen Monat verglich: Eine Einzimmerwohnung in einem billigen Stadtteil kostete mindestens 250 Francs, und wer abgesehen von der Miete mit etwa 1500 Francs auskommen musste, dem ging es ziemlich schlecht. Nicht einmal einen Bruchteil davon brachte ihm seine Musik ein. Norbert Glanzberg, der hoffnungsvolle, hochbezahlte Nachwuchskomponist der Ufa – wie tief war er gesunken?

Nichts konnte sein inneres Feuer und seinen Elan in dieser Zeit wieder anheizen. Eines Tages entdeckte er nicht eben unauffällige Plakate, auf denen die »Comedian Harmonists« mit Vorstellungen in Paris angekündigt waren. Sonnenklar: Die ehemaligen Kollegen vom »falschen Ehemann« liebte man auch hier in Paris. Eigentlich hätte nichts näher gelegen, als am Eingang jener Bühne zu warten, wo die »Comedian Harmonists« auftreten sollten. Vielleicht wäre es ihm gelungen, von ihnen engagiert zu werden. Aber er hat es nicht einmal versucht.

In gewisser Weise hat er in diesen deprimierenden Jahren aber zum ersten Mal bewiesen, wie zäh er sein konnte. Mit der Armut, den feuchten, klammen Absteigen in Heimen und Hotels, der abgewetzten Kleidung und dem armseligen Essen kamen die Krankheiten. Eines Tages dröhnte ihm der Schädel, als würde er platzen. Nächtelang wälzte er sich in seinem Bett stöhnend mit schweißnasser Stirn hin und her, und erahnte am Morgen die anderen Bewohner seines Schlafsaals im Flüchtlingswohnheim nur fiebrig, wie sie mit einem bösen Blick auf ihn aufstanden, der ihnen die Nachtruhe gestohlen hatte. Irgendwer erbarmte sich und rief einen Arzt, wozu Glanzberg gar nicht mehr in der Lage war. Der klopfte kurz an Stirn und Schläfe. Diagnose: schlimme Stirnhöhlenvereiterung. Man brachte ihn sofort in ein Krankenhaus. Mit Schaudern erinnerte er sich an jene Wochen zurück und zeigte mit dem Zeigefinger auf zwei Stellen zwischen den Augenbrauen, wo immer noch dünne Striche zu erkennen waren: »Man hat mich hier siebenmal operiert. Der Eiter lief ununterbrochen, so dass meine Bettlaken dreimal pro Nacht gewechselt werden mussten.«

Es dauerte Monate, bis die Krise einigermaßen überstanden war. Die Mama musste aus Würzburg kommen, um zu helfen. Aber als Glanzberg endlich aus dem Krankenhaus entlassen wurde, konnte er wenigstens seine schäbigen Unterkünfte wie das »Hotel du Cèdre« in der Rue Lacépède, das »Prado« in

Saint-Denis und ein Zimmerchen in der Rue de Malte im Arbeiterviertel nahe dem Place de la République verlassen. Kurz bevor er so schwer erkrankt war, hatte ihn in einer Bar eine Frau aufgegabelt, die ein bißchen älter als er war und elegant und intelligent wirkte. Eigentlich wohnte sie am anderen Ende von Paris, aber um ihm im Krankenhaus beizustehen, nahm sie sich ein Zimmer in der Nähe. Sie bewachte ihn, saß täglich stundenlang an seinem Bett, und als er entlassen wurde, zog er zu ihr. Das ging ein paar Monate gut, bis eines Tages plötzlich die Polizei vor der Tür stand: Die Freundin hatte eine gute Stellung in einem Kaufhaus, bei der sie kräftig in die eigene Tasche gewirtschaftet hatte. Jetzt wurde sie abgeführt, und für Glanzberg war das angenehme Leben in ihrer schönen Wohnung vorbei.

Diese Zuwendung und die Erleichterung über normalere Lebensverhältnisse hatten ihm aber viel von der Kraft zurückgegeben, die ihm die deprimierenden ersten Jahre in Paris geraubt hatten. Er konnte innerlich wieder besser zuhören – vor allem der französischen Musik, die er doch so dringend lernen musste. Er fasste Mut und hatte plötzlich wieder Erfolg. Zwar keinen großen, aber doch mehr als zuvor. Man engagierte ihn als Pianisten in den *Bals Musettes*, in Tanzdielen der Arbeiterviertel wie dem »Bal du Petit Jardin« in der Avenue Clichy, die er so beschrieben hat: »Das Orchester spielte auf einem Balkon über der Tanzfläche, wo zwischen eng aneinander geschmiegten Liebespaaren eine bunte Fauna von Zuhältern und Prostituierten, Ganoven, Schiebern und Catchern zum Stammpublikum gehörte.« Also genau jene zweifelhafte Mischung, die ihn magisch anzog. Dort wollte man Java hören, One Step und Tango.

Dazu passten die zwei Mädchen überhaupt nicht, die Glanzberg eines Abends in einem der zahlreichen Nachtklubs am Place Pigalle ins Scheinwerferlicht treten sah. Sie trugen weiße Regenmäntel mit Samtkrägen und dicken schwarzen Knöpfen, dazu schwarze Schals und Baskenmützen. Und wie sie erst sangen: »Wien, Wien, nur Du allein«, dazu allerlei anderen Schmalz auf Französisch, Englisch, Russisch und Deutsch. Aber sie waren hübsch, daran bestand kein Zweifel. Die Größere der beiden war sogar schön: Unter den geschwungenen Augenbrauen blitzten zwei aufregende blaue Augen über sinnlich vollen Lippen, umrahmt von dunkelblonden Locken. Aber neben den vielen falschen Tönen klang ihr Französisch, Englisch und vor allem das Russisch aus ihrem Mund schauderhaft nach unverstandenem Text. Nur im Deutschen schien sie sich sicher zu fühlen. Das Mädchen musste also eine von Glanzbergs Leidensgenossen sein, ein Flüchtling aus Deutschland.

Sie und ihre Schwester traten zwar unter dem Namen »Les Sœurs Viennoises« auf, aber aus Wien stammten sie – dazu musste er keine Minute zuhören – genauso wenig wie er selbst. Nachdem die beiden den ersten Teil ihres Programms abgespult hatten, setzten sie sich an ein Tischchen im Hintergrund, auf dem vom Nachtklubbesitzer wohlvorbereitet eine Flasche Champagner stand. Glanzberg spürte an seinem Klavier, dass die Mädchen diese Situation zwar gewohnt waren, dass sie aber trotzdem hofften, kein aufdringlicher Gast würde mit ihnen die Flasche öffnen wollen. Als er selbst Pause machen durfte, ging er zu ihnen und stellte sich vor. »Ich heiße Lilli Palmer«, antwortete die Schöne freundlich. »Das ist meine Schwester Irene.« Er erfuhr, dass die zwei tatsächlich 1933 aus Deutschland hatten fliehen müssen, dass sie aus Berlin stammten, von wo sie anfangs ihr Vater, ein angesehener jüdischer Arzt, finanziell unterstützt hatte, und dass sie nun hier als Sängerinnen tingelten, weil der Vater gestorben war und Lilli als ausgebildete Schauspielerin nirgends Fuß hatte fassen können. Dass sie nicht gut singen konnte, wusste sie selber.

Lilli lebte in Paris zwar mit ihrem Freund zusammen, aber das störte Glanzberg nur am Rande. Er war hell entflammt für diese schöne, intelligente Frau. Und sie konnte seinem Charme nicht widerstehen. »Wir waren ein Paar«, erinnerte er sich gern an diese Freundin. Doch die Geschichte hielt nicht länger als ein paar Monate. »Ich hatte selten Liebeskummer, wegen Lilli aber schon. Und dann eines Tages, vielleicht ein, zwei Jahre später, saß ich beim Friseur. Ich musste warten und langweilte mich. Da lag eine Zeitung herum. Ich las, und plötzlich stach mir Lillis Name ins Auge: Sie war in England und dort für einen Film vorgesehen. Sie hatte es also doch noch geschafft!« Dieser Film »Crime Unlimited« sollte nur der Auftakt für Lilli Palmers Aufstieg zum gefeierten Weltstar in Hollywood sein.

Gelegenheiten zu Liebesabenteuern ergaben sich in den Bars genug. Aber das blieb Nebensache. Glanzberg spielte inzwischen fest als Teil eines kleinen Orchesters und das war die Hauptsache. Ein Kollege spielte Akkordeon, einer den Bass und Norbert Glanzberg das Klavier. Der Gitarrist des kleinen Orchesters war ein Zigeuner, ein schwarzhaariger Mann mit tiefen Falten im Gesicht und einem dünnen schwarzen Menjou-Bärtchen. Er hieß Django Reinhardt. Im Vergleich zu den anderen Musikern und vor allem zu Glanzberg, dem jungen Flüchtling, war Django Reinhardt ein klingender Name in der Szene. Eine schillernde Figur, der in einem Wohnwagen lebte, ganz so, wie man sich das bei einem Zigeuner vorstellte. Reinhardt war ein begnadeter Musiker, dessen Unzuverlässigkeit sprichwörtlich war. Verspürte er den Drang, einen schönen dicken Fisch zu angeln, machte er sich zu den Ufern der Marne auf, ließ sich dort irgendwo mit seinen Angelutensilien nieder und vergaß die Welt um sich herum. Auch die Uhrzeit. Auch die Auftritte am Abend. Die Mitglieder seines Orchesters lernten es, die Gewohnheiten des Meisters mit der Zeit zu erahnen und liefen, wenn er wieder einmal nirgends zu finden war, fluchend den weiten Weg bis zum Fluss, um Reinhardt hoffentlich noch rechtzeitig aufzustöbern.

Einer der Konzertveranstalter hatte die Donnerstage für die Auftritte von Solo-Künstlern reserviert. Die Namen der meisten dieser Möchtegern-Sternchen sind inzwischen in Vergessenheit geraten, denn ihr Gesang verdiente kaum das Prädikat Kunst. Es muss irgendwann 1936 oder 1937 passiert sein, dass sie in sein Leben trat. An jenem Donnerstag, als sie auf die Bühne kletterte, erwartete Glanzberg wieder einen der schauerlich schmalzigen, langweiligen Auftritte, die ihm und seinen Musikerkollegen nichts als Schwierigkeiten bei der Liedbegleitung bereiteten.

Der optische Eindruck eines Menschen, vor allem wenn es sich um eine Frau handelte, löste bei Glanzberg immer ein blitzschnelles, oftmals vernichtendes Urteil aus. Die Musik spielte in diesem Lokal auf einem Balkon, zu dem eine Leiter führte. Und diese junge Frau, die da zum Orchester buchstäblich hinaufkletterte, machte auf ihn keinen positiven Eindruck. Die Künstlerin dieses Donnerstags war nicht nur klein, sondern zwergenhaft winzig: »Wir waren schon auf dem Balkon, als so eine Bucklige ankam. Wir sahen sie mit dem Besitzer sprechen, der zu uns hochdeutete: Geh da rauf! Da kletterte sie dann schmutzig und bucklig die Leiter hinauf.« Ihre dunklen, halblangen Haare hingen in unfrisierten Strähnen über den energisch geschwungenen, dichten Augenbrauen. In ihren großen Augen funkelte eine seltsam unbestimmte Sehnsucht, sie schienen auf irgendetwas Fernes gerichtet, leicht melancholisch und doch herausfordernd wie der dunkel geschminkte Mund. Nicht einmal die Ausstrahlung einer Puppe hatte sie, denn dazu war sie zu herb. Zu allem Überfluss steckte ihr zwergenhafter Körper in einem unförmigen, groben Kittel und ihre Füße in klobigen Schuhen, die ihr den Aufstieg zum Balkon nicht eben leichter machten. Glanzberg wandte sich gelangweilt ab. Doch dieses Wesen rief ihm plötzlich ein paar Brocken in einem Französisch zu, das er so gut wie gar nicht verstand. Offenbar handelte es sich um Anweisungen. Fragend sah er zu Django Reinhardt hinüber. Anstatt zu helfen, wandte der sich an die bucklige Person und sagte trocken zu ihr: »Gib dir mit dem *boche* keine Mühe, der versteht sowieso kein Wort.« Immer dasselbe! Reinhardts liebster Spaß war: Hey *boche*, du deutsches Sauerkraut, hast du überhaupt verstanden, was ich dir gesagt habe? Glanzberg musste grinsen und schüttelte den Kopf.

Dann sollte es also losgehen. Und nun verschlug es ihm wirklich die Sprache. Die zwergenhafte Sängerin konnte gar nicht richtig singen, und sie wusste das auch! Aber sie sang trotzdem!

Ihre Stimme klang blechern, dünn und kaum ausgebildet. Fassungslos sah er, wie sie ein in ihren winzigen Händen riesig wirkendes Megaphon an die Lippen stemmte, um ihr Stimmvolumen zu steigern. Doch erstaunlicherweise gelang es ihr trotz ihrer an sich geringen Begabung, die unbestimmte Melancholie ihrer Augen in eine gewisse Dramatik des Gesangs zu verwandeln. Sie klang hölzern und zuweilen unbeholfen, aber sie hatte Seele, und ihre Lieder blieben den Zuhörern im Ohr. Doch man hörte ihr an, dass sie nicht viel mehr als eine Straßensängerin war: »Ich habe ihr Talent nicht erkannt. Wir kannten sie damals einfach als *la mome* Piaf, die Göre Piaf – ein typisches Kind der Pariser Armenviertel.« Nachdem die Göre gesungen hatte, kletterte sie, so schnell es ihre klobigen Schuhe zuließen, ins Publikum hinunter, um mit einem Blechteller in der Hand ein wenig Trinkgeld einzusammeln. Niemand ahnte damals, dass Edith Piaf schon wenige Jahre später ein steinreicher Weltstar sein würde. »Später habe ich sie an diesen ersten Abend erinnert. Sie wusste alles noch ganz genau.« Glanzberg ahnte in jener Nacht nicht, dass sein Leben einmal von dieser kleinen »Göre« abhängen sollte.

Vorläufig spürte er ganz langsam eine gewisse Erleichterung, die er aber kaum zuzulassen wagte: Inzwischen ging es ihm besser, und Leben hieß nicht mehr nur schwimmen. War das jedoch von Dauer? Die Zeit mit Django Reinhardt in den *Bals Musettes* riss endlich die innere Mauer ein, die Glanzberg gegen die fremde, falsche Musik der Franzosen errichtet hatte: »Schon damals habe ich eine Melodie aufgeschnappt, die ich nicht mehr so richtig los wurde. Später habe ich ein Motiv daraus zu ›Padam … Padam‹ entwickelt. Das hatte so etwas slawisches, das mir gefiel.« Der Name Glanzberg sprach sich als der eines talentierten, zuverlässigen Pianisten herum. Er war gefragt. Für die Wintersaison 1937/1938 konnte er Paris sogar für ein paar Monate mit einem Ziel verlassen, das sich damals nur gut Betuchte leisten konnten: Val d'Isère, ein romantisches Dörflein in den Alpen. Schlitten war er als Kind in Würzburg gefahren, aber vom Skifahren hatte er keine Ahnung.

Es muss eine fröhliche, übermütige Zeit gewesen sein. Inmitten einer tiefverschneiten, glitzernden Berglandschaft strahlt er braun gebrannt auf einem Foto, während er sich an seinen knöchelhohen, ledernen Skischuhen zu schaffen macht. Dazu trägt er modische Knickerbocker und ein Stirnband mit kombinierten Ohrenschützern, dessen wärmender Halt durch zwei gekreuzte Bändchen quer über das Haar garantiert werden sollte. Des Nachts war er in einer Bar als Pianist engagiert, um Geld zu verdienen. Doch das erwies sich als gar nicht so einfach. Schon als Glanzberg seinen neuen Chef, den Barbesitzer Jean, zum ersten Mal sah, ahnte er: Das würde Ärger geben. Wie konnte ein solcher Mann eine Bar führen? Jean scheute Menschen, antwortete kaum, wenn ein Gast ihn ansprach. Jeder fühlte sofort, dass Jean eigentlich mit niemandem mehr als unbedingt notwendig zu tun haben wollte.

Menschen langweilten ihn nicht nur, sie störten und reizten ihn geradezu. Schon beim kleinsten Anlass schäumte dieser kauzige Eigenbrötler vor Wut. Einmal zückte er einen Revolver und schoss in die Decke, was im kleinen Val d'Isère zu einem Skandal aufgeblasen wurde. Auch das erschütterte Jean nicht im Geringsten. Es schien, als warte er nur auf die Stunden, in denen seine Bar geschlossen war. Da schloss er sich nämlich auch ein, und das Stubenmädchen sagte nur gleichgültig: »Er wird wohl wieder malen.« Das hätte Glanzberg nicht gestört, wenn es nicht seine Befürchtungen nur noch genährt hätte. Denn er konnte an seinem Klavier spielen, was er wollte, es interessierte doch nicht, weil sich kaum jemand an diesen ungastlichen Ort verirrte. Also gab es auch kaum Trinkgeld. Aber Glanzberg brauchte seinen Lohn: »Er verfiel dann sogar auf die Idee, mir seine Gemälde anzubieten, was insofern originell war, als er sich nie die Mühe gemacht hatte, sie mir auch nur zu zeigen. Ich lehnte selbstverständlich ab und bestand auf Geld.«

An dieser Stelle machte er in seinen Erinnerungen stets eine Kunstpause. Szenenwechsel: die fünfziger Jahre in Paris. Norbert Glanzberg, der Kunstliebhaber, schlendert durch eine Ausstellung gegenstandsloser Malerei. Plötzlich bleibt er wie angewurzelt stehen. Eine Stellwand zeigt das Foto eines breiten, weiß getünchten Wohnhauses, offenbar in den Bergen. »Diese Fassade war mir seltsam vertraut, so vertraut, als hätte ich unzählige Male vor ihr gestanden. Aber ich war doch so gut wie nie in den Alpen gewesen! ... Doch! Und fassungslos begriff ich plötzlich, dass der berühmte Jean Fautrier – denn um keinen Geringeren handelte es sich – und jener obskure Barbesitzer namens Jean ein und derselbe waren, dass die Bilder, die ich mir gerade angesehen hatte und die jeder, der in Paris etwas auf sich hielt, kennen und bewundern musste, Werke jenes verstockten Sonderlings waren, für den ich eine Wintersaison über gearbeitet hatte. Aus Geldnot hatte mir Jean Fautrier seine Bilder damals aufgedrängt. Und aus Geldnot hatte ich sie, ohne auch nur einen Blick darauf zu werfen, abgelehnt.«

Das Groteske hat Glanzberg stets genauso gefesselt wie das Tragische. Solche Ereignisse sah er als typisch für sein ganzes Leben an: Immer einen Schritt zurück und immer die Frage: Was wäre gewesen, wenn? Er brauchte diesen Moll-Ton, der immer und überall mitschwang.

Ich hatte zwei große Hits. Aber keine Tantiemen

Von den Nazis in Paris eingeholt

1938 war Dur noch möglich. Es gab in Paris unzählige schäbige kleine Lokale, in denen angebliche russische Adelige verkehrten, die aber eigentlich Gestrandete der russischen Revolution waren und glaubten, ein geheimnisvoll klingender Adelstitel aus den melancholischen Weiten Russlands verbessere ihre triste Lage. Sie alle konnten ihre Traurigkeit besser im Wodka ersäufen, wenn Musik aus ihrer verlorenen Heimat gespielt wurde, und auch dafür gab es zwischen Paris und Schanghai genügend Gestrandete. Einer von ihnen hieß Ted Abramov und spielte Balalaika. Dieser Abramov vermittelte Glanzberg eines Tages ein schönes kleines Nebenengagement. Und zwar in der niederländischen Stadt Hilversum, die in Musikerkreisen nicht irgendeine Stadt war. Hilversum war der Standort zahlreicher Radiostationen. Hier herrschte ein ständiges Kommen und Gehen von bekannten und weniger bekannten Musikern. Dank Abramov war Glanzberg in einem Nobelhotel gebucht, dessen Name ihm für immer im Gedächtnis bleiben sollte: »Grand Hotel Gooiland«. Dieses Hotel galt als eines der modernsten Hotels seiner Zeit. Das »Gooiland« war ein Juwel des Art Déco, ein ovaler, weißer Kasten aus Kacheln, Glas und dünnen Säulen, die die typischen Balkone mit den abgerundeten Ecken trugen. Es hatte ein Schwimmbad, Tennis- und Golfplätze, und schon die kühle Eleganz der Empfangshalle mit ihren metallen schimmernden Säulen und nierenförmigen Sesseln besaß internationale Klasse.

Im Zug Richtung Hilversum dachte Glanzberg aber eher an das gute Essen, das ein solcher Auftrittsort versprach. Wie üblich sollte er mit einem Fünf-Mann-Orchester im luxuriösen Speisesaal spielen. Als er den betrat, verschlug es ihm die Sprache. Auch hier die Atmosphäre kühlen, überlegenen, neuen Reichtums. Der Gast konnte im »Gooiland« auf verschiedenen Ebenen speisen, im Licht der nach oben gerichteten, schlanken Strahler, die ein wenig Intimität verbreiten sollten. Eine geschwungene, grazile Metalltreppe führte auf eine Galerie hinauf.

Die Wirkung hielt nicht lange an. Auch an diesem eleganten Ort interessierte ihn vor dem Auftritt ausschließlich sein Flügel. Der klang zwar nicht richtig gut, schepperte aber wenigstens nicht so blechern wie die Flügel in anderen Sälen – mehr konnte man nicht verlangen. Auf die Musiker der kleinen Kapelle konnte sich Glanzberg leicht einstellen und das Programm war nicht allzu anspruchsvoll, denn hier war lediglich Hintergrundmusik zum Essen gefragt, in die sich hie und da ein paar Jazzklänge mischen durften. Er probte mit seinen Kollegen das Repertoire kurz durch, und schon nahmen die ersten Gäste an den kleinen, quadratischen Tischen Platz. Die Kapelle begann zu spielen. Stunden vergingen. Kurz vor Mitternacht bemerkte Glanzberg plötzlich eine gewisse Unruhe unter den Kellnern – und richtig: Auf einmal öffneten sie ein bisschen zu hektisch die Türen des Speisesaals. Aus dem Augenwinkel schaute er neugierig hin: »Da kam eine große Gesellschaft rein. Die Herren im Smoking, die Damen im Abendkleid.« Viel Zeit hatte er nicht zwischen zwei Einsätzen. Aber er nahm doch wahr, dass sich in dieser Gesellschaft alles um eine Dame in roter, seidener Abendrobe zu drehen schien. Um den Hals hatte sie einen grau-weißen Fuchspelz geschlungen, auf den ihre dunklen Haare fielen, jene kurzen Locken, die damals Mode waren. Das eigentlich Interessante an dieser eleganten Erscheinung waren die schrägen, dunkelblauen Augen über dem schmalen Mund, dessen schmollender Schwung die einstudierte Zickigkeit einer Diva verriet. Keine wirklich schöne Frau.

Glanzberg bildete sein Urteil wie üblich schnell und wandte sich ab.

Die Gruppe um die Dame nahm an einem der Tische Platz. Sofort eilten Kellner herbei, schrieben beflissen Bestellungen auf. Glanzberg interessierte das nicht. »Kommen Sie nicht auch aus Paris?«, hörte er auf einmal eine Stimme in seinem rechten Ohr. Einer der Kellner? Nein, der Hoteldirektor persönlich! Wieso sprach der ihn an, den unbekannten ausländischen Klavierspieler, der glücklich über diesen gut bezahlten Auftritt sein durfte? »Wissen Sie denn nicht, wer das ist?«, zischte der Hoteldirektor. »Die Frau, die gerade eingetroffen ist? Das ist Lys Gauty!« Glanzberg drehte sich blitzschnell um. Jetzt hielt die Frau eine langstielige Zigarette in der rechten Hand und ließ sich ein Glas Wein einschenken. Lys Gauty – sie war neben Lucienne Boyer seit Jahren die erfolgreichste Schlagersängerin Frankreichs. Gerade jetzt befand sie sich auf dem Gipfel ihres Ruhms. Sie stand so weit über ihm wie die »Comedian Harmonists« damals, als er noch ein kleiner Korrepetitor in Würzburg war. Ein vollkommen unbekannter und abgebrannter, dazu noch ausländischer Komponist wie er hatte normalerweise nicht den Hauch einer Chance, sie auch nur anzusprechen.

Aber jetzt saß die große Lys Gauty nur zehn Meter entfernt und rauchte. Glanzberg brauchte nur eine Sekunde, um zu begreifen, was er jetzt nicht tun durfte: diese Gelegenheit vorüberziehen lassen. Den Hoteldirektor hatte der Himmel geschickt. Glanzberg stand auf und gab seinen verwunderten Kollegen ein Zeichen, dass er ein paar Minuten allein spielen wolle. Plötzlich fühlte er sich wie vor einem wichtigen Konzert – die Nerven bis zum Zerreißen angespannt und doch mit dem Gefühl, dass keine Macht der Welt ihn von seinem Vorhaben abbringen könne. Er setzte sich wieder auf seinen Klavierhocker. Er fühlte nur Entschlossenheit und die Musik, die in seinem Kopf spielte und die seine Hände auf die Tasten des Klaviers übertrugen. Er spielte Lys Gauty. Selbstverständlich kannte er alle ihre berühmten Chansons auswendig, und so legte er sein ganzes Feuer in ein improvisiertes Potpourri ihrer größten Erfolge.

Würde Lys Gauty so reagieren, wie er sich das vorstellte? Er hatte vielleicht fünf oder zehn Minuten gespielt, als er wieder die Stimme in seinem rechten Ohr hörte, diesmal in offiziellem Tonfall: »Madame Gauty würde Sie gerne kennen lernen.« Als er aufblickte, winkte die Diva ihn zu sich an den Tisch. Zum ersten Mal sah sie ihn aus ihren schräg liegenden Augen von unten her an. Sie fühlte sich geschmeichelt, dass sie selbst hier im Ausland erkannt wurde, das konnte er deutlich sehen. In ihm tobte es. Er durfte sich setzen und sich für die Komplimente über sein Spiel bedanken. »Wer sind Sie?« fragte Lys Gauty. Das war der Augenblick, auf den er gewartet hatte. Sein rasender Pulsschlag dröhnte ihm in den Ohren: »Ich lebe in Paris. Wissen Sie, ich komponiere auch. Ich habe schon oft versucht, Ihnen meine Kompositionen vorzustellen. Aber das ist gar nicht so einfach. Ihre Sekretärin beschützt Sie sehr hartnäckig. An ihr bin ich immer gescheitert, weshalb mich unsere heutige Begegnung umso mehr freut.« Lys Gauty gefiel die freche Tour. Sie lächelte belustigt: »Ach, ein Fehler meiner Sekretärin! Das wird sie gleich am Montagmorgen zu hören kriegen, ich werde sie natürlich ausschimpfen. Und hier haben Sie meine Visitenkarte mit meiner privaten Telefonnummer. Wenn Sie nach Paris zurückkommen, dann melden Sie sich. Ihr Spiel heute Abend hat mich auf Ihre Kompositionen neugierig gemacht.«

Zitternd steckte Glanzberg die Visitenkarte in seine Westentasche, während sich die Diva bereits wieder ihren Zigarre rauchenden Begleitern zuwandte. Noch einmal drehte sie sich zu ihm um: »Ich freue mich auf Ihren Anruf. Wie lange werden Sie noch hier sein? Ich trete morgen im Radio auf und kehre übermorgen nach Paris zurück.« Glanzbergs gespannte Nerven gaben plötzlich nach, die noch ungläubige Erleichterung trieb ihm die Röte ins Gesicht und verschlug ihm die Sprache. Was hätte er auch groß sagen sollen? Dass er heute Nacht spielen würde, bis die Kellner die letzte Champagnerleiche aus dem Saal an die frische Luft geschleppt hatten? Dass er danach eine vermutlich schmutzige Liege in den Aufenthaltsräumen des Hotelpersonals zugewiesen bekommen würde? Dass er morgen früh den nächsten, nein, den nächsten billigen Zug nehmen würde, wo er auf einer Holzbank zwischen schnarchenden Marktfrauen und rauchenden Arbeitern auf die Ankunft im Gare du Nord warten würde? Er war froh, dass, noch bevor er irgendetwas stammeln konnte, die Flügeltür aufschwang und zwei Kellner mit dem ersten Gang des festlichen Menüs erschienen. Seine Musiker warteten bereits, und Glanzberg gab den ersten Einsatz.

Konnten zehn Minuten über ein ganzes Leben entscheiden? Drei Tage später stand Glanzberg in einer Telefonzelle auf einem Pariser Postamt, die Visitenkarte in der Hand. Er wählte die Nummer von Lys Gauty. Am anderen Ende klingelte es einmal, zweimal, dreimal. Dann eine Stimme. Die ganz gewiss nicht die war, die er in Hilversum gehört hatte! Er beherrschte sich, sagte, wer er war und wen er sprechen wollte. »Ich bin die Sekretärin«, sagte die Stimme säuerlich. »Madame hat mich beauftragt, einen Termin mit Ihnen auszumachen. Sie werden gebeten, die Noten Ihrer Kompositionen mitzubringen. Nächsten Montag um drei Uhr?«

Lys Gauty wohnte in einem großzügigen Apartment in einem der altehrwürdigen, traditionellen Pariser Stadthäuser mit den typischen stockwerkhohen Fensterläden, drei Etagen hoch über einem baumbestandenen Boulevard. Sie hielt offenbar viel vom klaren, schlichten Stil moderner Innenarchitektur. Über einer hohen Glasvase mit weißen Orchideen hing im Salon in einem schnörkellosen Goldrahmen ein großes Porträt der Diva selbst: verführerischer Hüftschwung in Tüll, den nackten Arm lässig auf einem Pelz. Das Einzige, was mit der realen, etwas pummeligen Lys Gauty übereinstimmte, war die schnippische Lippenbewegung und der verführerische Blick von unten. Lys Gauty presste einen gelblichen Pekinesen mit zerknautschtem Gesicht an sich, als sie Glanzberg auf dem Balkon empfing. Sie führte ihn in ihr Klavierzimmer, wo er ihr einige seiner früheren Kompositionen vorspielte. Und seltsamerweise fühlte er sich keine Sekunde lang unsicher. Während er spielte, lehnte Lys Gauty am Flügel, und er konnte ihre Reaktion beobachten. Er fühlte, dass es nicht schlecht für ihn lief. Er spielte seine neueste Komposition – eine romantische, leichte Melodie. Plötzlich drehte sich Lys Gauty um und brüllte fast in die unüberschaubaren Zimmerfluchten ihrer Wohnung hinein: »Gaston, Gaston, komm schnell! Das musst du dir anhören!« Gaston Groener, ein Schweizer, war seit über zehn Jahren ihr Mann und Manager. »Das ist eine wunderbare Melodie! Gaston, darauf musst du mir einen Text machen.« So entstand »Sans y penser«. »Wenn es damals schon eine Hitparade gegeben hätte«, schätzte Glanzberg später, »dann wäre das die Nummer eins gewesen.« Und es ist nicht nur von Lys Gauty gesungen worden, sondern auch von vielen anderen berühmten Künstlerinnen – von Lucienne Delyle, und ein paar Jahre später in einer sehr viel melancholischeren Version auch von Edith Piaf. Damals gab es keine Hitparade, aber je mehr Künstler auf einen solchen Zug aufsprangen, desto größer war der Erfolg.

Glanzberg rief Niura an. Jetzt endlich gab es etwas, was er ihr mit größtem Stolz berichten konnte: Stell Dir vor, Lys Gauty singt ein Lied von mir! »Lys Gauty, puh!«, erinnerte sich Niura. »Die war sehr schön. Und Norberts Lied wurde ein verrückter Erfolg!« Lys Gauty fasste schnell Vertrauen zu ihrer Entdeckung. Es dauerte nicht lange, da wagte sie zu fragen: »Sagen Sie, haben Sie jemals für einen Film komponiert?« Zum ersten Mal hatte man Lys Gauty nämlich eine Hauptrolle in einem Film angeboten. Und nun bot sie ihm an, die Musik für diese wichtige Premiere zu schreiben. Versagte er, würde die Kritik sie und nicht ihn zerreißen – Lys Gauty riskierte also ihren Ruf als Sängerin. Im Film konnten Tausende und Abertausende in Nahaufnahme sehen, wie die berühmteste französische Sängerin wirkte, wenn ihre Stimme vor Leidenschaft bebte und dann wieder vor Ausgelassenheit sprühte. Glanzberg fühlte erneut eine schlafwandlerische Sicherheit. Er handelte blitzschnell und vertraute seinem musikalischen Instinkt, der nun endlich die Sprache der Franzosen verstand. Schon im Sommer 1937 legte er Lys Gauty die Noten vor. Wieder wurde Gaston gerufen. Aber bei ihm war sich die Diva diesmal nicht völlig sicher. Sie bestellte einen zweiten Liedtexter, Michel Vaucaire, der damals schon in dem noblen Pariser Vorort Neuilly-sur-Seine unweit des Arc de Triomphe wohnte.

Lys Gauty reiste unterdessen ab. Wie es sich für eine Prominente ihres Ranges gehörte, fuhr sie nach Süden an die See, wo sie in aller Ruhe auf Post aus Paris warten wollte, um das Ergebnis ihrer Aufträge zu prüfen. Und Lys Gauty war mehr als zufrieden, als die Post kam. Sie war begeistert. Am 26. Juli 1937 kaufte sie zwei Ansichtskarten mit Fischerbooten im Hafen von Bandol und schrieb nach Hause. Zuerst an Michel Vaucaire: »Werter Freund. Ihr Chanson ist klasse gelungen und ich glaube an einen großen Erfolg.« Dann an Glanzberg: »Werter Herr. Ich glaube an einen riesigen Erfolg mit Ihrem Chanson. Der Text von Vaucaire ist sehr gut. Mit den besten Wünschen für eine gute Gesundheit, Lys Gauty.« Die Sängerin wusste wohl, warum sie ihren neuen Komponisten so grüßte. Ihre Karte wurde ihm in ein Krankenhaus nachgeschickt.

Bestens erholt kehrten Gaston und die Diva im Herbst 1937 nach Paris zurück. Wie sie Glanzberg und auch Vaucaire versprochen hatte, nahm sie das neue Lied unverzüglich für den Film auf. Es sollte aber noch ein ganzes Jahr vergehen, bis der Streifen im Oktober 1938 endlich Premiere hatte. Lys Gautys Film hieß »La goualeuse«. Es ging um eine furchtlose Räuberbraut, die trinkt und raucht und mit Charme und Tücke den Fängen des Gesetzes entkommt, nachdem sie bereits von Gendarmen auf die Wache geschleppt worden ist. Natürlich hatte der Drehbuchschreiber auch genug Herzschmerz eingebaut, und wie sich das gehörte, brach die Goualeuse am Ende einem ihrer Verfolger das Herz. Der Film wurde ein riesiger Erfolg, der größte, den Lys Gauty je feierte. Und auf den Plakaten, die man nach der umjubelten Premiere in Windeseile drucken ließ, stand: »Die zwei großen Erfolge des Films ›La goualeuse‹ mit Lys Gauty: ›Le bonheur est entré dans mon cœur‹ und ›Dis-moi pourquoi‹!« Norbert Glanzberg war der Komponist des Hits, den man auf dem Plakat an erster Stelle genannt hatte: »Le bonheur est entré dans mon cœur«, ein etwas melancholischer Walzer, der zum Akkordeon immer unbeschwerter schwingt. Und wäre der Film, dieser Hit der französischen Herbstsaison 1938, auch im achthundert Kilometer entfernten Würzburg gelaufen, hätte Glanzberg Vater diesmal noch länger vor dem »Lu-Li«-Kino stehen und auf das Plakat zeigen müssen: »Sehen Sie, das ist mein Sohn!« War der Titel des Chansons nicht ein Wink des Schicksals? Das Glück ist in mein Herz getreten! Ein Jahr später, im Dezember 1939, schrieb Glanzberg für Lys Gauty »La belle marinière«, ein fetziges, vor Lebenslust strotzendes Liebeslied.

Doch wie schon in Berlin ging die Sache auch hier schief. »Ja«, erzählt er und muss sich bei dieser Erinnerung schwer zusammennehmen. »Meine ersten zwei französischen Chansons wurden gleich *tubes*, wie sagt man auf deutsch? Große Schlager. Doch es dauert ja immer eine gewisse Zeit, bis die Tantiemen kommen.« Er grinste zynisch und traurig. »In der Zwischenzeit kamen meine Freunde, die deutsche Armee, und konfiszierten alle jüdischen Autorenrechte.« Mit den Autorenrechten hatte er immer Probleme. Um jedes seiner Lieder musste er kämpfen, lange und voller Ärger. Selbst Ende 1941, als schon längst alles verloren war, gab er noch nicht auf. Er bekam Post wie die vom »Verlag – Instrumente Paul Beuscher« aus Paris. »Mein Herr«, schrieb da ein Mitarbeiter kühl, »die Angelegenheit ›Petit Bouquet de Violettes‹ ist endgültig von der SACEM geregelt worden, und Sie sollten künftig alle Ihre Reklamationen an diese Gesellschaft richten, der wir Ihre Karte übermittelt haben.« Glanzberg wird getobt haben. Wusste dieser Verlag nicht, dass die französische Autorengesellschaft SACEM Leute wie ihn, Flüchtlinge, Ausländer, Juden, seit Jahren ignorierte? Dass er, obwohl er nie italienischen Boden betreten hatte, bereits vor Jahren in die italienische Autorengesellschaft eingetreten war, weil er nur über diesen Umweg an seinen schwerverdienten Lebensunterhalt kommen konnte? Dass jetzt, wo die Deutschen im Land waren, jede offizielle Stelle nicht nur nichts zahlen würde, sondern ihm lebensgefährlich werden konnte?

Dann überraschte ihn der Blitzkrieg. Am 14. Juni 1940 marschierten die Deutschen in Paris ein. Es gab keinen Kampf um Frankreichs Wahrzeichen, diese Metropole der demokratischen Welt auf dem europäischen Kontinent. Eine Woche später unterzeichnete Frankreichs neue, deutschlandhörige Regierung unter Marschall Pétain den Waffenstillstand in jenem Eisenbahnwagen im Wald von Compiègne, in dem Deutschland 21 Jahre zuvor seine Niederlage im Ersten Weltkrieg hatte eingestehen müssen. Frankreich war geschlagen. Glanzberg erlebte diesen Tag nicht in Paris, sondern in Südfrankreich. Als er 1934 in Paris angekommen war, hatte man ihn nicht als Deutschen, sondern als Polen registriert. Dass er bis auf ein paar halb vergessene Brocken aus Kindertagen kein Wort Polnisch sprach, spielte dabei keine Rolle. Der Geburtsort dieses Flüchtlings lag in Polen, also war er ein Pole, dem man polnische Papiere ausstellte – sonnenklar. Und in Paris wurden Polen bei Kriegsausbruch gebraucht. Von General Sikorski, dem Befehlshaber der polnischen Exilarmee, die ein regulärer Teil der französischen Armee war. Seine Pferde, erzählte Glanzberg, hatte Sikorski in Polen zurücklassen müssen, als er mit seinen Männern nach Frankreich geflohen war. Dort angekommen, holte er sich neue Pferde aus den Dörfern. Die mussten jetzt die Geschütze der Polen in der französischen Armee schleppen.

Norbert Glanzberg, den »Polen«, vereinnahmte der Krieg schon wenige Tage, nachdem Hitler Europa anzugreifen begonnen hatte. Man händigte ihm einen Pass aus, der vom französischen Ministerium der nationalen Verteidigung ausgestellt war. Auf dem dünnen, rosaroten Karton, kaum handtellergroß, prangte ein lilafarbener Stempel vom 27. Februar 1940. Als Adresse hatte Glanzberg die Rue Pochet im 17. Arrondissement von Paris angegeben. Das war eine Adresse in der Nähe vom Place du Clichy, wo er in einem Hotel zwei Koffer mit seiner wichtigsten Habe deponiert hatte, bevor er Paris verlassen musste. Einen Monat zuvor, Ende Januar, hatte ein Beamter mit Tinte eingetragen, dass dieses Dokument seinem Inhaber als so genanntem »individuellen Soldaten« Bewegungsfreiheit garantierte. Dennoch galt das nicht für ganz Frankreich: Nur mit dem Zug und nur zwischen Avignon und Toulouse durfte er sich frei bewegen. Schon am 6. September 1939, nur fünf Tage nach Hitlers Überfall auf Polen, wurde er in die Infanterie eingezogen. Genau 25 Jahre zuvor, auch nur wenige Tage nach Kriegsausbruch, auch in einem ihm fremden Land, war Samuel Glanzberg in die Armee einer Heimat eingezogen worden, die ihm längst keine mehr war. Auf dem Passbild schaut Norbert Glanzberg besorgt in die Kamera. Als würde er ahnen, dass er sich in Umstände fügen musste, die nie und nimmer gut ausgehen konnten. Er sieht recht verfroren aus, und das nicht nur, weil er einen Schal bis zum Kinn um den Hals gewickelt hatte. In die Spalte »Beruf« hatte er »Musik-Komponist« eintragen lassen. Unter »Vorname« taucht auf einmal wieder »Nathan« auf, der Name, den Malka und Samuel Glanzberg 1910 in Galizien für ihren Sohn gewählt hatten. Ausgerechnet jetzt, da er in den Krieg hineingezogen wurde, ließ er »Nathan, genannt Norbert« eintragen. Was um alles in der Welt hat er sich davon versprochen? Norbert fühlte sich nicht als Pole, und die Polen in Sikorskis Armee spürten das. Sie spürten, dass er Jude war. »Die Polen haben den Antisemitismus mit der Muttermilch eingesogen«, hat Glanzberg später geurteilt.

Er wurde der motorisierten Kavallerie zugeteilt. Man schickte ihn in ein Trainingscamp der Exilarmee nach Coetquidan in der Bretagne. Hier trafen sich rund tausend polnische Soldaten, die vor den Deutschen in alle Windrichtungen geflohen waren, um sich zum Kampf wieder zu vereinigen. Urplötzlich befand sich Norbert Glanzberg, der Musiker, der Antisoldat, der Pole wider Willen, inmitten eines Haufens wild entschlossener Männer, die verbissen nur an eins dachten: Dass sie bis in die äußerste Haarspitze stolze Polen waren und auch hier, Tausende von Kilometern von zu Hause entfernt, ihre Heimat bis zum letzten Blutstropfen verteidigen wollten. Der Held dieser Krieger war ihr General Stanislaw Maczek, von dem der Satz stammt: »Der polnische Soldat kämpft für die Freiheit anderer Völker, aber sein letzter Gedanke wird immer Polen sein!« Kaum etwas passte weniger zu Norbert Glanzberg als solche Gefühle. Die Offiziere brüllten jedes Mal ihn an, wenn etwas schief ging. Die einfachen Soldaten ohne Streifen auf den Schulterklappen lachten hämisch über diesen Rothaarigen, der kein Wort verstand. Der Ton, mit dem er hasserfüllt angeschrien wurde, reichte ihm vollauf, mehr musste und wollte er gar nicht verstehen. Da war es ihm ganz recht, dass er auf die Pferde der Soldaten aufpassen musste. Die taten ihm wenigstens nichts.

Als die Deutschen mit ihren Panzern und ihrer erdrückenden Übermacht anrückten, packten die Offiziere ihre Truppen auf Züge und schafften sie in den Süden. Ein paar hundert Kilometer vor Marseille hielt der Zug plötzlich mit kreischenden Bremsen an. Wildes Gebrüll, das Glanzberg nicht verstand. Die Soldaten griffen nach ihren armseligen alten Gewehren und sprangen aus den Waggons in das hohe Gras. Er hörte ein ohrenbetäubendes Brummen, das er nicht genau lokalisieren konnte. Plötzlich war um ihn herum nur noch Rattern, Pfeifen, Krachen und die Schreie der Verletzten wie die von irre gewordenen Tieren in geschlossenen Waggons – die Todesschreie blutüberströmter Polen, die sich sterbend im Gras an ihre Waffen klammerten. Tiefflieger der Deutschen! Wieder und wieder verdunkelten die Schatten ihrer todbringenden Tragflächen die Sonne. Glanzberg hatte sich, als die höllische Geräuschkulisse über ihnen tobte, unter den Zug gerollt. Dort blieb er wie versteinert zwischen den stinkenden Schienen liegen und sah und hörte den Tod um sich herum. Dann, nach einer Zeitspanne, die ihm wie eine Ewigkeit vorkam, wurde es immer ruhiger. Humpelten da welche weg? Stille. Glanzberg war nicht in der Lage, sich zu bewegen. Erst als sich der Tag neigte und das südfranzösische Sonnenlicht die gespenstische Szene zynisch in ein viel zu warmes Licht tauchte, kroch er auf den Ellbogen seiner abgewetzten Uniformjacke unter dem Zug hervor. Er rang nach Luft und würgte. Hier atmete er den Tod. Er wagte nicht, sich umzusehen. Er funktionierte wie ein Roboter. Der einzige klare Gedanke: Er musste in den Zug zurück, irgendwo da drin musste noch sein Seesack liegen. Er kletterte durch die offene Tür in das leere Abteil. In der hintersten Ecke kauerte noch einer mit dem Gewehr im Anschlag – schon lange unbeweglich. Glanzberg entdeckte seinen Seesack und sprang zurück ins Freie.

Und jetzt – wohin? Er hatte keine Ahnung. Sein Instinkt sagte ihm, den Schienen zu folgen, bis eine Straße oder ein Ortsschild verriet, wo er überhaupt war. Seine Richtung kannte er: Nach Süden, in die so genannte Freie Zone, in der die Deutschen nicht waren. Er lief und lief. Nach ein paar Stunden sah er ein Straßenschild, auf dem stand: Marseille 200 Kilometer. Norbert lief weiter. Es verging eine Woche. Glanzberg schlief im Freien, in Scheunen, stahl Früchte, trank aus Bächen und Dorfbrunnen. Hörte er aus der Ferne ein Auto kommen, rannte er in die Felder und ins hohe Gras und warf sich flach auf die Erde, bis die Gefahr vorüber war. Er ahnte, dass er keinem trauen konnte. Tagelang wechselte er kein Wort mit einem anderen Menschen. Er fühlte unter den immer dünner werdenden, billigen Sohlen seiner Soldatenstiefel nur Staub und Steine und wieder Steine und Staub. Es war, als ob diese Flucht jemand anderem passierte. Das Einzige, was seinen Geist beschäftigte, war die Musik, die in seinem Kopf spielte. Brahms, Bartók, Léhar, die »Comedian Harmonists« – und zwischendurch blitzte ihm ab und zu ein neuer Einfall durch den Kopf. In dieser Situation? Absurd! Und dann endlich nahm er Dörfer wahr, die nicht mehr ganz so ländlich wirkten.

Mein kleiner Nono!
Deine Fifi

Die Zeit mit Edith Piaf

Das mussten die ersten Ausläufer von Marseille sein. In der Ferne sah er ein lang gestrecktes Gebäude auftauchen, über dessen Dach weiße Fahnen mit roten Kreuzen gespannt waren. Ohne Zweifel war das ein Ort, wo er anklopfen durfte, wo er keine Angst haben musste. Man schrieb den 26. September 1940. In den Schlafsälen der Baracke mit dem Roten Kreuz, die unter dem noblen Namen »Château de la Reynarde« geführt wurde, hausten bereits viele andere Menschen. Hochoffiziell nannte sie sich »Willkommens-Zentrum für Flüchtlinge«. So etwas kannte Glanzberg bereits. Das konnte man überleben, wenn man musste. Er richtete sich auf Monate in der Flüchtlingsbaracke ein. Irgendwie muss es für ihn eine große Erleichterung gewesen sein, dort anzukommen. Keine primitiven Soldaten mehr, an denen er nur eins verstand: ihren Hass auf ihn, der ihnen nichts getan hatte, außer dass er Jude war. In Marseille wurde er aus der Armee entlassen. Der Nachschub für die Truppen von General Stanislaw Maczek blieb aus, der verzweifelte Traum der patriotischen Polen zerplatzte. Sie zogen sich ins Exil nach England zurück.

Aber gerade für einen Ausländer wie Glanzberg blieb es ratsam, auch weiterhin französischen Patriotismus zu demonstrieren. Er ließ sich einen neuen Pass mit der leidenschaftlichen Überschrift ausstellen: »Dienen! Frankreich zuerst!« Er verpflichtete sich, all seine Kräfte in den Dienst der Grande Nation zu stellen, und das im Frieden wie im Kriege. Wieder musste er sich fotografieren lassen. Auf dem Bild blickt er unsicher, sehr weich und kindlich abwartend in die Kamera, alles andere als ein zum Kampfe entschlossener Partisan. So, als werde er bei einem kolossalen Schwindel ertappt. Was ja auch der Fall war. Norbert Glanzberg, der Patriot! Das muss für ihn absurd geklungen haben, selbst in einer solchen Zwangssituation.

In Marseille schien sich die Welt halbwegs normal zu drehen. Hier kam er langsam wieder zu sich. Er wurde mutiger. Diese Stadt atmete das Meer. Natürlich standen hier, wie in jeder wichtigen französischen Stadt, prunkvolle, Ehrfurcht einflößende Verwaltungsgebäude. Dazwischen rumpelte eine Straßenbahn, kaum anders als die, die er aus Würzburg kannte. Der berühmte Hafen von Marseille: ein rauer, abenteuerlicher Ort! Schon etliche Gässchen, bevor er den Hafen erreichte, roch er die Welt des Meeres: Fische, Salz, Moder und Teer. Seeleute in weißen Uniformen beim Einkaufen. Afrikaner in knallbunten, weiten Gewändern mit runden kleinen Strohhüten auf dem Kopf. Verschleierte Frauen mit blauen Augen – hier vermischten sich Abend- und Morgenland. Nirgendwo zuvor hatte Glanzberg den Süden, den Orient, so nah gespürt wie in Marseille. Er erinnerte sich daran, wie die Künstler in den Bars von Paris vor einem Jahr mit ernsten Gesichtern die Zeitungsmeldungen mit den ersten fetten Überschriften vom deutschen Überfall auf Polen diskutiert hatten: Die werden bald hier vor unserer Tür stehen! Dann ist es aus mit uns! Wir müssen weg! In den Süden, rieten die einen. Aber das ist doch eine tödlich langweilige Gegend, jammerten die anderen. Was sollen wir denn da machen? Nein, ihr redet alle Unsinn! Die Ersten hauten auf den Tisch: Langweilig ist es nicht in Marseille, da ist was los. Immer wieder war der Name dieser Stadt gefallen. Glanzberg erinnerte sich, dass einige der Kollegen schon in den ersten Kriegstagen nach Marseille abgereist waren. Mittlerweile mussten es noch viel mehr geworden sein. Er brauchte sie nur zu suchen. Und er fand sie schon am ersten Tag. Da gab es ein Café, das immer von den Flüchtlingen aus Paris überfüllt war. Es war kein heruntergekommenes Etablissement, vielmehr verbreiteten seine hellen Fenster mit den langen, weißen Vorhängen sogar einen Hauch von Eleganz. Glanzberg spürte plötzlich wieder Wind unter seinen Flügeln. Hier hockte schon am späten Vormittag jene zweifelhafte Bande korsischer Kettenraucher, die er als einflussreiche Manager der berühmten Künstler in Paris nur aus der Ferne hatte beobachten können. Vielleicht kannten die den Namen Glanzberg mittlerweile aus dem Gauty-Film. In Marseille war alles anders als in Paris. Denn hier hatte sie ein böses Schicksal alle zusammengewürfelt. Vielleicht war das Glück im Unglück? Mit Hosenträgern und hochgekrempelten Hosenbeinen saß Glanzberg entspannt lächelnd in einem Korbsessel des Künstlercafés und nippte stundenlang an einem einzigen Tonic Water, das er gerade noch bezahlen konnte. Gab es denn mit so wenig Francs im Geldbeutel Grund zu Lächeln?

Neben ihm saß häufig eine elegante Dame, die in die Glitzerwelt der Reichen und Schönen gehörte. Sie trank an den heißen Nachmittagen gern ein Gläschen Rosé, wenn sie einer Schar junger Verehrer aus ihrem bewegten Leben erzählte. Mit ihrem breiten schwarzen Hut auf den dunklen Locken, dem auffälligen, geblümten Sommerkleid und dem strahlenden, spitzbübischen Lächeln war sie der unbestrittene Mittelpunkt der Runde im Café. Ohne Zweifel eine attraktive Frau – ihre 65 Jahre sah man ihr überhaupt nicht an. Glanzberg war genauso stolz wie die anderen Bewunderer, neben dieser Frau sitzen zu dürfen. Da spielte es keine Rolle, dass sie für seinen Geschmack mehr als ein paar Jahre zu alt war: »Das war Mistinguett, eine der berühmtesten französischen Showstars. Natürlich war sie keine meiner Freundinnen!« Wenn sie erzählte, fühlte er sich in jene Zeit versetzt, als Mistinguett mit langen Klunkern an Ohren und Hals und dem extravaganten Hut aus feinen Federn Frankreichs Männerwelt in Wallung versetzt hatte. Glanzberg fand es ein bisschen verrückt, dass die große Varietékünstlerin noch immer sang und tanzte und in Filmen auftrat. Vor dreißig Jahren hatte Mistinguett als unübertroffen sexy und verrucht gegolten und war der Albtraum aller braven Ehefrauen gewesen. Mit einer Schleppe aus wippenden, weißen Federboas und einem glitzernden, helmähnlichen Hut mit riesigem Federbusch auf den kurzen dunklen Locken, so schwebte sie damals gleichsam auf die Bühnen der Pariser Varieté-Paläste. Und sie trug einen Rock, der eher einem Gürtel gleichkam! Jeder Mann im Publikum konnte, durfte und sollte ihre feinen Seidenstrümpfe und die hochhackigen Schuhe sehen. Schockierend! Schon 1919 hatte Mistinguett ihre legendären Beine für eine halbe Million Francs versichert.

Neben einer solchen lebenden Legende zu sitzen machte Glanzberg neugierig und mutig. Jeder Tag in diesem Café war spannend. Mal öffnete sich die Tür und Josephine Baker kam herein, am nächsten Tag war es Fernandel, wieder am nächsten der schöne Tino Rossi umgeben von einem Schwarm entrückter Frauen, abermals am nächsten begrüßte Maurice Chevalier mit charmanten Küssen seine alte Liebe Mistinguett. Glanzberg lernte sie alle kennen, aber irgendwie blieben sie ihm dennoch fremd. Stars und Emigranten – diese Kombination war damals längst so alltäglich geworden, dass es selbst in diesem Sammelbecken nicht einfach gewesen sein dürfte, den Graben aus Geld und Herkunft zu überwinden. Doch dann kam eines Tages sie herein, und alles veränderte sich: die winzige, hässliche Sängerin, die in Paris vor ein paar Jahren mit einem Blechteller um Trinkgeld gebettelt hatte. Jetzt brauchte sie den nicht mehr und auch kein Megaphon, damit man ihre Stimme hörte. Irgendwie hatte sie eine Technik entwickelt, ihren kleinen Körper beim Singen so aufzublähen, dass ihre immer einen Tick zu tiefe Stimme kraftvoll klang. Jetzt konnte niemand mehr die Seele in dieser Stimme überhören. Mit 25 Jahren war Edith Piaf ein Star. Jeder in Frankreich kannte inzwischen ihren Namen. Die Zeit der Lys Gautys ging zu Ende. Die Ära der Edith Piaf war angebrochen.

Der bekannte Impressario Daniel Marouani hatte sie unter Vertrag genommen, genau wie er Tino Rossi unter Vertrag hatte. Auch Marouani gehörte zu den Stammgästen im Künstlercafé. Ein bildschöner Mann mit dunklen Augen, an dem sich sicher viele Frauen oder Männer verbrannten. Glanzberg grinste: »Natürlich ein Korsikaner! Sagt man Korsikaner? Oder Korse?« Marouani plante Tourneen für seinen neuen Star, die Kleine aus Paris. Der Spatz sollte durch Südfrankreich fliegen. »Ich konnte von Glück sagen, dass mein Name nicht mehr gänzlich unbekannt war. Man suchte einen Pianisten und entschied sich für mich.« Und welches Glück er hatte: Selten war er zur richtigen Zeit so exakt am richtigen Ort. Edith Piaf ließ sich in Marseille nur einen einzigen Monat lang von Daniel Marouani vertreten, nämlich im Oktober 1941. Diesen Moment hatte Glanzberg erwischt. Anfang Oktober schon zog er aus der Flüchtlingsbaracke aus. Die Tournee begann. Mit einem Schlag gehörte er wieder in seine eigene Welt. Im Kabarett-Restaurant »Les Ambassadeurs« in Lyon spielte Edith Piaf mit einer Truppe namens »Thomas et ses Merry Boys«. Am Klavier saß Norbert Glanzberg. Dann ging es weiter: Toulon, Nimes, die Kasinos von Marseille und Nizza, Aix-en-Provence, Monte Carlo. Eigentlich eine ziemlich riskante Sache, denn in Vichy-Frankreich hatte Marschall Pétain gleich nach seinem Regierungsantritt im Oktober 1940 begonnen, in vorauseilendem Gehorsam Gesetze zu schaffen, die die Juden diskrimierten. Wie überall standen am Anfang die Berufsverbote. Auch Künstler blieben nicht verschont.

Edith Piaf engagierte ihn trotzdem. In ihrer Show bannte sie das Publikum nicht nur mit ihrer Stimme, sondern auch mit überraschenden Einlagen. Eine davon war, dass sie mitten auf der Bühne einen Browning-Revolver zückte und ziemlich glaubhaft drohte, zu schießen. Aber Glanzberg war derjenige, der schoss: Er ließ den Klavierdeckel knallen. In Aix ging die Sache daneben: »Ich hatte nicht bemerkt, dass dort der Deckel mit Filz überzogen war. Nicht nur, dass das Ding nicht ordentlich knallte – ich konnte den Deckel hinterher auch nicht mehr öffnen. Edith drehte sich erstaunt um, schaute mich an und fing an zu lachen. Daraufhin brachen alle Zuschauer in Lachen aus. Es entstand ein richtiger Tumult, und es dauerte zehn Minuten, bis wieder Ruhe einkehrte und das Konzert weitergehen konnte.«

Wenn der »Spatz von Paris« ausflog, dann umkreiste ihn ein ganzer Schwarm. Ediths Tross für die Tournee war nicht eben klein. Da waren die Vertreter des zwielichtigen Korsen im Management, da war eine Sekretärin namens Andrée Bigard, die für Edith Piaf mehr eine Freundin als eine Arbeitskraft war und die sie Dédée nannte. Da war Glanzberg als Klavierspieler, da reiste ein ganzes kleines Orchester von etwa acht Musikern mit, außerdem waren immer Leute da, die sich um das Klavier und die anderen Instrumente kümmerten und aufpassten, dass die zahlreichen Koffer des Trosses von einer Station der Tour bis zur nächsten nicht verloren gingen. Und Edith Piaf konnte es sich sogar leisten, eigenes Küchenpersonal mitzunehmen. Es gab einen Chauffeur, der den Schwarm bei kürzeren Distanzen mit dem Auto transportierte. Lagen die Auftrittsorte weiter auseinander, reiste man mit der Bahn, dem Schiff oder gar dem Flugzeug. Anfangs machte sich Glanzberg um diese Reisen wenig Gedanken. Inmitten der anderen drohte ihm im Jahr 1941 keine große Gefahr. Schließlich bewegte man sich in der freien Zone, im Marionettenstaat von Vichy. Bis hierher reichte Hitlers langer Arm nicht – oder etwa nur noch nicht? Glanzberg hasste das Radio. Er wollte nicht hinhören. Er wollte verdrängen, was er auch mit halbem Ohr nicht überhören konnte. Aber immer gab es jemanden, der danach schrie, man solle doch die Meldungen lauter stellen. Alles, nur das nicht. Denn die begannen immer gleich. Mit der schnarrenden, geschäftsmäßig kühlen Stimme des Radiosprechers, der verkündete, wo die Deutschen gerade standen. Am meisten hasste Glanzberg die Stimme, wenn sie hinterherschickte, wie weit die Deutschen am Vortag gekommen waren. Sagte sie es nicht, konnte er sich für ein paar Minuten vormachen, dass die tödliche Bedrohung gestoppt sei. Bis irgend jemand sich vom Radio abwendete und mit sorgenvoller Miene erklärte, gestern seien sie doch erst da und da gewesen, heute schon viel weiter, und ob denn niemand auf der Welt diesen Wahnsinnigen aufhalten könne.

Wenn er am Klavier saß, wurde er oft von einem Gefühl beherscht, das ihm bösartig einflüsterte: Was soll's, es ist ja alles sinnlos, die Tasten des Klaviers gaukeln eine Zukunft vor, die nicht existiert. Die Deutschen werden dich ja doch einholen. Es spielt keine Rolle, wann und wo das sein wird: Du bist ja doch des Teufels. Du bist ein lebendiger Toter. Wie funktioniert der innere Mechanismus des Überlebenswillens in einer solch bedrohlichen Lage? Es heißt, dass Verdrängen und Ablenken die Kräfte stärken. Glanzberg konnte sein Grundgefühl auf dieser Tournee mit Edith Piaf noch Jahrzehnte später abrufen, als ob es ihn nie verlassen hätte: »Wann immer ich dem Rampenlicht nahekam, von ihm gestreift wurde, wenn Edith Piaf sich ans Klavier lehnte, um ihre Intimität mit der Musik, die sie vortrug, zu demonstrieren, verfiel ich hoffnungslos einer unverwechselbaren, betörenden Macht. So, wie ich auf der Bühne zu sehen war, erschien ich mir dann auch selbst, als Inhaber geheimnisvoller Kräfte, mit denen sich das Publikum nicht nur widerstandslos, sondern sogar begeistert, hingebungsvoll bannen ließ.« Der alte Zauberer wusste genau, dass es nicht nur das Publikum war.

Eines Tages wurde er am Hemdsärmel festgehalten, als Edith Piaf und er eine Probe beendet hatten. Sie ging vor ihm wackelnden Hinterns in Richtung Garderobe, doch Dédée war wie zufällig ein paar Schritte zurückgeblieben. Sie war es, die ihn am Hemdsärmel gepackt hatte. »Hast du gesehen, wie sie dich anschaut?«, fragte die Sekretärin. Glanzberg starrte entgeistert auf die kleine Person, die wackelnd vor ihm her ging. »Bitte wer?«, sagte er, und das eigentlich nur, um Zeit zu gewinnen, denn er wusste ganz genau, um wen es hier ging. »Edith«, flüsterte Dédée. Warum musste sie das aussprechen? Jetzt war eine Antwort fällig. Er war sich doch in jedem Moment bewusst, wer ihn seit Wochen vor Hunger und Angst bewahrte, wer ihm sogar jeden Tag ein paar Stunden lang das Gefühl schenkte, ein unbedrohtes, glamouröses Musikerleben zu führen – wie er es sich seit seiner Kindheit immer gewünscht hatte. Edith, nur Edith. Seine Intelligenz wird ihm diplomatische Worte eingegeben haben, als Edith Piaf ihm durch ihre Sekretärin ein so eindeutiges Angebot machte. Später brüstete sich Glanzberg jedoch: »Ich hab ihr gesagt: Was? Edith? Nein, nein, nein. Schau sie doch mal an. Sie gefällt mir als Frau überhaupt nicht. Was hätte ich auch sagen sollen? Edith war ja nicht schön. Sie war klein.«

Und wirklich war Edith Piaf atemberaubend winzig. Sie hatte eine ungewöhnlich hohe, eiförmig runde Stirn, die damals von einer irritierenden, wie angeklebt wirkenden Lockenfrisur umrahmt wurde. So sah sie noch mehr wie eine lebendig gewordene Puppe aus. Wenn sie mit den Kollegen bestens gelaunt Arm in Arm unter der gleißenden südfranzösischen Sonne schlenderte, dann fiel das besonders auf. Es existiert nur ein einziges Bild auf dem Edith Piaf neben Glanzberg zu sehen ist. Es scheint in jener Zeit aufgenommen worden zu sein: Ein Kollege trägt darauf eine schwarze Melone, ein anderer einen hellen, sommerlichen Borsalino im Stil eines Gangsters aus Chicago. Zwischen ihnen eine lachende Frau mit langem, lockigen Haar, daneben Edith Piaf im hellen kurzen Sommermantel und knielangen Kostüm mit kleiner Fliege auf weißem Kragen – sie wirkte wie eine Klosterschülerin auf Ausflug in die große weite Welt, nicht wie ein gefeierter Bühnenstar. Sie lachte und ließ sich von einem Mann im Arm halten. Mit ihren 1,49 reichte sie dem 1,76 großen Glanzberg gerade mal bis zur Schulter, selbst wenn sie auf gefährlich hochhackigen Schuhen balancierte.

Die zwergenhafte Edith Piaf war exzessiv, sie liebte den großen Auftritt, sie trank, sie schluckte Pillen, und irgendwann kam dann oft der Moment, in dem sie die Kontrolle verlor. Wie an jenem Tag im Zug, an dem sie wieder einmal so einen Auftritt inszenierte. Eine Menschenmenge hatte sich im Speisewagen um sie versammelt. Lärm, die Piaf sang lauthals immer wilder und sprang plötzlich auf einen der kleinen Tische, das Glas in der Hand. Jubel. Klatschen. Ihr lautes Lachen, leicht gedämpft nur durch die Speisewagentür. Glanzberg hörte es, als er seine Abteiltür zuzog und sich im rumpelnden Zug auf den Weg zum Speisewagen machte. Der Tumult interessierte ihn nicht. Den kannte er, den hörte er jeden Tag so oder ähnlich. Er öffnete die Tür zum Speisewagen.

Der schwüle Dampf vieler Menschen, vermischt mit Alkohol

und Bratfettgeruch, schlug ihm entgegen. Er mochte das nicht. Hier wurde ihm auf engem Raum zu viel geraucht. Glanzberg sah Edith Piaf im ersten Moment nur durch den grau-bläulichen Dunst der Tabakschwaden. Sie tanzte auf ihrem Tisch. Als er die Tür öffnete, spürte sie den Luftzug und drehte sich zu ihm um. Liebe Zeit, dachte er mit Grausen, war die schon wieder betrunken! Ihre dünn gezupften, geschwungenen Augenbrauen hoben sich, der breite Mund verzog sich zu einem Lachen. Keinem schönen Lachen. Glanzberg sah ein gehässiges, gefährliches Blitzen in ihren Augen. Offenbar war sie schon viel weiter, als er vermutet hatte. Schwankend streckte sie den Arm mit dem Glas aus und deutete auf ihn. »Wisst Ihr eigentlich, wer der dort ist?«, brüllte sie ihrem Publikum zu. Sie lachte kreischend. Glanzberg durchzuckte eine panische Angst: Der da und der da und vielleicht auch der da drüben am Fenster – die sahen nicht aus wie Franzosen! Das mussten Deutsche sein! Auch in der Freien Zone konnte er nie sicher sein – das wusste Edith doch! »Das ist mein Pianist«, hörte er da schon die sich überschlagende Stimme. »Norbert Glanzberg! Ein Jude!« Er drehte sich auf dem Absatz um und rannte aus dem Speisewagen zurück durch den Gang in sein Abteil. Zitternd schob er den Riegel vor. Was würde das nützen, wenn sie kamen, um ihn zu holen? Sollte er sich lieber in der Toilette einschließen? Aber wenn sie ihn finden wollten, dann würden sie ihn finden. Aus einem fahrenden Zug gab es für ihn, den geflohenen Juden Norbert Glanzberg, kein Entkommen. Und selbst wenn er irgendwie abspringen und den Aufprall überleben würde – was sollte er dann machen? Er setzte sich auf sein Bett und wartete. Das Rattern des Zuges klang so harmlos, so wie am Vortag, so wie noch vor einer halben Stunde. In das Rattern des Zuges mischten sich keine anderen Geräusche. Keine Schritte, die sich seiner Tür näherten, niemand, der diese aufbrach.

Irgendwann verwandelte sich seine Lähmung in Schlaf. Er erwachte erst Stunden später. Jemand trommelte wie besessen an die Tür seines Abteils. »Mach auf, bitte mach auf!« Edith! Glanzberg war so benommen, dass er automatisch öffnete, noch bevor die panische Angst zurückkehren konnte. Da stürzte sie schon ins Abteil, verheult, das Make-up verschmiert und nach Alkohol und Rauch stinkend. Sie warf sich vor seinem Bett auf die Knie, hämmerte mit beiden Fäusten auf die Matratze und klammerte sich an ihn. »Norbert, mein Norbert«, weinte sie. »Was habe ich getan? Was habe ich getan? Bitte verzeih mir!«

Konnte Edith Piaf so betrunken gewesen sein, dass sie Norbert Glanzberg, ihren Norbert, ans Messer lieferte, ohne es zu merken? Oder war es eine Laune gewesen? Dédée erzählte ähnliche Geschichten. Eines Abends war sie zu spät zu einer von Piafs berüchtigten Parties erschienen, und als sie sich entschuldigte, wies diese sie kühl ab. Vielmehr zeigte sie auf etliche Gläser Aperitif, die auf dem Klavier standen: »Bevor es hier losgeht, Dédée, musst du erst einmal diese Gläser austrinken. Das sind all die Runden, die wir trinken mussten, weil du so lange gebraucht hast!« Ausreden würden nicht helfen, das wusste Dédée leider. Und sie trank und trank und trank. Bis es ihr so schlecht ging, dass sie nach oben in ihr Schlafzimmer torkelte. Edith Piaf feierte unterdessen unten lustig mit ihren Gästen und verschwendete keinen Gedanken mehr an die Freundin. Aber das schlechte Gewissen klopfte schon bald an: Die Bitte um Verzeihung kam noch in derselben Nacht – mit dem Geständnis, dass man beim Warten nicht mehr als drei Runden getrunken hatte. So war sie, sagte Dédée: »Jeder Vorwand war gut genug, wenn sie sich einen Spaß machen wollte. Trotzdem war Edith ein Mädchen von großer Reinheit. Ich habe mit ihr die zehn schönsten Jahre meines Lebens verbracht, ganz egal, ob ich manchmal nachts um drei Uhr weinend durch die Straßen geirrt bin.«

Edith Piafs dunkle Seite – es wäre ja auch seltsam gewesen, wenn Glanzberg sie nicht zu spüren bekommen hätte. Nur gut, dass er nicht dem Klischee eines Juden entsprach, das er ironischerweise selbst für typisch jüdisch hielt, sondern auch, dass sein Blick für den angeblich typischen Deutschen lange nicht so scharf war, wie er glaubte. In jenem Speisewagen im Zug hatte sich offenbar doch kein Gestapo-Mann befunden. Er verzieh

Edith Piaf. Es blieb ihm wenig anderes übrig. Aber er wird gespürt haben, dass ihre Bestürzung und auch Zuneigung zu ihm echt waren, auch wenn Edith nie einschätzen konnte, was gut und was schlecht für das Objekt ihrer Gefühle war.

Viele Jahre später erst erfuhr Glanzberg, wie weit dieses mangelnde Einfühlungsvermögen gegangen war. Als die Tournee zu Ende gegangen war, brachte sie ihn eine Zeit lang bei der Großmutter ihrer Sekretärin Dédée in der Nähe von Marseille unter. Die alte Dame betete Edith Piaf an. Dies war eine unauffällige und recht sicher erscheinende Konstruktion, obwohl man immer befürchten musste, dass es zu gefährlichen Besuchen fanatisierter Bürokraten kam. Damals lebten Glanzbergs Eltern längst nicht mehr in Würzburg. »Meiner Schwester Liesel war die Flucht nach Amerika gelungen. Kurz nach der schrecklichen so genannten Kristallnacht konnte sie unsere Eltern nachkommen lassen.« Er lachte. »Und was sagte mein Vater über das Schiff, mit dem sie fuhren? Wir reisen auf der Präsident Rosenfeld! Statt Roosevelt! Englisch konnte er natürlich noch viel weniger als Deutsch.« Malka und Samuel Glanzberg ahnten, dass ihr Sohn in Frankreich nicht auf Dauer sicher war. Sie machten sich Sorgen und kämpften darum, ihn nachkommen zu lassen. Liesel hatte schon damit begonnen, kaum dass sie im November 1937 den Fuß auf amerikanischen Boden gesetzt hatte. Und jetzt wollte er auch in die USA, anders als damals, als ihm Billy Wilder gesagt hatte: Mensch, Norbert, komm doch mit!

Der Motor dieser Aktion war Onkel Wolf, Samuels 15 Jahre jüngerer Bruder. Onkel Wolf wurde zum Lebensretter der ganzen Glanzberg-Familie. Er hatte noch viel weiter aus Rohatyn fortgewollt, als Malka ihren Samuel hatte treiben können. Wolf Glanzberg war im November 1920 auf Ellis Island angekommen, der Endstation Sehnsucht so vieler hoffnungsvoller, energiegeladener Auswanderer. Sechs Jahre später hatte man ihn zum US-Bürger erklärt. Vom Tellerwäscher zum Millionär war Onkel Wolf zwar nicht aufgestiegen, aber immerhin residierte er in Brooklyn auf der Fifth Avenue in einem eigenen Geschäft und verkaufte alles, was Tüncher, Elektriker und kleine private Heimwerker brauchten. »Dieses Geschäft ist schätzungsweise zehntausendfünfhundertfünfundvierzig Dollars und fünfzig Cent wert«, schrieb Onkel Wolf im März 1938 an die Stadt New York. »Diese Petition und Affidavit werden von mir gestellt, damit seine Exzellenz, der amerikanische Konsul im Ausland, den Pass meines Neffen mit einem Visum versehen kann.« Eine solche Absichtserklärung reichte natürlich nicht aus. Fiel Onkel Wolf seinen Geschäftspartnern auf die Nerven? Die »Reico Sales Co.«, die »Beacon Sales Co.«, »Weinstein & Levine« und der »Manufacturers Trust« – sie alle schrieben innerhalb weniger Tage, dass sie Wolf Glanzberg in langen Jahren als einen »ehrlichen, vertrauenswürdigen und begehrten Geschäftspartner« kennen gelernt hatten. »Ich habe außer meiner Frau Pauline Glanzberg niemanden, der von mir abhängig ist«, schrieb Onkel Wolf an die Behörden. »Deshalb bin ich in der Lage, für meinen Neffen Nathan Glanzberg Verantwortung zu übernehmen. Nathan Glanzberg ist in unserem Haus willkommen und wird wie ein Sohn behandelt werden.«

Die Angelegenheit zog sich hin. Aber das war nichts Ungewöhnliches. Hatte Glanzberg die Bescheinigungen aus Übersee in der Hand, musste er sich damit beim amerikanischen Konsulat in Marseille erst einmal bewerben. Und das bedeutete Papierkram: Er musste Fotos besorgen, polizeiliche und richterliche Führungszeugnisse, Bescheinigungen vom Arzt, einen Lebenslauf, Geburtsurkunden – Letzteres war natürlich nicht zu machen. Bei den Behörden ging aber auch eine Erklärung durch, warum dieser Monsieur Glanzberg an keine Geburtsurkunde kommen konnte. Immer, wenn sich die Behörden schwerfällig bewegten, musste es für den Antragsteller dramatisch schnell gehen. Aus Brooklyn telegrafierte man ihm 1939: »Frag amerikanischen Konsul schnellsten Weg Amerika.« Jemand anderes telegrafierte ihm: »Deine Anwesenheit Marseille unabdingbar, um an Polizei Visum zu kommen. Stop. Du kannst morgen Zug nehmen. Sechs Uhr morgens und zurückkehren sechs Uhr abends. Nimm Brief mit, der Eintritt Vereinigte Staaten bestätigt. Du hast vergessen mir den hier zu lassen. Absolut unerläßlich.« Und dann im Mai 1941 aus New York: »Geh sofort Konsul!« Zerknitterte, gräuliche Telegramme, die Glanzberg auf seinem Weg zum Amt unzählige Male auseinander und wieder zusammenfaltete.

Als Deutschland wie eine bedrohliche Krake immer mehr von Europa vereinnahmte und selbst die Weiten Russlands aufsaugte, gelang Onkel Wolf und dem Rest der Familie Glanzbergs das fast Unmögliche: Norbert Glanzberg sollte ein Visum erhalten, die Eintrittskarte ins rettende Amerika, dorthin, von wo Tausende und Abertausende von Juden gleichlautende Absagebriefe bekamen, weil sie weder in die engen Quoten der US-Einwanderungsbehörde passten, noch irgendjemanden hatten, der erfolgreich für sie kämpfte. Keine Eltern wie Malka und Samuel Glanzberg, keine Schwester wie Liesel und keinen Onkel wie Wolf. Am 29. Oktober 1941 bekam er einen Brief vom amerikanischen Vizekonsul in Marseille, der Gutes verhieß: »Ich bestätige Ihnen meinen Brief vom 21. Oktober, durch den Sie unterrichtet wurden, dass dieses Konsulat im Besitz einer telegrafischen Kommunikation vom Außenministerium in Washington ist, die Ihren Visumsantrag behandelt.« Glanzberg ging mit diesem Schlüsseldokument schlampig um. Unten riss er einen großen Teil des Briefpapiers ab, mitten durch die Unterschrift des Vizekonsuls. Auf die Rückseite notierte er Marouanis Telefonnummer: 891.28. Und er ließ den Brief herumliegen. So dass ihn jemand anderes in die Finger bekam, um darauf zu kritzeln: »Hotel Impérator, Regine«. Edith Piaf? Die schrieb für gewöhnlich etwas runder. Aber ihre Handschrift war unregelmäßig, oft schlichen sich unkontrolliert Ecken ein – wohl, wenn sie gerade eine ihrer unkontrollierbaren, eckigen Launen hatte. Und wenn sie diesen Brief wirklich in Händen hielt, dürfte sie das emotional stark belastet haben.

Glanzberg musste in diesen unruhigen Monaten auf Tournee mit Edith Piaf oft umziehen. Als Adresse hatte er deshalb seiner Familie und den Behörden die Anschrift der Verwandten von Edith Piafs Sekretärin gegeben. Hatte die Sängerin den Brief vom 29. Oktober dort gelesen, so ahnte sie, dass bei Dédée bald ein Umschlag mit dem Visum ankommen musste. Sie fing ihn ab. Sie riß ihn auf. Sie steckte ihn ein. Glanzberg erhielt sein Visum nie. Erst nach 1945, als die tödliche Gefahr vorüber war, erzählte Edith Piaf ihm, dass es ein solches Visum überhaupt je gegeben und dass sie es verschwinden lassen hatte. »Das war verrückt von ihr«, schüttelte Glanzberg später den Kopf, und das nicht einmal wütend, sondern eher fassungslos. Er kannte sie, aufregen war bei ihr sinnlos. »Das hätte leicht schief gehen können. Sie hat's aber trotzdem gemacht. Ich habe sie natürlich gefragt, warum. Sie hat mir gesagt, dass sie mich nicht gehen lassen wollte.«

Exzessive Edith. Sie war ein Nachtmensch. Sie lief erst zu Hochtouren auf, wenn der erste Scheinwerfer den Konzertsaal in gleißendes Licht tauchte und wenn später ihre Verehrer und Verehrerinnen mit Blumen, Programmheften und kleinen Notizblöcken auf der Jagd nach Autogrammen in ihre Garderobe drängten. Auch Glanzberg gab Autogramme, auch er bekam Blumen: »Der Applaus wusch diese Zeit für kurze Momente von ihrem Schrecken rein.« Dann erst begann Ediths Tag richtig. Den Arm voller Blumen, zog sie weiter ins Hotel, begleitet von Dutzenden von Freunden und Bekannten. Die Piaf ließ schon vor den Auftritten das Hotelzimmer herrichten. Mit 25 Jahren war sie bereits so reich, dass sie solche Nächte nie ohne Champagner und andere Luxusgüter feierte, die sich sonst kaum jemand in Frankreich leisten konnte. In ihrem Tross gab es immer jemanden, der schon Tage und Stunden vor den Konzerten losgeschickt wurde, um auf dem Schwarzmarkt alles zu besorgen, was diese junge, wilde, erfolgreiche Frau brauchte, um sich lebendig und wohl zu fühlen. Räucherlachs liebte sie besonders. Glanzberg war überzeugt: »Sie wusste, dass ihr bei der Rücksichtslosigkeit, mit der sie ihre Gesundheit den Anforderungen ihrer Karriere opferte, später nicht viel Zeit zum Genießen all dieses Geldes bleiben würde. So gab sie es mit beiden Händen aus.«

Meist sah Edith Piaf den Himmel weit weg im Osten zart

hellblau werden, bevor sie schlafen wollte, bevor die letzte Gruppe von Gästen schwankend, überdreht lachend und versteckt gähnend aus ihrem Hotelzimmer wankte. Früher zu gehen war ein Risiko. Man riskierte, dass die Piaf das übel nahm. Sie hielt Hof wie eine Königin. So auch in jener Nacht. Glanzberg blieb gegen seine Gewohnheit bis in die frühen Morgenstunden. Es war eine jener Nächte, in der sie das Geschehen um sich herum kontrollierte, in der sie versteckte Anweisungen zu geben schien, die niemand missverstand und denen alle wie auf eine unsichtbare Übereinkunft hin gehorchten. Plötzlich war er allein mit ihr. Er stutzte, stellte sein Glas beiseite und wollte aufstehen. Da fasste ihn Edith Piaf bei der Hand und hielt ihn fest. »Norbert, du willst doch nicht etwa jetzt noch gehen? Es ist weit nach der Sperrstunde!« Hatte sie also doch noch ihr Ziel erreicht: »Welche Wahl hatte ich denn? Edith Piaf oder Adolf Hitler!« Eine nicht ganz glaubhafte Aussage. Schließlich ist diese kleine Frau auch deshalb so legendär geworden, weil ihr Verschleiß an Männern phänomenal gewesen sein muss.

Norbert Glanzberg verliebt in Edith Piaf? Nein, sagte er, er hätte doch schon erzählt, dass sie ihn als Frau so gar nicht gereizt habe. Trotzdem blieb diese Nacht nicht die einzige. Einige Monate lang waren die beiden ein Liebespaar. Glanzberg machte sich keine Mühe, dies zu verheimlichen. Nicht einmal seiner Pariser Freundin Niura gegenüber. Sie hatte 1939 geheiratet und traf ihn in Marseille wieder, wo beide zufällig im selben Hotel abgestiegen waren. Als sie die Tür ihres kleinen Zimmers abschloss, stand er plötzlich hinter ihr im Gang. Die Szene sieht Niura heute noch vor sich: »Wir haben uns unheimlich gefreut, uns wiedergetroffen zu haben. Er hat mich ganz locker gefragt, ob ich Edith Piaf kennen lernen wollte. Ja, denn mit der sei er gerade zusammen. Ich war natürlich ganz gespannt! Edith war ein Genie des Gesangs. Sie war berühmt. Aber …« Niura rümpfte die Nase. »Sie war als Person ein bisschen vulgär, wenn ich das so sagen darf.« »Edith war ein Orkan«, erzählte Glanzberg und lächelte bei der Erinnerung. »Sie erschien mir manchmal hinreißend spontan, manchmal launenhaft, oft jedoch auch zutiefst verzweifelt, als eine Persönlichkeit, die Ängste und Selbsthass schon heillos zerrüttet hatten. Dies beschäftigte aber weder mich noch sie selbst noch die übrigen Gefährten jener Abende, denn jeder von uns hatte Gründe – die Zeit wollte es so –, vor allem Vergessen zu suchen.« Dédée fand Piafs Angst vor dem Alleinsein krankhaft: »Wenn sie keine Gala hatte, musste bis zum Morgengrauen geprobt werden.«

Man schrieb inzwischen das Jahr 1942. Edith Piaf tourte weiter auf Marouanis Vermittlung hin durch den Süden, nach Nizza, Toulon, Nimes, Limoges, Cannes und Marseille. Der Höhepunkt war vielleicht die Kino-Gala im »Le Pathé Palace« in Marseille. Damals war das Sinfonie-Orchester von Paris dabei. Dann zog der Schwarm des »Spatz von Paris« weiter nach Lyon, Aix-les-Bains, im März nach Monte Carlo, dem Mekka der Vergnügungssüchtigen. Zu diesem Zeitpunkt empfand das Edith Piaf aber ganz anders. Sie hielt es nicht lange ohne Glanzberg aus, und an jenem 12. März 1942 war er nicht bei ihr in Monte Carlo, sondern in Aix-en-Provence und spielte im städtischen Kasino für irgendeinen mittelmäßigen Sänger Klavier. Zu weit weg! Also marschierte Edith Piaf in Monte Carlo aufs Telegrafenamt und gab um 18.55 Uhr eine Nachricht für ihren Geliebten auf: »Ich langweile mich zu Tode. Komm schnell zurück. Stop. *I love you* – Fifi Piaf.«

Diesmal fiel es ihm noch leicht, dem Wunsch, oder besser Befehl seiner Freundin nachzukommen. Aber seine Zeit lief ab. Am 11. Oktober 1942 schrieb Edith Piaf an ihr »Mamichou«, das »geliebte Bärchen« Norbert Glanzberg: »Toller Empfang, ganz Paris hat mich am Bahnhof erwartet, Blumen, Presseleute, also: Alles! Niemals ist so ein Tamtam gemacht worden. Es war wirklich fantastisch. Ich musste einem Mittagessen der Presse vorsitzen. Man hätte meinen können, ich sei eine echte Prinzessin. Morgen schreibe ich dir mehr darüber, denn ich habe jetzt nur Platz, dir zu sagen, dass du mein ganzes Leben bist. Deine dir gehörende Frau Edith.« Ein Brief, dessen Begeisterung der Empfänger bestenfalls mit halbem Herzen teilen konnte. Denn was sollte aus ihm werden, während sie so triumphal in ihrer Stadt Einzug hielt? Am 17. Oktober 1942 trat Edith Piaf wieder in Paris im berühmten »A.B.C. Theater« auf. Glanzbergs Vertrag als ihr Pianist lief am 16. Oktober aus. Er konnte ihr nicht nach Paris folgen. Die Stadt seiner Rettung war jetzt keine Spur sicherer als Berlin. Und ungemütlich, selbst für einen Star wie Edith Piaf. Das hatte sie schon vor zwei Jahren erfahren.

Damals hatte sie einen Liedtext geschrieben, der allen Franzosen gewidmet war, die voller Furcht zurückgeblieben waren, als Frankreichs Soldaten in den Krieg ziehen mussten. Bei einem Auftritt hüllte die Lichtregie Edith Piaf bei diesem Lied mit farbigem Scheinwerferlicht ein, bis jeder im Publikum begriff, dass die Sängerin inmitten einer riesigen Trikolore stand. Daraufhin bekam sie Schwierigkeiten mit der Zensur, die jedoch nicht sehr ernst waren. Bereits 1936 hatte sie ein Lied aufgenommen, in dem sie sang, dass sie Hitler nicht ausstehen konnte, und dass sich die Nazis besser daran erinnern sollten, welches Volk 1918 im Großen Krieg gesiegt hatte. So etwas spielte man im Radio jetzt nur noch aus Versehen und mit der Angst, dass dieses Versehen Folgen haben könnte. Doch die Deutschen hatten ihre Ohren offenbar nicht überall, obwohl überall Schilder mit deutscher Aufschrift aufgestellt waren. Ständig patrouillierten Deutsche in grauen Uniformen, und selbst wenn sie nicht im Dienst waren und nur ganz normal spazieren gingen – man fühlte sich als Franzose nicht mehr so richtig zu Hause, man fühlte sich beobachtet. Straßenmaler ließen sich dennoch zu fratzenhaften Porträts hinreißen, und versahen deutsche blonde Soldaten mit enormen, pferdeähnlichen Kinnladen. Im Prinzenpark-Stadion spielten Auswahlmannschaften der Wehrmacht. Glanzbergs alter Klassenkamerad Martin Vogel im Dress der deutschen Kicker hatte keine Ahnung, wem er da lebensgefährlich geworden war.

Und: Die herbstlichen Temperaturen bedeuteten auf einmal ein Problem, weil das Heizen nicht mehr selbstverständlich war. Ediths Textdichter Henri Contet – ein früherer Liebhaber natürlich – hatte ihr einen Tipp gegeben, wie man am angenehmsten in der Zeit des Schummelns und Hamsterns im besetzten Paris einen klammen, kalten Winter überstehen konnte: in einem Stundenhotel! Er hätte da auch einen Tipp: eine gewisse Madame Billy. Da war es warm, denn dort wurde schon aus professionellen Gründen ordentlich geheizt, das war sicher! Das sei aber nur Nebensache, erzählte Henri Contet weiter, vor allem habe Madame Billy auch eine Bar und ein Restaurant, in dem Größen wie der Dichter Jean Cocteau und die Schauspielerin Marie Bell verkehrten. Und im Bordell der Madame Billy verkehrten ebenfalls interessante Männer – Unternehmer, Journalisten, Künstler, Politiker.

Edith Piaf fand Henris Idee heiß, und so mietete sie sich Anfang November bei Billy im Haus Nummer 4 in der Rue de Villejust im 17. Arrondissement ein. Drei Zimmer mit Zentralheizung. Dort saß sie dann und vertrieb sich die Zeit zwischen den Proben und Auftritten damit, Postkarten an ihren fernen Norbert zu schicken. Aber Edith Piaf schrieb nicht ihren berühmten Namen ins Absenderfeld der Karte, sondern ihren echten Namen, Gassion. Mitte Dezember 1942 zückte sie in ihrem plüschigen, vermutlich aber auch schäbigen Zimmer im Stundenhotel der Madame Billy einen Füller, während ein paar Zimmer weiter Paare Lärm machten. Die Wirklichkeit übertrifft die Fantasie, wie so oft in Glanzbergs Leben. Stapelweise erhielt er Postkarten, die dicht beschrieben waren von ihrer unsteten Hand. Auch seinen Namen wagte Edith Piaf nie zu schreiben. Man kannte Glanzberg in den südfranzösischen Hotels, an die seine Post nun ging, als Norbert Girard. Aber egal, wie viele Karten mit roten Briefmarken und dem Profil des schnauzbärtigen Marschalls Pétain er von ihr erhielt – er glaubte nicht, dass sich diese Frau wirklich verlieben konnte: »Sie beschloss einfach, verliebt zu sein!« Aber nachdem sich Edith Piaf und Norbert Glanzberg am 16. Oktober hatten trennen müssen, muss sie über Monate hinweg in einen Zustand der Besessenheit geraten sein. Es verging kaum ein Tag, an dem sie ihm nicht schrieb, manchmal sogar zwei- oder dreimal täglich. Es heißt, dass sie wegen ihres jüdischen Geliebten sogar zum Judentum übertreten wollte – was ihn, der überhaupt nicht religiös war, sicher nur zu einem kopfschüttelnden Grinsen veranlasst hätte: Sie war verrückt, diese Frau!

»Mein lieber Nono«, fing sie an, oder sogar »mein kleiner angebeteter Meister«. Dieser Nono stürzte seine Fifi, wie sie unterschrieb, in wahre Wechselbäder. »Von dir fern zu sein, bringt mich dir sogar noch näher. Wie geht es dir, mein kleiner König?«, schrieb sie am 21. Oktober, offenbar in Siegeslaune: »Mein Konzert war ein echter Triumph!« Und zwei Tage später: »Jeden Abend müssen wir Leute heimschicken, so voll ist es, und 18 Tage lang wird es wohl so bleiben. Es ist so schade, dass du nicht hier bist, du wärst so glücklich.« Sie war glücklich, sie musste ihr Glück mit Freundinnen teilen: »Ich habe Marguerite getroffen, die dich liebt, ohne dich zu kennen, und die dich bald kennenlernen wird.« Marguerite – damit muss Marguerite Monnot gemeint gewesen sein, die viele berühmte Chansons von Edith Piaf komponierte, zum Beispiel »Hymne à l'amour«. Glanzberg lernte Marguerite später kennen: »Sie war eine wirklich gute Komponistin. Ihre Lieder hatten die Qualität von Brahms. Sie ist jung gestorben.« Für wenige Kollegen empfand er solche Hochachtung wie für Marguerite Monnot. Jetzt, im Herbst 1942, wurde sie von Edith Piaf gedrängt, auch etwas an diesen unbekannten Mann Nono zu schreiben: »Hoffe, wir werden uns bald kennenlernen. Vielleicht schneller, als du denkst.« Edith Piaf schrieb weiter: »Sei weise und vorsichtig, denn du könntest dich leicht erkälten. Du musst auf alle Wetterlagen aufpassen. Ich küsse deinen geliebten Mund so sehr.« War das nur die Sorge um das Wetter? Oder die Sorge um die politische Großwetterlage? Die Tage vergingen, und Edith Piaf passierte dasselbe, was den meisten Menschen in Glanzbergs Umfeld passierte. Er schrieb nicht. Sie schrieb trotzdem. Er schrieb weiterhin nicht. Und je öfter sie schrieb, desto mehr tat ihr das Warten weh. 26. Oktober: »Noch immer nichts von dir. Ich werde langsam besorgt. Ich arbeite viel und meine Stimme wird immer besser. Ich trinke nur Wasser und Tee. Um Mitternacht gehe ich bis zum Morgen schlafen. Jeder sagt, dass ich schön aussehe. Es muss die Liebe sein, die das tut.« Und dann: »Alles geht gut. Jeden Tag sind meine Lieder ein solcher Erfolg und jeder sagt, dass meine Entwicklung fantastisch ist. Ich habe einen großen Fortschritt gemacht. Das verdanke ich dir. Es ist die Perfektion, die du von mir gefordert hast.« Der ständige Gedanke an Glanzberg kann das Warten nicht leichter gemacht haben. Bis zur Erlösung: »Endlich Neuigkeiten von dir! Wie kannst du denken, dass ich dich vergesse, da du in meinem Herzen, meiner Haut, meinen Augen bist? Sehr bald werde ich dich wiedersehen. Rede bloß nicht sofort übers Geschäft, ich muss deine Arme um mich fühlen.«

Aber so leicht war das nicht mit dem Wiedersehen. Nicht in diesen Zeiten, nicht einmal für eine Edith Piaf. Sie schickte Dédée in den Süden, um sich zu vergewissern, dass es ihrem Nono gut ging. Doch das half nicht lange. Noch immer schrieb er viel zu selten. Das machte sie rasend, und ohne Rücksicht auf Verluste sprach sie im Brief aus, was ihr nicht an ihm passte. »In Ordnung, der Blues der News kommt bei mir an«, reimte Edith Piaf irgendwann im November. »Warum willst du anderen immer wehtun? Alles, was ich habe, sind drei Karten, das ist traurig für einen Mann, der sagt, er liebt eine Frau. Du musst mir zustimmen, dass das unter dem Minimum ist. Nun, du bist so, und ich kann dich nicht ändern. Abgesehen davon liebe ich dich.«

Am 13. November schrieb sie: »Es regnet und ich bin so schrecklich traurig. Ich schreibe dir zwischen zwei Shows. Ich habe keinen Hunger, weil ich nicht weiß, was aus dir geworden ist. Da habe ich keinen Appetit. Wenn morgen wieder keine Karte kommt, weint Deine Fifi sehr laut.« Zwei Wochen später, am 28. November, schrieb sie: »Ich habe so wahnsinnige Angst, nachdem ich gehört habe, was passiert ist. Aber ich kann nicht kommen, weil ich keinen Passierschein habe. Doch ich hoffe, in ein paar Tagen einen zu bekommen. Um Himmels willen, mach keinen Fehler, der Konsequenzen haben könnte. Ich komme und hole dich in ungefähr zehn Tagen, du wirst dann bei Marguerite leben. Bis dann rühre dich nicht von der

Stelle. Ich hatte schon genug Ärger. Du weißt, ich liebe dich so, dass ich daran sterben könnte. Aber für mich, nur für mich, pass bitte auf, ich verspreche dir, wir werden bald wieder vereint sein.«

Doch Nono machte es Edith weiterhin nicht leicht. Zwei Tage später bebte sie vor Zorn: »Mein Gott, da machen so viele Geschichten und ärgerliche Sachen die Runde. Ich weiß nicht, was passiert ist und du hast geradewegs deine schwarzen Wutanfälle. Du kannst es nicht aushalten, wenn jemand dir nicht gefallen will. Ich sehe kommen, dass du uns in eine schreckliche Lage bringst. Sei endlich ein für alle Mal ein bißchen beherrschter! Herr … ist ein Arschloch. Aber du weißt das doch, warum hast du dann Dinge erzählt, die unter uns bleiben sollten? Sei vorsichtig mit Zig. Er hat sich geschworen, dich zu kriegen, und du weißt, was das heißt. Gib deine Adresse niemandem!«

Manchmal schrieb sie sogar: »*Mon seul amour* – meine einzige Liebe.« Natürlich wusste Glanzberg, dass »einzig« bei Edith Piaf ein sehr dehnbarer Begriff war. Aber da er in dem »Spatz von Paris« sein Leben lang eher eine gute Freundin als die Geliebte sah, war er darüber fast erleichtert.

Padam … Padam

Ein fast geklauter Welterfolg

»Was in Ediths Hotelzimmer an Berühmtheiten versammelt war, wirkte wie eine Fotomontage aus einem Boulevardblatt jener Zeit.« Charles Trenet war einer dieser berühmten Gäste. Seine letzten Jahre verfolgte Glanzberg später im Fernsehen und empfand es als peinlich, dass Trenet noch mit 85 auf der Bühne sang.

Damals, 1941 in Nizza, war der spätere Nestor des Chansons noch ein blutjunger Sänger mit braunem, leicht gelocktem Haar und seltsam hervortretenden Augen, einer, den man in Frankreich seit vier oder fünf Jahren als besonders poetisch verehrte. Glanzberg machte bei den Partys das, was er am liebsten tat: Er spielte Klavier. Obwohl er als Komponist lahm gelegt war, obwohl es nirgendwo ratsam war, seinen Namen ins Spiel zu bringen und Juden ihre Kompositionen nicht verkaufen durften, spielte die Musik in ihm natürlich weiter. Edith Piaf mochte seine Lieder besonders, wenn sie neu waren, wenn sie noch niemand außer ihr kannte. Es machte ihr Spaß, ihre Partys durch diese spontanen Uraufführungen zu verzaubern. Je mehr Berühmtheiten Glanzbergs neue Werke hörten, desto stolzer war auch Edith Piaf auf das hohe künstlerische Niveau, das dieser verbotene, komponierende Klavierspieler mit dem harten deutschen Akzent ihren eigenen temperamentvollen, durch und durch französischen Konzerten verlieh. Immer wieder strahlte sie ihren Norbert an und forderte: Wie ging noch dieses eine da, spiel das doch mal Charles vor! Glanzberg begann. Es war eine leidenschaftliche Melodie, voller dramatischer Kraft, Hoffnung und unterschwelliger Schwermut, mit einem Hauptmotiv, das pulsierte. Seine Musik lachte und weinte zugleich.

Charles Trenet starrte ihn erstaunt an, runzelte die Stirn und rief auf einmal hektisch: »Ein Blatt Papier, einen Stift, schnell!« Während Glanzberg spielte und seine Melodie kehlig mitsummte, legte Trenet das Blatt vor sich aufs Klavier, stützte die Ellbogen auf und begann zu schreiben. Niemand wunderte sich darüber, man wusste, dass dieser Mann vor Einfällen nur so sprühte, dass ihm schier zuflog, was wenig später ganz Frankreich sang. Diesmal brauchte er kaum länger, als Glanzberg spielte. Fünf Minuten vielleicht. Dann richtete er sich auf und blickte zufrieden in die Runde. Das wiederkehrende Motiv hatte er simpel mit »Tournons, tournons, tournons« in die Sprache der Worte übersetzt. Drehen, drehen, drehen – gar nicht so schlecht. Weiter hieß es aber: »On oublie quand on danse la java« – wenn man den Java tanzt, vergisst man. »Ein dummer, blöder Text!« Glanzberg konnte es nicht fassen. »Aber wir wollten nett zu ihm sein und haben geheuchelt: Großartig, außergewöhnlich!« Das hätten sie besser bleiben lassen sollen.

Einige Monate später ging Edith Piaf mit Glanzberg auf der Promenade d'Anglais, Nizzas Prachtstraße, spazieren. Vielleicht kaufte er sogar an diesem Tag das kleine weiß-grüne Mäppchen aus Karton, auf dem goldene Wellenlinien und der fette Schriftzug »Nice« aufgedruckt sind. Er hob es sein Leben lang auf, als habe er noch viel, viel später zeigen wollen, wie Nizza zu seiner Zeit ausgesehen hat. Darin liegen zehn Fotos. Die Promenade des Anglais war damals ein breiter Boulevard, rechts das Meer, links die mondänen Fassaden der Luxushotels aus dem 19. Jahrhundert, die wie von Zuckerbäckern aus weißer Crèmetorte mit kitschigen Säulen, Erkern und kleinen Dächern geformt wirkten. Davor knatterten vereinzelt schwarze Limousinen vorbei. Glanzberg und Edith Piaf gingen auf das Hotel Ruhl zu, das den Gipfel dieses Zuckerbäckerstils darstellte und einen großen runden Pavillon hatte, der auf Stelzen im Meer stand. Die Wellen klatschten an den schmalen Strand ein paar Meter unterhalb der Promenade.

Da kam ihnen Herr Morlay entgegen, der den bekannten Pariser Musikverlag Salabert an der Cote d'Azur vertrat. Der Mann strahlte über das ganze Gesicht: Gerade habe er einen wunderbar fetten Fisch für seinen Verlag an Land gezogen! Ein neues Lied von Charles Trenet: »Tournons, tournons, tournons«. Edith Piaf blieb wie vom Donner gerührt stehen, während der Verlagsmensch sich geradezu überschlug, wie wundervoll dieses Lied doch sei und dass es ganz sicher schon bald ein besonders großer Erfolg würde. Er klopfte auf seine Aktentasche: Jawohl, da werde Herr Salabert sehr zufrieden sein, denn vor kurzem habe er mit Charles Trenet alles klargemacht, es sei gar nicht schwer gefallen, er habe sofort unterschrieben, und zwar zu ausgesprochen günstigen Bedingungen. Zufrieden strich der Agent über die Ledertasche, in der der Vertrag über den künftigen Bombenerfolg offenbar verstaut war. Edith Piaf schäumte innerlich vor Wut. »Sagen Sie«, begann sie langsam und beherrschte sich nur mühsam. »Es ist doch nur der Text, den Trenet Ihnen verkauft hat?« Der Agent lachte laut auf: »Aber nein, aber nein, wie könnte ich sonst so sicher sein, dass das Ding ein Erfolg wird? Nein, er hat mir eben auch die Musik verkauft!« »Meinen Sie«, fragte Glanzberg mißtrauisch und drohend: »Können Sie die Musik singen?« Auf Vertreter von Musikverlagen und ähnliche Funktionäre hatte der Komponist immer schon herabgesehen. Sein Urteil blieb auch Jahrzehnte später noch verächtlich: »Die verstehen nichts. Der konnte das natürlich nicht singen.«

Glanzberg und die Piaf ließen dem Mann keine Chance. Er musste mit ihnen in sein Büro gehen, das einige Hundert Meter entfernt an Nizzas mondänstem Platz lag, an einem exakt geschnittenen Rasen, der von Palmen gesäumt war: Place Massena Nummer eins, ein roter Prachtbau. Mit weniger gab sich Salabert nicht zufrieden. Dort lag die Partitur. Glanzberg und Edith Piaf zweifelten noch, denn sie wussten, dass Charles Trenet keine Noten schreiben konnte. Aber sie wussten auch, dass er dafür seine Leute hatte. Wie auch diesmal: »Er hat es wahrscheinlich seinem Pianisten vorgepfiffen oder -gesungen.« Und wirklich – es war Glanzbergs Melodie. Edith Piaf wollte toben, aber was nützte das schon? Der smarte Charles war längst aus Nizza abgereist.

Natürlich tobte Edith Piaf trotzdem, vermutlich noch, als sie schon wieder auf der Promenade d'Anglais waren, während Frauen in eng geschnittenen seidenen Sommerkostümen pikiert, aber neugierig ihren Parasol hoben und sich eine Spur fester an die Ärmel der hellen Sommersakkos ihrer Männer klammerten. Was gab es in der langweiligen Vorsaison dieses Frühlings Erfrischenderes als einen saftigen, kleinen Skandal, selbst wenn man nicht wusste, worum es ging? Hier handelte es sich immerhin ganz eindeutig um den berühmten »Spatz von Paris«, der da so ganz ungewohnte Laute von sich gab! Aber, flüsterten die Männer ihren Frauen ins Ohr, was kann man von solchen Leuten schon erwarten – so sind sie halt, die Künstler. Salaberts Agent ließ den Ausbruch des kleinen Vulkans mit betretener Miene verrauchen. Was soll's! Was zählte, war, dass er ihn in der Tasche hatte, den fabelhaften Vertrag, der ihm »Tournons, tournons, tournons« sicherte, Text und Musik von Charles Trenet.

Edith Piaf drängte Glanzberg, in die Offensive zu gehen. Bei einem Konzert-Abstecher nach Algerien schrieb er am 3. Mai 1942 einen gepfefferten Brief an Salabert, in dem er klar stellte: »Ich habe, wie sie ja auch wissen, Kenntnis davon erhalten, dass mein Lied ›Tournons, tournons‹ ohne mein Wissen von Charles Trenet, der den Text geschrieben hat, an sie verkauft wurde. Ich lasse Sie weiterhin wissen, dass ich die Initiative von Trenet in keiner Weise billige. Ich schlage nun vor, dass der Kauf durch Sie nur den Text, aber nicht die Musik beinhaltet. Angesichts der aktuellen Umstände behalte ich es mir vor, meine Musik zurückzuhalten, bis ich sie zu einem späteren Zeitpunkt verkaufen kann, wenn die Ereignisse mir das erlauben. Ich appelliere an ihr berufliches Gewissen und wäre Ihnen sehr verbunden, wenn Sie das Nötige in die Wege leiten würden, um Missverständnisse zwischen uns zu vermeiden.« Der Verlag antwortete ihm am 5. Juni 1942: »Lieber Freund, durch das vorliegende Schreiben bestätigen wir ihnen unsere diversen Gespräche über das Chanson ›Tournons, tournons‹. Ich habe ihnen versprochen, dass Editions Salabert keinen Gebrauch von dem Vertrag machen wird, der mit Charles Trenet geschlossen wurde. Dies gilt bis zu dem Tag, an dem sie erklären, dass Sie sich absolut mit Charles Trenet geeinigt haben. Außerdem werden wir keine Musik zu diesem Text akzeptieren, die ähnlich wie Ihre klingt.« So unmusikalisch wie Glanzberg immer dachte, waren die Verantwortlichen bei Salabert also doch nicht. Sie würden kein zwielichtiges Angebot akzeptieren, bei dem Trenet vielleicht vier, fünf Noten geändert hatte. Sie wollten die Originalmelodie um jeden Preis herausbringen und baten sich aus, Ihnen doch den Vorzug zu geben, wenn die Zeit gekommen sei: »Wir sind überzeugt davon, dass dieses Chanson ein sehr großer Erfolg werden wird, und wenn Sie uns eine Version davon anbieten, nehmen wir diese mit Vergnügen.«

Natürlich machte sich der Verlag aber auch Sorgen um den Star Trenet, den diese Wendung der Geschichte zweifellos nicht sonderlich erfreuen würde. Salabert schlug Glanzberg vor, einfach von Trenet Änderungen im Text zu verlangen. Aber ein solcher fauler Kompromiss kam für ihn nicht einmal eine Sekunde lang in Frage. Und noch viel weniger für Edith Piaf.

Es sollten Monate vergehen, bevor sich die Wege der Piaf wieder mit denen des nicht ganz so sauberen Saubermanns kreuzten. Und zwar am Bahnhof von Lyon: Als Glanzberg seine Koffer aus dem Zug hob, sah er neben den Plakaten mit den breiten Großbuchstaben »Edith Piaf« mindestens genauso große Plakate mit der Aufschrift »Charles Trenet«. Der Spatz stieg nach ihm aus, und er spürte, wie sie bei diesem Anblick erneut vor Wut zu kochen begann. Trenet sollte noch am selben Abend auftreten, einen Tag vor ihnen. Viele Luxushotels hatte Lyon nicht zu bieten. Man konnte sich leicht ausrechnen, dass Edith Piaf schon bald auf ihre Kosten kommen würde. Gefolgt von einem kleinen Liftboy in roter Uniform, der ihre Batterie von Koffern auf einem zu kleinen Wagen zu schieben versuchte, marschierte sie in ihr Hotel. Die Ankunft der Berühmtheit löste unter den Gästen in der Halle ein Raunen der Bewunderung aus. Man senkte die Zeitungen, stellte die Kaffeetassen beiseite. Doch noch bevor der Hotelchef die Piaf wohlerzogen begrüßen konnte, gab sie Befehle: Falls Charles Trenet hier abgestiegen ist, wolle sie ihn sofort sehen. Auf der Stelle. Hier unten. Trenet war tatsächlich hier abgestiegen und sogar auf seinem Zimmer. Nur wenige Minuten später öffnete sich die Tür des Aufzugs. Heraus spazierte Charles Trenet, und er sah Edith sofort. »Ach!« rief er hell und herzlich. »Meine Liebe! Wie ich mich freue!« Glanzberg traute seinen Augen kaum: Wie war es möglich, dass dieser Mann so selbstsicher durch die Hotelhalle stolzierte? Dass er sogar versuchte, Edith Piaf auf die Wangen zu küssen, ganz so, als ob nichts vorgefallen wäre?

Doch Vulkanausbrüche lassen sich nicht aufhalten: »Was hast du mit Norberts Musik gemacht? Du hast sie gestohlen und verkauft!« Edith Piaf schien wirklich Feuer zu speien. Aber verbale Ohrfeigen kratzten nicht an der glatten Maske des Traumschwiegersohnes. Glanzberg, der wie ein Statist dabeistand, würdigte er nur eines kurzen Blickes. Dann legte Charles Trenet elegant die Fingerspitzen aneinander und lächelte Edith Piaf schief an. Sein Blick schien zu sagen: Aber, aber, meine Lieben, einen solch begnadeten Künstler in die Niederungen urheberrechtlicher Obliegenheiten zu zerren! Wer wird denn?! Einen Moment lang herrschte gefährliches Schweigen. Trenet sah an Ediths stechendem Blick, dass mit ihr in dieser Frage nicht zu spaßen war. Er räusperte sich künstlich. Dann plötzlich strahlte der Traumschwiegersohn großmütig: »Na, auf ein Lied mehr oder weniger kommt es mir doch nicht an.« Wie er das »mir« in die Länge zog! »Wenn Norbert seine Musik wiederhaben möchte, soll er sie haben.«

Glanzberg ging lange Zeit vorsichtig mit solchen Geschichten um, von denen es in seinem Leben viele gegeben hat. Er vergaß nie hinzuzufügen, dass es gefährlich sei, in diesen Dingen laut die Wahrheit zu sagen, denn man könne nie ausschließen, dass einen ein entfernter Neffe eines längst gestorbenen Musikerkollegen verklage. »Schließlich habe ich keinen Beweis dafür, dass mir das Lied gestohlen wurde«, musste er in einigen Fällen zugeben. Mit der Episode Trenet verhielt es sich anders. Glanzberg wusste, dass er sie beweisen konnte.

Edith Piaf wollte die Melodie mit dem pulsierenden Motiv am liebsten selbst singen – sie summte sie immer wieder, nachdem sie sie zum ersten Mal von ihm am Klavier gehört hatte. Das würde irgendwann einmal ein berühmter Ohrwurm werden, da stimmte sie dem Verlag Editions Salabert voll und ganz zu. Glanzberg gab dem Lied den vorläufigen Titel »Java Triste« und schloss mit Salabert am Morgen des 1. April 1943 einen Vertrag über sechstausend Francs ab. Darin hieß es: »Dieses Chanson wird exklusiv eine Kreation von Edith Piaf sein.« Doch unter der Hand floss offenbar einiges Geld mehr. Glanzberg schrieb in seinen Taschenkalender: »9 Uhr – Vertrag Salabert (Java) sechzehntausend Francs«. Am 20. April unterzeichnete er dann eine Vereinbarung, die den Vertrag aufhob und ihm sofort dreißigtausend Francs sicherte. Dem Einfluss einer Edith Piaf beugten sich auch hartgesottene Manager eines so renommierten Musikverlags gerne. Und es würden wieder Tage kommen, da ein Norbert Glanzberg ganz offiziell seine Musik verkaufen konnte.

Zeitsprung. 1951 war für Edith Piaf ein furchtbares Jahr: Autounfall, Drogen, Alkohol. Der Selbsthass, den Glanzberg schon so lange kannte, hatte sich seinen zerstörerischen Weg an die Oberfläche gebahnt. Doch der Weltstar lebte selbst in diesem schlechten Jahr von seinem sicheren Instinkt. Edith fühlte, dass die Zeit für die alte Melodie aus Nizza gekommen war. Selten war sie so von einer Musik verfolgt worden: Nach zehn Jahren, in denen sie von Erfolg zu Erfolg geeilt war, ertappte sie sich immer noch manchmal dabei, wie sie diese Melodie summte.

Nun sollte es endlich passieren. Sie wies ihn an, Raymond Asso aufzusuchen, ihren liebsten Textdichter. Glanzberg spielte Asso die Melodie am Klavier vor. Gemeinsam dachten sie sich eine schöne Geschichte dazu aus: Sie stellten sich eine kleine Telefonistin in einem Luxushotel vor, die jeden Tag ihre reichen Gäste mit ihren ebenso reichen Verwandten am anderen

Ende der Welt verbinden muss. Schon diese Telefonate kosten mehr, als sich die kleine Telefonistin je würde leisten können. So träumt sich die Arme hinaus aus ihrem Büro, indem sie die Namen ihrer unerreichbaren Sehnsüchte vor sich hin singt: Paris, New York, Berlin. »Keine schlechte Idee, aber wir haben sie wieder fallen gelassen. Das wäre so eine typische Edith-Piaf-Geschichte geworden.«

Denn ganz überraschend mochte Edith Piaf die kleine Telefonistin nicht. Aus irgendeinem Grund ärgerte sie sich. Sie rief einen anderen ihrer Textdichter an: Henri Contet, jenen Mann, der Edith Piaf zehn Jahre zuvor das Bordell als wärmste Absteige im schlotternd kalten Kriegswinter von Paris empfohlen hatte. Sie bestellte ihn zu sich. »Henri, da ist diese Melodie von Norbert, die mich regelrecht verfolgt, und zwar überallhin. Mein Kopf dröhnt schon davon.« Mit dramatischer Geste ballte sie ihre kleinen Hände zur Faust und schlug sie mehrfach rhythmisch aneinander. »Tada-tada-tada.« Henri Contet sagte nichts. Er konnte sich nicht vorstellen, welche Silben auf einen solchen Rhythmus passen könnten. Kneifen galt aber nicht, wenn die Piaf etwas wollte: »Ich vertraue auf dich«, sagte sie schlicht und entließ ihren Textdichter. Das hieß: Ich will einen wunderbaren Text, und zwar schnell! Henri Contet nahm sich ein Taxi nach Hause. Noch immer sah er nicht, wie er das Problem lösen könnte. Im Wagen fiel ihm wieder ein, was Edith gesagt hatte: dass sie von der Melodie verfolgt wird, dass dieses Lied von weit her kommt, aus einer anderen Zeit. Er musste an Glanzberg denken, jenen Mann mit dem eckigen, harten deutschen Akzent, der vor zehn Jahren noch längst nicht alle französischen Worte verstand. Plötzlich wusste Henri Contet: Das war es! Es gab keine schönere Geschichte für ein Chanson! Er musste ihre Worte einfach nur in Poesie verwandeln. Er klatschte mehrmals in die Hände. Es funktionierte. Er übersetzte das pulsierende Hauptmotiv mit »Padam...Padam« – wie das Schlagen des Herzens.

»Padam ... Padam...Padam, cet air qui m'obsède jour et nuit, cet air n'est pas né d'aujourd'hui, il vient d'aussi loin que je viens, trainé par cent milles musiciens, un jour cet air me rendra folle,

cent fois j'ai voulu dire pourquoi, mais il m'a coupé la parole il parle toujours avant moi et sa voix couvre ma voix.« »Padam ... Padam, dieser Ton verfolgt mich Tag und Nacht, dieser Ton, der nicht heute geboren ist, er kommt von weit her, von hunderttausend Musikern, eines Tages macht mich der Ton noch verrückt, hundertmal wollte ich sagen warum, aber er hat mir die Sprache verschlagen, er spricht immer vor mir und seine Stimme übertönt meine.« Glanzberg erkannte die Poesie und die Anspielungen auf ihn selbst nicht. Er hätte lieber die Telefonistin gehabt, obwohl auch die ihm nicht richtig gepasst hatte: »Ich wollte etwas, das knallt. Das einzige Wort wäre gewesen: Salo, Salo, Salo. Ich war gegen dieses Padam. Das hat mir nicht gefallen.« Er sagte Edith Piaf: »Dieser mittelmäßige Text passt auf gar keinen Fall zu meiner Musik. So geht das nicht!«

Ende August 1951 klingelte mitten in der Nacht sein Telefon. Wieder einmal! Drei Uhr. Das konnte nur sie sein. Der Nachtfalter, der keine Sperrstunde kannte: »Sie sagte mir nur: Ich bin in Deauville. Du bist ein großes Rindvieh. Ich habe heute Abend dein Lied gesungen, und zwar als Padam ... Padam. Ich sage dir, das wird der größte Erfolg der Saison! Da habe ich ja zu ihr gesagt. Obwohl sie es hinter meinem Rücken gemacht hat und ich gar nicht überzeugt war.« Aber selbst wenn er Edith Piaf weiter in den Ohren gelegen hätte mit seiner Kritik – sie hätte weiter »Padam« gesungen. Mit dem Orchester von Robert Chauvigny, das die meisten von Piafs Erfolgen aufnahm, wurde »Padam ... Padam« am 15. Oktober 1951 im Theatre de Champs Elysées eingespielt. Es wurde nicht nur der größte Erfolg der Saison. Es wurde unsterblich, es hat beide, Norbert Glanzberg und Edith Piaf, in unzähligen Versionen überlebt und gehört in der Welt des Chansons zu den Legenden des zwanzigsten Jahrhunderts.

Als Frankreichs Präsident General Charles de Gaulle im Frühsommer 1966 zum ersten Mal Russland einen Staatsbesuch abstattete, muss Glanzberg fast der Schlag getroffen haben. Am 22. Juni kaufte er die *France Soir*, in der die Sonderberichterstatter meldeten: »De Gaulle tritt in den Kreml ein zu den Klängen von ›Padam … padam‹.« Ungeduldig las er weiter: »Lange, bevor er in die Stadt fuhr, wartete eine Riesenmenge auf den Tross des Präsidenten: Delegationen aus Fabriken, schwarze Studenten aus der Lumumba-Universität, Frauen und Kinder, die unzählige rote und blau-weiß-rote Fahnen schwenkten. An den Kreuzungen hat man Luftballons in den Himmel steigen lassen. Aus den Lautsprechern tönten französische Lieder. Und es war zu den Klängen von ›Padam …, padam‹, gesungen von Edith Piaf, dass der Präsident mit seinem Gefolge in den Kreml einzog. Frau Breschnew trug ein langes Kleid.«

Glanzberg hat später nie von dieser Sache erzählt. Er strich in der Zeitung nicht einmal wie sonst die Passage, die ihn betraf, mit einem Bleistift an. Aber die Schlagzeile dürfte ihn noch lange mit Genugtuung erfüllt haben. Er verehrte Charles de Gaulle. Der General war einer von jenen gewesen, die ihm das Leben gerettet hatten.

Ich hieß jetzt Pierre Minet

Unter falschem Namen auf Tournee mit Tino Rossi

Zeitsprung zurück ins Jahr 1941. Die Monate im Künstlercafé von Marseille verhalfen Glanzberg durch Edith Piafs Manager noch zu einem zweiten Halteseil über dem immer bedrohlicheren Abgrund. Daniel Marouani vertrat auch Tino Rossi, den korsischen Herzensbrecher, der mit seiner Samtstimme und mehr noch mit dunklen Augen und einem klassischen Profil gesegnet war. Als die beiden sich in Marseille kennen lernten, war Tino Rossi bereits seit Jahren ein großer Star. Dabei hatte auch er, der berühmteste Korse nach Napoleon, ganz klein angefangen. Glanzberg fand die Geschichte, die darüber in Musikerkreisen kursierte, ziemlich lustig. Angeblich habe es in einem Plattenladen in Nizza einmal das Angebot gegeben, sich selbst auf Platte aufnehmen zu lassen. Eine geschickte Werbung, und für Tino Rossi das große Glück: Er ahnte ja nicht, dass der Besitzer des Ladens seine Aufnahme an die Plattenfirma Parlophone schicken würde. »Hinter Tinos Rücken!« Parlophone war begeistert, lud ihn in die Hauptstadt ein und nahm ihn unter Vertrag. 1934 trat Tino Rossi zum ersten Mal im Pariser »Theatre de l' A.B.C.« auf – und am Ende des Jahres hatte er fast eine halbe Million Schallplatten verkauft, mehr als irgendwer sonst zu seiner Zeit. Während Kritiker zähneknirschend den kolossalen Erfolg des »Schmalzsängers« auseinander nahmen, schmachteten die Frauen im Kino das überlebensgroße Bild des Latin Lovers an.

Tino Rossi selbst fand nach seinen Konzerten selten Ruhe. Glanzberg erzählte, dass die weiblichen Fans den Zimmerservice bestochen hätten, damit ihnen sein Hotelzimmer aufgeschlossen wurde, während der Star noch sang. Waren die Damen hübsch, hätte sich Tino keine gebeteneren Besucherinnen vorstellen können als diese ungebetenen! Trotzdem heiratete er: »Natürlich war er mehr zer-heiratet als ver-heiratet. Aber das sind ja alle, wenn sie ehrlich sind.« Seine Frau Lilia Vetti, eine Tänzerin im Ballett von Mistinguett, lernte Tino Rossi 1941 durch Glanzberg kennen. Eine schwarzhaarige, temperamentvolle Schönheit mit graziler Figur und eleganten, ebenmäßigen Zügen – so lacht Lilia von einem Bild herab, auf dem sich die beiden Musiker und Daniel Marouani bei einem Diner amüsieren. Glanzberg sitzt neben Lilia und erzählt Tino Rossi offenbar gerade einen seiner berühmt-berüchtigten Scherze, während die beiden korsischen Herren gerade noch rechtzeitig vor dem Klick die Schokoladenseite ihrer berühmten Gesichter der Kamera zuwenden können. »Tinos Frau war eine Schönheit, aber als Tänzerin von geringer Begabung«, lästerte Glanzberg. Bei einer ihrer Vorgängerinnen wurde er das Gefühl nicht los, dass Tino Rossi sie in einem etwas anderen Milieu kennen gelernt hatte.

Dass Edith Piaf ihre Tourneen durch Südfrankreich beendet hatte und ihrem vollen Terminkalender zurück nach Paris folgen musste, wurde für Glanzberg nicht sofort zu einem Problem. Marouani reichte ihn einfach als Pianist weiter an Tino Rossi. Aber die Soldatenstiefel folgten ihm, denn der stolze Name Freies Frankreich war längst zur Farce geworden. Unter der Regierung des Marschalls Pétain wurden die Lebensbedingungen für Juden immer schwieriger. Die Existenz des Staates von Vichy war auch ein Versuch, die völlige militärische und politische Niederlage und die Schmach der Grande Nation zu verhindern. Es war ein kläglicher Versuch, denn der Einfluss der Deutschen breitete sich auch hier immer stärker aus. Gerade Menschen wie Glanzberg bekamen das zu spüren. Aus diesem Staat auszureisen war nun fast unmöglich. Gleichzeitig zogen die Machthaber, angestachelt von französischen rassistischen Kreisen, die Schlinge um die Juden immer enger. Er empfand das so:

»Die Bedrohung gehörte gleichsam zur Atmosphäre, sie lag in der Luft, weil zum Beispiel auflagenstarke Zeitungen Juden und Freimaurer für die französische Niederlage verantwortlich machten.« Dann kam Ende 1941 im Freien Frankreich das, was seit 1933 in Deutschland Zug um Zug die Juden zu Menschen unterster Klasse abstempelte: Sondergesetze, die sie aus vielen Berufen ausschlossen. Und wer das nicht länger tun darf, wozu Talent und freie Entscheidung ihn berufen haben, der wird automatisch im Alltag und unter den Menschen unsichtbar gemacht und innerlich getötet, um irgendwann auch körperlich getötet zu werden. Der erste Schritt ist, dass die Namen der Menschen verschwinden, obwohl die Menschen noch leben.

Glanzbergs Name durfte nach diesen Sondergesetzen auf keinem Konzertplakat und auf keiner dicken Schellackplatte mehr auftauchen. Und diesmal gab es nicht die Möglichkeit, einen Zug nach irgendwohin zu besteigen. Er musste bleiben. Er musste als ein anderer weiterleben. Zum Glück gab es damals im so genannten Freien Frankreich junge Franzosen, die, von Abenteuerlust und Gerechtigkeitsgefühl getrieben, im Namen der Résistance zu Rettern wurden. Einer von ihnen ist der spätere Historiker Joseph Rovan: »Ich erinnere mich daran, wie wir meinen ersten Stempel für falsche Papiere herstellten. Wir hatten in einem Bürgermeisteramt einen Stempel gestohlen und ihn dann auf eine durchgeschnittene Kartoffel gedrückt, und mit der Kartoffel machten wir dann Ausweispapiere. Zwei Jahre später war mein Geschäft so groß, dass ich zwanzig Angestellte hatte, die in einer Fabrik arbeiteten und jede Woche hunderte und aberhunderte von falschen Ausweisen fabrizierten.« Ob auch Norbert Glanzberg seine neue Identität in dieser Fabrik gekauft hat?

In einem Schrank in der Diele, fein säuberlich in einen Karton verpackt, bewahrte er bis zu seinem Lebensende ein braun marmoriertes, aufklappbares Kärtchen auf – einen falschen Pass. Er sprach nie darüber und erklärte es niemandem. Er hinterließ an dieser Stelle einen dunklen Fleck in seiner Lebensgeschichte, vermutlich musste er seine Identität so oft ändern, dass er im Lauf der Jahre selbst den Überblick verlor. Eine Version lautete: »Mein Pass war nunmehr auf den Namen Pierre Minet ausgestellt. Ich stammte angeblich aus Cherbourg.« Im Pass steht jedoch, dass der ominöse Pierre Minet aus Dieppe stammte. Hat sich Norbert Glanzberg selbst den Namen Minet ausgesucht? Oder hat da ein junger Mitarbeiter einer Passfabrik in rasender Eile irgendein Wort hingeschrieben, das ihm gerade eingefallen war? Auf Deutsch bedeutet Minet so viel wie kleines Kätzchen. Auf dem Passbild ist Glanzberg im Profil zu sehen, ernst aber entspannt blickend. Ein perfekt gefälschtes Dokument? Wohl kaum: Unter »Nationalität« steht: »französischen Ursprungs«, eine Formulierung, die einen misstrauischen Beamten regelrecht angesprungen haben muss. Natürlich ging es darum, den deutschen Akzent zu erklären. Geboren war dieser Pierre Minet am 5. April 1912. Der Pass ist angeblich am 11. April 1943 gestempelt, mit einer 15-Francs-Marke freigemacht und durch Pierre-Norberts Fingerabdruck und Unterschrift bestätigt worden. Vielleicht hat es aber auch tatsächlich einen Pierre Minet gegeben. Ein Brief vom Januar 1944 deutet dies an. Da schickte die Stadt Dieppe drei Fünf-Franc-Briefmarken an Norbert mit der Bemerkung zurück, dass deren Verwendung zu kompliziert sei. Statt dessen verlangte die Verwaltung von Pierre alias Norbert, sofort 14 Franc 50 zu schicken: Die Kosten für seine Geburtsurkunde. Vielleicht war Pierre Minet ja jemand, der im Krieg umgekommen war und dessen Identität die Passhändler für Glanzberg auf irgendeine ominöse Weise ausgeliehen hatten?

Aber das wäre ja noch nachvollziehbar. Es ist jedoch viel komplizierter. Trotz der täglichen Vorkommnisse, nach all den Ermahnungen Edith Piafs, nachdem Glanzberg bereits monatelang Post als Girard bekommen hatte, verhielt er sich immer noch schwindelerregend unvorsichtig. Da gibt es eine Bestätigung des Polizei-Kommissariats von Nizza vom 29. Juli 1941, aus der hervorgeht, dass Norbert Glanzberg als Jude aktenkundig war. Wie kam es dazu? Hatte er das Pech, aufgegriffen worden zu sein? Fand er es aus irgendeinem Grund notwendig, freiwillig bei der Polizei vorzusprechen? Aber das ist nicht alles: Noch fast ein Jahr später benutzte er manchmal seinen echten Namen.

Heute noch existiert eine gelbe Kleiderkarte der Stadt Nizza, die im August 1942 auf den Namen Norbert Glanzberg ausgestellt worden ist. Innen sind rosafarbene Marken zum Abreißen eingeklebt, von denen Norbert nur ganz wenige gebraucht hat. Als Adresse gab er das »Hotel de la Victoire« an, dessen Besitzer Albert Jean im September 1943 handschriftlich bestätigte: »Ich, der Unterzeichner, erkläre, Herrn Norbert Glanzberg als Mieter in meinem Hotel gehabt zu haben.« Aber eins spricht aus solchem Leichtsinn zweifelsfrei: Eine Zeit lang gelang es Glanzberg noch, sich an sein wirkliches Leben, seine Berufung zu klammern. Tino Rossi und Edith Piaf ließen sich so lange wie möglich trotz der Sondergesetze von ihm am Klavier begleiten. Doch die Leichtigkeit der ersten Zeit mit Edith Piafs Tross war vorbei. Die Bedrohung verfolgte ihn jetzt pausenlos überallhin. Es war eine stürmische Nacht, als Edith Piafs kleines Orchester die Gangway zu einem Schiff hochstapfte, das die Musiker zu einem Auftritt nach Algerien bringen sollte. Und obwohl Wind und Regen zwischen dem zugigen Pier und der Bordwand entlang peitschten, blieb die Abreise der großen Sängerin ein Ereignis. Zahlreiche Verehrerinnen und Verehrer, den Mantelkragen hochgeschlagen, warteten auf ihr Idol. Bevor der Bauch des Schiffes die Passagiere verschluckte, kontrollierte ein uniformierter Beamter der Hafenbehörde die Papiere. Dies waren die Momente, die Glanzbergs Herz vor Angst rasen ließen. Es war nicht seine erste Kontrolle, aber jede neue konnte sein Ende bedeuten. Zitternd zog er seinen Pass mit dem Namen Pierre Minet – oder irgendein anderes schlecht gemachtes Papier mit Namen wie Norbert Girard – aus der Brusttasche und balancierte die schwankende Gangway hoch. Wenige Meter noch bis zu dem Uniformierten.

Da hörte er plötzlich, wie ein Koffer direkt hinter ihm schwungvoll abgesetzt wurde. »Ach, sind Sie nicht«, sagte eine ungläubige, erfreute Männerstimme. So, dass es viele hören konnten. Zu viele. »Sind Sie nicht dieser fantastische Pianist, den ich im letzten Edith-Piaf-Konzert gehört habe? Norbert Glanzberg? Den Namen habe ich mir gemerkt …« Doch dem Verehrer blieb sein »ich freue mich ja so« im Halse stecken. Glanzberg hatte sich wie wild umgedreht, den Mann mit dem Ellbogen zur Seite gestoßen, seine beiden Koffer gepackt und sich an Edith Piaf und dem Rest des Orchesters vorbei gedrängt. Zurück, nur zurück, die Gangway hinunter, fliehen vor der Uniform, die alles Schlechte bedeutete. Edith Piafs Truppe fuhr allein nach Algerien. Dennoch trat er in diesen Jahren in Algerien auf. Warum ist er nicht dort geblieben? Hat er lieber auf sein Netz von Freunden im bedrohten Frankreich gesetzt, als völlig auf sich gestellt in Nordafrika einen Neuanfang zu wagen? In der Kolonie mit französischer Kultur, mit Hotels und Bars voller reicher Nichtstuer musste sich doch ein von Angst getriebener, exzellenter Musiker sicherer fühlen als in Frankreich, wo der Vormarsch der Nazis so nah und so unberechenbar schien? Oder hatte man längst das Gefühl verloren, dass es irgendwo auf der Welt einen sicheren Ort gab?

Szenenwechsel: Ein Ballsaal, ein Auftritt mit Tino Rossi. Zu einer Show des großen Herzensbrechers gehörte es, zu den Liedern passende Kostüme zu tragen. Das Publikum liebte Folklore. Schon deshalb musste ein glühender Korse wie Tino Rossi im Laufe des Abends irgendwann einmal als Korse singen. Und nicht nur er. Das ganze Orchester war mit der korsischen Nationaltracht ausgestattet. Doch als der Schöne im schönsten Schmalz schwelgte und die Augen der Frauen im Publikum verklärt an jeder seiner Bewegungen hingen, flogen die Eingangstüren auf. Plötzlich ging das Licht an. Einige Zuhörer schrien vor Angst, andere vor Wut. Aber dann wurde es sehr schnell ganz still, denn weder auf der Bühne noch im Publikum brauchte irgendwer länger als zehn Sekunden um zu begreifen, was los war. Zehn, zwanzig Paar Soldatenstiefel trampelten übers Parkett in Richtung Bühne. Eine deutsche Razzia. Ein alter und ein junger Offizier liefen zielstrebig auf die Bühne zu, die drei kleinen Stufen empor und standen vor Tino Rossi. Der strich sich eine schwarze Strähne aus der Stirn, rückte sich seine Korsenmütze zurecht und sah die Deutschen mit strahlendem Lächeln an. Der Ältere erklärte Tino Rossi die Lage in flüssigem Französisch – geschäftsmäßig, weder bedrohlich noch freundlich: »Ausweiskontrolle. Bitte erklären Sie Ihren Musikern, dass wir ihre Ausweise sofort sehen müssen.«

Tino Rossi vermied es, Glanzberg anzusehen. In jener Zeit konnte man nie vor Razzien sicher sein. Jeder hatte seine Papiere immer griffbereit. Glanzberg streckte dem Jüngeren, der auf der Bühne von Mann zu Mann ging, seine Papiere hin. Herzrasen. Für ihn bedeutete das, die altbekannte Situation wieder neu zu durchleiden, ohne dass das Ziehen in der Magengrube je abnehmen würde. Bildete er sich das ein, oder fühlte er einen suchenden, ja stechenden Blick des älteren Offiziers besonders lange auf sich ruhen? Wie hypnotisiert starrte er auf die Hand des Jüngeren, der den Pass wieder zuklappte. Er bekam ihn zurück. Aber schaute der Ältere nicht viel zu lange zu ihm herüber? Rote Haare und blaue Augen in einer korsischen Band – war das nicht albern genug? Konnte man eine solche Kröte schlucken? Er schloss die Augen. Hinter seinen Lidern sah er, in seinen Ohren hörte er, an seiner Hand fühlte er bereits den Würgegriff seiner Verhaftung. Es dauerte, bis er zu begreifen begann, dass die wirklichen Geräusche ganz andere waren. Er hörte, wie sich die Stiefel entfernten. Es hatte wieder einmal funktioniert. Doch vielleicht bekam der karrierebewusste Tino Rossi immer mehr Angst, mit einer solchen Zeitbombe am Klavier zu nah am Abgrund zu balancieren? War diese Szene das Finale für Glanzbergs nur noch von einem Tag zum nächsten funktionierende Normalität?

Aus einem dumpfen Gefühl wurde langsam eine schreckliche Gewissheit, die sich in sein Bewusstsein drängte: Mit seinen Auftritten und dem Klavierspiel war es sicher bald vorbei. Das Risiko wurde zu groß, für ihn selbst und für die Kollegen. Norbert Girard, Pierre Minet und die anderen rettenden Phantome reichten nicht länger. Jeder Schritt auf der Straße war lebensgefährlich, jeden Augenblick konnten glücklich ausgestandene Szenen wie jene im Korsenkostüm in Katastrophen umschlagen. Französische Polizisten und Milizen kontrollierten überall und ständig unter Anleitung deutscher Gestapo-Agenten und Soldaten die Ausweise. Nirgendwo konnte man in der Gegend von Marseille jetzt davor sicher sein, urplötzlich an einer Straßensperre angehalten zu werden. Doch es gab Tage, an denen er es darauf ankommen ließ. So auch an jenem Tag, als er ganz bewusst nicht nachdenken wollte und in eine Straßenbahn einstieg, die in der brütenden Hitze seinen Weg erheblich abkürzen würde.

Glanzberg hielt sich mit der Hand an einer Stange fest und genoss es, die Häuser an sich vorbeiziehen zu sehen und an nichts zu denken. An der nächsten Haltestelle stiegen zwei Männer zu und lehnten sich an die Stange neben ihn. Er konnte ihren Schweiß riechen, so nah standen die beiden bei ihm. Da sagte der eine: »Was denkst Du, wie viele Juden sind noch hier in Marseille?« Deutsch! Sie sprachen deutsch! Das waren zweifellos Gestapo-Agenten! »Naja«, meinte der andere und kratzte sich am Kinn. »Schwer zu sagen. Ich habe keine Berichte darüber gelesen. Aber«, fuhr er fort und drehte den Kopf in Glanzbergs Richtung. »Wenn ich mich hier so umschaue ... Schau die Leute doch mal an. Alles dunkle Typen. Oder fast alle.« Er sah Glanzberg an. »Aber Juden? Ich meine schon, mittlerweile einen Juden erkennen zu können. Ich denke nicht, dass hier noch viele von denen sind.« Er sah ihn immer noch an. Glanzberg fühlte nichts. Nichts. Er hielt dem Blick stand. Und sah, dass der Mann ihn gar nicht wahrnahm. Der Mann dozierte weiter, über die einwandfrei erkennbaren rassischen Merkmale jüdischer Untermenschen, die er vor kurzem in einem wunderbar klaren und eindrucksvollen Vortrag eines Biologen des Rasse- und Siedlungshauptamts, übrigens in Anwesenheit der Gauleiter so und so, vor einem ausgesuchten Publikum gehört hatte. Die Strassenbahn hielt. Der Mann wandte sich in Richtung Tür. Die beiden stiegen aus. Erst dann fühlte Glanzberg, wie seine schweißnasse Hand an der Haltestange nach unten rutschte. Er tastete nach einem freien Sitz, die Knie trugen ihn nicht mehr. Langsam, ganz langsam wurde ihm klar, dass es dem einen der beiden Deutschen offenbar nur darum gegangen war, dem Kollegen überlegene Fachkenntnis beim Erkennen von Juden zu demonstrieren.

Deutsche Soldaten auf der Straße konnten ebenso gefährlich werden. Im deutschen Heer gab es sogar Soldatinnen. Die Franzosen nannten sie *souris grise*, graue Mäuse, weil sie in ihren Uniformen wie unscheinbare, nicht sehr sympathische und irgendwie auch unwirkliche Wesen wirkten. Eines Tages kamen Glanzberg auf der Straße drei deutsche Uniformträger entgegen: Zwei Männer, und zwischen ihnen eine solche graue Maus. In eine Seitenstraße abzubiegen, war nicht mehr möglich, die drei hätten Verdacht schöpfen können. Also sah er aufs Straßenpflaster und ging ohne den Schritt zu beschleunigen weiter. Das war in solchen Fällen seine Taktik. Doch mit diesen drei stimmte irgendetwas nicht. Er fühlte sich plötzlich beobachtet, er verspürte einen Drang, den Blick zu heben. Er wusste nicht warum, aber er folgte diesem gefährlichen Instinkt.

Die Rührung über diese Begegnung hat Glanzberg sein Leben lang nicht verlassen: »Unsere Blicke kreuzten sich, der der *soureille grise* und meiner. Wir sahen uns direkt in die Augen, dann waren die drei schon vorbei gegangen. Aber ich habe keinen Zweifel. Es war Lotte. Meine Lotte, meine ehemalige Freundin, die mir bei der Flucht aus Berlin geholfen hat. Sie hatte mich auch in Marseille erkannt. Und sie hat mich nicht verraten.« Das war die letzte Begegnung, Lotte und er haben sich nie wieder gesehen. »Ich weiß, hätte ein Drehbuchautor diese Szene ersonnen, so würde man ihm wahrscheinlich vorwerfen, dieser Einfall sei nun wirklich zu billig. Aber soll ich mich dafür entschuldigen, dass die Wirklichkeit manchmal mit den abgedroschensten Klischees wetteifert?« Dieser Kommentar von Glanzberg könnte auf die geisterhafte Begegnung mit Lotte gemünzt sein. War er aber nicht. Er bezog sich auf eine andere Episode, die ihm ungefähr zur selben Zeit, vielleicht ein paar Monate später, passierte. Er lebte damals bereits von Tino Rossi und den anderen Künstlern abgekoppelt. Allerdings hatte sich Tino Rossi wenigstens darum bemüht, seinen Pianisten nicht in die völlige Ungewissheit zu stoßen. Der Korse vermittelte ihm einige der Verstecke. Eins davon war besonders wahnwitzig: Es handelte sich um eine Wohnung in einem Marseiller Mietshaus, die bis kurz zuvor einer Familie Benyoumov gehört hatte. Der Name verrät es: Die Benyoumovs waren keine Franzosen, sie waren Russen, genauer gesagt russische Juden. Sie hatten sich in Sicherheit bringen wollen und waren aufs Land geflohen. Trotzdem musste Frau Benyoumov dort hilflos die Schüsse mitanhören, die ihren Mann und Sohn töteten. Das wusste Glanzberg allerdings nicht, als er sich in der leeren Wohnung verbarg. Essen und Trinken brachte ihm eine Schneiderin der Benyoumovs. Schon aus diesem Grund war dieses Versteck eine Art russisches Roulette. Was war, wenn die Gestapo sie aufgriff und zwang, zu reden?

Er wusste, dass diese Gefahr nicht gerade gering war. Und weil schon seine Schritte auf den hölzernen Dielenböden verräterisch genug knarrten, musste er sich das Klavierspiel im Wohnzimmer, das Sinnbild und die Verbindung zu seinem tiefsten Inneren, streng verbieten. Die leeren Minuten, Stunden, Tage und Wochen dehnten sich, marterten seinen Kopf und füllten sich wie von selbst mit grausamen Gedankenspielen: »Angstzustände von nie gekannter Heftigkeit befielen mich, denn ich konnte mir unschwer ausrechnen, dass mich die Gestapo in der Wohnung behördlich gemeldeter Juden nicht unbehelligt lassen würde.« Irgendetwas musste geschehen! Aber was? Seine Gedanken drehten sich sinnlos im Kreis. Je länger das so ging, desto weniger konnte er die Einsamkeit in der leeren Wohnung ertragen. Wann immer er Schritte im Treppenhaus hörte, fühlte er sich zwischen panischer Angst und der bizarren Hoffnung gebeutelt, jemand, irgendjemand, möge doch an die Tür klopfen und ein paar Worte, ein paar freundliche Worte an ihn richten. Glanzberg kam sich vor wie lebendig begraben.

Nur warten, warten, warten – auf was? Eines kalten, sonnigen Wintertages hielt er es nicht mehr aus. Er brauchte Bewegung, er musste sehen, riechen, spüren, dass es noch andere Menschen gab. Vielleicht bekam er ja die Gelegenheit, mit irgendwem zu reden. Schon den ganzen Vormittag lang, den er wie gewöhnlich im Bett vor sich hin dämmernd verbracht hatte, spürte er diesen Drang, der immer stärker wurde. Im ganzen Haus war seit ein oder zwei Stunden kein einziger Laut mehr zu hören gewesen. Am frühen Nachmittag warf er plötzlich die Decke zurück, zog sich an und verließ die Wohnung. Mit jedem Stockwerk, das er auf dem Weg nach unten hinter sich ließ, glaubte er den befreienden Geruch der klaren Winterluft stärker zu riechen. Zwei Schritte durch das Halbdunkel des Hauseingangs, dann würde er draußen stehen. Da öffnete sich plötzlich die Haustür. Glanzberg stand zwei hochgewachsenen Männern in Regenmänteln gegenüber. »Entschuldigen Sie«, sagte der eine. »Wo wohnen denn hier die Benyoumovs?« Der harte Akzent war unverwechselbar. Er sprach selbst mit einem solchen Akzent Französisch. Deutsche! Das war jene Szene, die von Filmproduzenten als zu billig abgelehnt worden wäre. »Mir ist auch heute noch schleierhaft«, erinnerte er sich später, »wie ich die Geistesgegenwart aufbringen konnte, die dazu gehört, trotz meines Schreckens blitzschnell einen Schnupfen vorzutäuschen, mich zu schneuzen und durch das Taschentuch »Dritte Etage« zu nuscheln, um den beiden Gestapo-Beamten meinen eigenen deutschen Akzent zu verheimlichen. Zu manchen Reaktionen findet man vielleicht nur, wenn man völlig die Fassung verloren hat.«

Mindestens genauso unwahrscheinlich klingt die Szene auf der Straße. Und doch hat sich das, was Glanzberg an einem anderen Marseiller Wintertag passierte, so oder ähnlich quer durch Europa hundert- und tausendfach ereignet. Er geriet in eine typische Straßenrazzia: Eigentlich wollte er einfach nur eine Kreuzung überqueren, wie hundert andere Leute auf der Straße auch. Plötzlich schneidende Pfiffe aus Trillerpfeifen, quietschende Autoreifen. Direkt auf der Kreuzung hielten zwei Lastwagen, deutsche Soldaten und ihre Helfershelfer, französische Milizen, sprangen von den Ladeflächen. Drohend versperrten sie Norbert und den anderen Passanten breitbeinig den Weg. »*Vite! Arrêtez! Arrêtez! Contrôle!*«

Instinktiv drehte er sich um, um in irgendeine Seitenstraße zu entkommen. Aber die Razzia war perfekt geplant. Aus den möglichen Fluchtwegen tauchten weitere Lastwagen auf. Der Rückweg war binnen weniger Sekunden abgeschnitten, alles ging zu schnell, um fortlaufen zu können. Glanzberg saß in der Falle. Doch noch schlimmer als der Überfall waren die Minuten danach, in denen alle Eingeschlossenen voller Furcht wie erstarrt dastanden und nicht wagten, sich zu rühren. »Quälend lange konnte ich mir ausrechnen, was mich erwartete. Dieses Mal konnte ich nur unter Aufbringung meines ganzen Überlebenswillens zu einer vorsichtigen Reaktion finden.« Als die Lastwagen hielten, stand er ein paar Meter abseits von einer Gruppe Passanten, die gerade über die Kreuzung hatte gehen wollen.

Langsam kamen die Soldaten und Milizen näher, um die Ausweise zu kontrollieren. Glanzberg hörte das Gemurmel der Kontrolleure und die gelegentlichen Rufe von Befehlen immer lauter werden. Lange würde es nicht mehr dauern, dann wäre er an der Reihe. Eine innere Stimme sagte ihm, dass genau hinter ihm der Eingang eines hohen, schmalen Mietshauses lag. Und dass es an diesem Eingang eine Klingelanlage geben musste. Vorsichtig, Zentimeter um Zentimeter, setzte er einen Fuß nach dem anderen nach rückwärts auf diesen Eingang zu. Seine Bewegungen durften unter keinen Umständen auffallen. Aber sie fielen natürlich doch auf. Die Menschen, die direkt neben ihm auf die Kontrolle warteten, beäugten sein Rückwärtsschleichen mit unverhohlenem Misstrauen: »Ich habe sie verzweifelt angesehen.« Jahrzehnte später konnte er noch zeigen, wie – große, angstvoll geweitete und beschwörende Augen, die sagten: Verratet mich nicht! Hier geht es um Leben und Tod! Glanzberg erreichte unter den Blicken der Passanten endlich das Klingelbrett. Er rieb seinen Rücken vorsichtig dagegen. Er hörte es dutzendfach scheppernd läuten. Die Hausbewohner mussten den Lärm der Lastwagen bemerkt haben. Würde er selbst in so einer Situation öffnen? Zumal man innen genauso wenig überhören konnte, dass überall zugleich geklingelt wurde. Sekunden vergingen. »Angstvolle Sekunden, dann öffnete sich die Haustür. Ich war schweißgebadet und fror.« Glanzberg huschte durch den Eingang, und schon schlug die schwere Tür hinter ihm zu. Wer hatte geöffnet? Im ersten Stock niemand, im zweiten Stock sah er hinter einer Tür zwar schemenhaft jemanden stehen, doch auch diese Tür blieb verschlossen. Als er schwer atmend den Treppenabsatz des dritten Stocks erreichte, öffnete sich eine Wohnungstür einen winzigen Spalt. Er sah in das faltige Gesicht einer alten Frau. »Was wollen Sie?«, fragte die Frau misstrauisch. Aber sie winkte ihn dennoch zu sich heran. »Helfen Sie mir«, stammelte er. »Ich bin Jude, ich lebe versteckt mit falschen Papieren, jetzt bin ich in diese Razzia da unten geraten. Sie wissen, was mir blüht, wenn die mich kriegen! Bitte helfen Sie mir!« Er zitterte am ganzen Körper. Er war mit seiner Kraft am Ende. »In meiner Erschöpfung fiel mir nichts weiter ein, als ihr die Wahrheit zu sagen. Sie hat mich nicht verraten, sondern die ganze Nacht bei sich versteckt.«

Wieder davongekommen – aber für wie lange noch? Schon der nächste Tag konnte ihn erneut in eine aberwitzige Situation bringen, und nie war sicher, dass Glanzberg das Ende dieses neuen Tages erleben würde. »In Marseille wurde für mich das Pflaster entschieden zu heiß. Wieder und wieder rechnete ich meine Chancen durch, und das Ergebnis wurde immer deprimierender.« Doch er hatte im Gegensatz zu den meisten anderen Menschen in seiner verzweifelten Lage tatsächlich noch eine Chance: Obwohl er untergetaucht war, blieb ihm immer noch die Möglichkeit, zu seinen Freunden aus dem normalen Leben zumindest Kontakt aufzunehmen. Und diese Freunde wollten seine Freunde bleiben.

Ich übte mit einer Stoppuhr, um schneller zu sein als die Razzia

Von Edith Piaf im Schloss einer Gräfin versteckt

Wieder trat Edith Piaf in sein Leben. Wie ihre Postkarten zeigen, war sie sich der Gefahr, in der ihr Norbert schwebte, zu jeder Sekunde bewusst. Sie fühlte, dass sich die Schlinge um seinen Hals immer enger zog und suchte nach einem Ausweg. Ihre Berühmtheit half ihr, den rettenden Weg zu finden. In Montredon, ungefähr sechs Kilometer außerhalb von Marseille, steht in einem riesigen Park ein Schloss aus dem 19. Jahrhundert: umgeben von zahlreichen Nebenvillen, Teichen und Kanälen, von Bambuswäldern, Yuccapalmen, Mimosen, Magnolien und Platanen. Ein paar hundert Meter vor der Freitreppe türmen sich die berühmten wilden weißen Felsen der Calanques auf. Hoch oben hatte sich der Hausherr des Schlosses Mitte des 19. Jahrhunderts eine Grotte bauen lassen – ein Einsiedler der Romantik, der durch den Handel mit Nordafrika reich geworden war. Von der Rückfront des Schlosses kann man das Meer sehen, das sich keinen Kilometer entfernt an den Felsen bricht. Innen staunt man über ein neobarockes Juwel: Das Treppenhaus ist aus weißem Marmor, in zarten Rosa-, Orange- und Grüntönen schimmert der prächtige Stuck in der Belletage, bunte Wandgemälde erinnern daran, dass der Schlossbesitzer auf seinem Anwesen ein kleiner Sonnenkönig war. Ein paar Hundert Meter weiter im Park hatte sich die Hausherrin eine Villa im provenzalischen Stil einrichten lassen, mit feinen dunklen Holzmöbeln unter Kristalllüstern, mit hellen Bambussesseln zwischen Grünpflanzen und mit Springbrunnen auf einer weißen überdachten Terrasse.

Diese Hausherrin lebte bis zu ihrem Tod 1974 in der Villa. Sie war es, die Glanzberg auf Edith Piafs Vermittlung hin ein paar Monate versteckte und ihm während dieser Zeit zu relativem Frieden verhalf. Und sein Leben wirkt wieder einmal wie ein Abenteuerfilm: Seine Retterin war eine echte Gräfin. Die Comtesse Marie-Louise Double de Saint-Lambert Pastré, genannt Lily, war zur Zeit ihrer ersten Begegnung mit Norbert Glanzberg fünfzig Jahre alt. Sie wird als eine exzentrische, wagemutige Frau beschrieben, die es geliebt haben soll, in schnellen Sportwagen die Küstenstraßen entlangzubrausen und die vor allem nichts mehr liebte als die Kunst. Eine Zeichnung zeigt Lily Pastré, wie sie in einem altmodischen Rüschenkleid auf einem Sofa liegt. Der Kopf ist auf den rechten Arm gestützt, das lange Haar trägt sie offen. Die schmalen Lippen sind leicht geöffnet, die Augen geschlossen. Sie sieht aus, als hätte sie gerade Anstrengendes hinter sich gebracht und nicht minder Anstrengendes noch vor sich. Ihre Miene scheint zu sagen: Ich werde das schaffen, koste es, was es wolle!

Die Gräfin Lily Pastré war eine höchst elegante und gebildete Frau, voller Energie und erfüllt von dem noblen Willen, das Leid anderer Menschen lindern zu wollen. An Norbert Glanzberg schrieb sie Briefe auf Papier, das unter dem Schriftzug »Montredon par Marseille« ihr Wappen, einen kleinen Löwen und eine Krone, trug. Die Gräfin schien das, was sie zu sagen hatte, schier aufs Papier zu werfen: Schwungvolle, nach oben strebende, große Buchstaben mit noch größeren Schleifen nahmen reichlich Platz ein. Förmlichkeit kannte die Gräfin nicht, sie sprach ihren heimlichen Hausgast mal mit »lieber Freund«, mal mit »mein lieber Norbert« oder gar mit »mein armer Norbert« an und unterzeichnete stets mit »Lily Pastré«. Nach dem Krieg gehörte die Comtesse Pastré zu den Gründern des berühmten Musikfestivals von Aix-en-Provence. Damals, Anfang der vierziger Jahre, hatte sie anderes im Kopf: Sie war eine der Schirmherrinnen des »Centre Américain de Secours«, des amerikanischen Zentrums für Nothilfe in Marseille. Dieses Gremium von 26 Schirmherren und -herrinnen liest sich wie ein internationales Lexikon berühmter Intellektueller: Pablo Casals, André Gide, Jean Giraudoux und Henri Matisse gehörten zu den Mitstreitern der Gräfin Pastré. Lily Pastré wählte für dieses Hilfskomitee das Motto: »Damit der Geist lebt!«

Am 28. Oktober 1941 schrieb man Glanzberg, er solle sich am nächsten Montag, Mittwoch oder Donnerstag zwischen neun und zwölf Uhr im Büro des Centre einfinden. Mehr als dies wurde ihm per Brief nicht mitgeteilt. Was hat man ihm an diesem Morgen eröffnet? Dass es eine neue, eine sichere Unterkunft für ihn gab, und dass er dort einziehen könnte, wenn es nötig würde? Lily Pastré war geschieden, und das Anwesen in Montredon gehörte der Familie ihres Mannes. Der hatte es ihr jedoch überlassen, und sie war aus Paris hierher gezogen, als die Deutschen in die Hauptstadt einmarschierten. Dem Prunk des Schlosses zog sie die provenzalische Villa vor, wo sie mit einem riesigen Stab an Zimmermädchen, Gouvernanten, Köchen, Chauffeuren und Gärtnern Hof hielt. Dadurch war im Schloss Platz für wichtigere Dinge – die Gräfin dachte praktisch. Sie vermietete das Schloss an das amerikanische Konsulat, das so endlich den passenden repräsentativen Rahmen für Empfänge und andere Veranstaltungen gefunden hatte, deren Erlös Flüchtlingen zugute kommen sollte.

Eine bizarre Szene: Norbert Glanzberg, der Gehetzte aus der verlassenen Wohnung der Benyoumovs, zog in ein Schloss um! Die Gräfin Pastré war eine furchtlose und zugleich schwärmerische Frau. Schwärmerisch, weil sie die europäische Kulturgeschichte gut kannte und sich offenbar in die Gestalten der adeligen Damen des 18. Jahrhunderts verliebt hatte, in deren Häusern die Größen aus Literatur, Philosophie und Musik so häufig zu Gast waren, dass diese Salons zu Brutstätten kultureller Entwicklung wurden. Versteckte Künstler wie Glanzberg gaben ihr zweifellos das Gefühl, in einer solchen Gemeinschaft zu leben. Furchtlos war sie, weil sie nicht zögerte, diesen Menschen das zu geben, was sie am nötigsten brauchten: Zuflucht. Dabei riskierte sie, dass allein ihr Heer an Bediensteten die Existenz der neuen Schlossbewohner an unkontrollierbar viele Menschen außerhalb der Mauern des weitläufigen Parks weitertrug. Welche Erleichterung muss es für Glanzberg bedeutet haben, nach Montredon zu ziehen: Hier bekam er sogar wieder Fühlung mit seiner Welt, der Welt der Töne. Und das auf allerhöchstem Niveau. Es klingt erneut wie im Märchen, wenn er sich später erinnert: »Genau zu jener Zeit, als es mir nur ums nackte Überleben ging und alle anderen Wünsche unendlich bedeutungslos waren, begegnete ich zahlreichen Berühmtheiten, von deren Umgang ich früher kaum zu träumen gewagt hatte.«

Im Schloss von Montredon hatte auch Clara Haskil, eine der besten Pianistinnen der Welt, Unterschlupf gefunden. Sie war ein hinfällig wirkendes, grauhaariges Fabelwesen, das ein Wunderkind gewesen war und auch als Erwachsene in der Innigkeit ihrer Verbindung zu Mozart vielleicht von niemand anderem am Klavier übertroffen wurde. Auch Glanzberg liebte Mozart. Später drapierte er in seinem Wohnzimmer in Neuilly-sur-Seine auf einem kleinen antiken Schreibtisch ein aufgeschlagenes Buch mit einer Zeichnung von Mozart und seiner Schwester in Kindertagen. Clara Haskil, das Genie, war damals im Schloss der Gräfin Pastré schon schwer von Krankheit gezeichnet. »Sie hatte einen Hirntumor und sollte operiert werden«, erinnerte sich Glanzberg. »Sie hat im Schloss auf diese Operation gewartet. Die Gräfin ließ im Keller alles für eine mögliche Operation herrichten. Für mich ist Clara Haskil eine der größten Pianistinnen überhaupt.« Sie sollte noch bis nach Kriegsende warten müssen, bevor sich ihr Gesundheitszustand etwas besserte. Später war sie in der Schweiz die Nachbarin von Charlie Chaplin. Der Geizhals soll sich eigens wegen Clara Haskil einen Steinway-Flügel angeschafft haben. Von ihm wird überliefert, er habe nur drei Genies gekannt: Einstein, Churchill und Clara Haskil. Sich selbst hat Charlie Chaplin nicht dazugezählt. Er sollte im Leben von Glanzberg später eine unrühmliche Nebenrolle spielen.

Zur illustren Gesellschaft im Schloss von Montredon gehörte 1941 auch der 37-jährige Boris Kochno, der schon im Alter von 17 Choreograph und Privatsekretär des Ballett-Gottes Diaghilev gewesen war. Boris Kochno sollte nach dem Krieg eine der einflussreichsten Persönlichkeiten des kulturellen Lebens in Frankreich werden. Ebenfalls hier versteckt war sein Freund, der berühmte Bühnenbildner Christian Bérard, und der 37-jährige Dirigent Manuel Rosenthal, ein Schüler Maurice Ravels. Das Leben im Schloss nahm mitunter bizarre, absurde Züge an. Mitten im Krieg ließ die Gräfin ein luxuriöses Spektakel im Park veranstalten. Aber vielleicht hielt man nur so die Bedrohung aus. Jedenfalls organisierte Lily Pastré Ende Juli 1942 eine so genannte *Songe d'une nuit d'été*. Sie ließ dafür eigens Musik von Jacques Ibert komponieren, die Rosenthal dirigierte. Kochno inszenierte, Bérard und Ira Belline, die Nichte Igor Strawinskys, kümmerten sich um Bühnenbild und Kostüme. Es heißt, dass die Kostüme teils an die Darsteller verschenkt, teils an kirchliche Hilfsorganisationen gespendet wurden. Das Ganze soll ein Vermögen gekostet haben. Mit Sicherheit wurde über diesen Exzess im benachbarten Dörfchen Montredon und wahrscheinlich auch in der besseren Gesellschaft von Marseille ausgiebig gelästert.

Die Gräfin Pastré war aber weder dumm noch naiv. Ihr war sehr wohl bewusst, welche Gefahr eine solche Familie von Verfolgten darstellte. Sie versuchte, so gut wie möglich vorzusorgen. In den Klippen gab es unzählige kleine Grotten, gut versteckt hinter vom Wind zerzausten Büschen. Eine dieser Grotten ließ die Gräfin als Unterschlupf herrichten und mit Konservendosen, Wasser und Decken ausrüsten. Rückten die Deutschen zu einer Razzia an, sollten Glanzberg und die anderen nicht im Schloss gefunden werden. Die Gräfin wusste, dass sich solche gefährliche Situationen in Sekunden entscheiden. Deshalb verlangte sie von ihren Gästen Vorbereitung. Regelmäßig setzte sie Übungen an. Sie läutete einen lauten Gong. Dann rannten alle aus ihren Zimmern durch die Kellertür hinaus, neben der schon die ersten dichten Büsche wuchsen.

Glanzberg lief weiter in den Park, wo nach wenigen hundert Metern ein steiniger schmaler Weg, kaum sichtbar, hoch zu der Felsgrotte führte: »Mit der Stoppuhr in der Hand bin ich gerannt, wie ein Sportsmann, immer schneller und schneller.« Wenn man nicht wusste, dass die Grotte existierte, war es tatsächlich sehr unwahrscheinlich, dass man sie fand. Diese Alarmübungen absolvierte er sowohl am Tag als auch in der Nacht. Gerade bei Nacht war es wichtig, ohne Licht und trotzdem blitzschnell und leise den Weg zu finden. Am besten auch im Schlaf. Aber es kam nie eine Razzia ins Schloss der Gräfin Pastré.

Glanzberg war längst fort, als das Schloss im November 1942 den Deutschen in die Hände fiel. Sie quartierten dort sofort Truppen ein, als sie Marseille besetzten.

Andere hatten Erfolg mit Liedern, die von mir waren

Musik billig verkaufen, um zu überleben

Edith Piaf bezahlte Glanzbergs Aufenthalt im Schloss, so wie sie es auch bei anderen Verstecken tat: »Manchmal wusste ich gar nicht, dass sie es gewesen war.« Nicht, dass die Gräfin ein Geschäft mit ihren Flüchtlingen gemacht hätte. »Es war sehr schwer, jemanden zu verstecken. Es war kostspielig und gefährlich. Man musste Lebensmittelkarten haben und hamstern gehen«, blickte er später zurück. »Wenn man so einen Glanzberg versteckt, muss der ja auch essen, und das hat Geld gekostet. Aber ich bin auf ganz großartige Menschen gestoßen, die haben mich gerettet.« Vor allem natürlich Edith Piaf. Aber unter den großartigen Leuten befanden sich noch andere berühmte Musiker, etwa der Komponist Georges Auric. »Er wurde nach dem Krieg Direktor der Pariser Oper«, betonte Glanzberg. Auric war elf Jahre älter als er und komponierte schon in den zwanziger Jahren Ballettmusik für den großen Diaghilev. Auric hatte 1923 die Ehre, bei Strawinskys Uraufführung von »Les Noces« am Klavier sitzen zu dürfen. 1930 hatte er die Porträtmalerin Nora Vilter geheiratet, ein Jahr später komponierte er seine erste Filmmusik, weil er Jean Cocteau gut kannte und der in dieser Zeit anfing, Filme zu drehen.

Georges Auric besaß ein Haus im zauberhaften Antibes. Dieses mittelalterliche Städtchen thront auf einer kleinen Halbinsel im Meer, die kleinen Steinhäuschen stehen oberhalb einer Stadtmauer, als ob sie, geschützt und verwachsen mit diesem runden Wall, ängstlich nach unten über die Klippen auf die azurblauen Wellen schauen würden. Jenseits des Hafens bewacht eine Festung die Stadt, und innerhalb der Mauer ragt ein kantiger Turm empor, als ob er dem Meer trotzig zurufen würde: bis hierhin und nicht weiter! Dieser Turm gehört zum alten Schloss Grimaldi, das vor Urzeiten ein Sitz der Herrscherfamilie von Monaco gewesen war. Pablo Picasso hat es kurz nach dem Zweiten Weltkrieg einige Monate lang als Atelier benutzt, und seit den sechziger Jahren beherbergt es die wichtigste Sehenswürdigkeit von Antibes: das Picasso-Museum. Antibes war aber schon in den zwanziger Jahren ein Geheimtipp für Berühmtheiten, die einen Sinn für Romantik hatten. Am Strand flanierten Damen mit Bubikopf in schicken, pyjamaähnlichen Anzügen, deren breite Schulterträger unverschämt viel sehen ließen. Kein Zweifel: Antibes war in Mode. Und zwar so sehr, dass selbst eine Diva wie die Mistinguett das ärgerliche Problem plagte, ein Häuschen für den Strandurlaub zu finden, das ihren Ansprüchen nach Schick, Komfort und gleichzeitig auch nach Ruhe genügte. Sie musste lange suchen. In der Zwischenzeit eröffnete sie im benachbarten Juan-les-Pins mit ihrer Truppe von Tänzerinnen ein Etablissement namens »La Cage à Poules« – wortwörtlich einen Hühnerstall.

Georges Auric hatte also einigermaßen Glück gehabt, als er direkt neben dem Grimaldi-Schloss auf der Stadtmauer von Antibes ein kleines steinernes Haus mit Meerblick fand.

Glanzberg muss dieses Haus als eine der angenehmeren Stationen bei seinem pausenlosen Versteckspiel vor den Deutschen empfunden haben. Denn Auric lebte ein recht ungewöhnliches Leben, wie Glanzberg kurz nach seiner Ankunft in dieser kleinen provenzalischen Villa herausfand: Er wurde aus dem dunklen Vorraum in einen Salon geführt, der bei Tag einen Blick direkt aufs Meer haben musste. Im Licht der wenigen Lampen, die hier hinter den fest geschlossenen Fensterläden und den zusätzlichen zur Verdunklung aufgehängten Laken brannten, bemerkte er drei Personen: einen Mann, der etwas über vierzig Jahre alt zu sein schien, eine Frau ungefähr gleichen Alters und dann noch einen Mann, der viel jünger war als der erste. Der ältere Mann hatte einen bulligen Kopf, eine fleischige Nase und die üblichen glatten, korrekt nach hinten gekämmten Haare, die damals in Mode waren. »Ich bin Georges Auric. Das ist meine Frau«, sagte er. »Und mein Name ist Guy de Lesseps«, sagte der jüngere Mann. Wann immer Glanzberg später seine Lebensgeschichte erzählte – er hielt an dieser Stelle inne, um lausbübisch zu grinsen: »Ist dieser Name noch bekannt – de Lesseps? Das war ein Verwandter des Erbauers des Suezkanals. Ich habe mich schon bald nach meiner Ankunft gefragt, was der im Haus von Georges Auric eigentlich zu suchen hatte. Und was wohl? Das war der Geliebte von Frau Auric. Die drei lebten dort in der Villa ganz offen zusammen. Georges Auric wusste natürlich Bescheid.«

Wann genau Glanzberg in der Villa der Aurics gewohnt hat, bleibt unklar. Nur eins ist klar: Allzu lang war er nicht Gast dieses skurrilen Dreiecks. Jedoch lange genug, um die Nachbarn kennen zu lernen, oder genauer gesagt, die Menschen, die bei diesen Nachbarn lebten und noch genauer gesagt, einen Menschen: Elsa Bonan, die zwar Jüdin war, aber aus Tunesien, und sich wie jeder andere Mensch frei auf der Straße bewegen durfte. Vielleicht konnte sie ihre Herkunft verschleiern, vielleicht reichte es zumindest eine Zeitlang schon, dass Elsa unter dem Schutz der Nachbarn von Georges Auric stand, die in Antibes eine nicht unwichtige Rolle spielten. Während die Nachbarin eine in dem Künstlerort stadtbekannte Gemälegalerie unterhielt, nannte man ihren Mann unter der Hand gar »den König«: Er war fünf Jahre älter als Glanzberg und ein Multitalent – Verwaltungsbeamter, Verleger, Dichter und Schriftsteller. In Tunesien war er Präfekt gewesen, Elsa Bonan seine Sekretärin. In Toulouse hatte er als 22-Jähriger ab 1927 die sogenannten »Cahiers libres« herausgegeben – Zeitschriften für Surrealisten wie Jean Cocteau, Jean Giradoux, Jean Giono und Julien Greene. »Der Surrealismus im Dienste der Revolution« hieß es verwegen im Untertitel der Reihe. Zu dieser illustren Gesellschaft von Autoren gesellten sich in den Heften Berühmtheiten wie Max Ernst und Salvador Dalí als Zeichner.

Dieses kunstsinnige Nachbarspaar namens Laporte hatte es originellerweise immer dann besonders schwer, wenn jemand auf der Straße ihnen Vor- und Nachnamen hinterherrief. Sie nämlich hieß Renée, er René! »Renée elle« und »René il«, wie ihre Nichte Maiita sie heute nennt. Die Laportes bewohnten Anfang der vierziger Jahre das Haus neben Georges Auric. Dieses Haus aus dem sechzehnten Jahrhundert hatte einen prächtigen Blick aufs Meer: Mehrere kleine Dachterrassen luden morgens zum Frühstücken und danach zum Sonnenbaden ein, man konnte dort herrlich die Beine auf die breite Balustrade aus umgedrehten, übereinander gemauerten Dachziegeln legen und sich im Liegestuhl zurücklehnen. Obwohl Glanzberg natürlich weiterhin ein Versteckter war, dachte er hier, am Fuße der Felsen des Schlosses Grimaldi, neben hohen Kakteen und auf der Stadtmauer über dem Meer, nicht ständig an die Bedrohung. Er hatte Elsa kennen gelernt. Sie war eine Frau mit ungewöhnlich lebendigen Augen, sehr schneller Auffassungsgabe und Humor. Aber er wollte sie in der Rückschau ganz anders sehen. Elsa – welche Überraschung! – habe ihm als Frau überhaupt nicht gefallen: »Aber was sollte ich tun – ich hatte die Wahl zwischen ihr und Klaus Barbie!«

Die Episode mit Elsa in Antibes blieb für ihn zunächst nur eine flüchtige Momentaufnahme. Noch immer pendelte er von einem Gönner zum nächsten. »Aber es gab auch Leute, die mir nicht geholfen haben. Die taten das Gegenteil. Die haben geklaut, was sie klauen konnten.« Bittere Erinnerungen: »Ich habe als Neger gearbeitet. Den Ausdruck gibt es nicht mehr? Da kamen berühmte Leute zu mir, wie Tino Rossi. Die sagten: Hör mal, Norbert, ich mach da einen Film und ich kenn doch die Musik, die in deiner Schublade liegt. Kannst du mir die verkaufen? Und da hab ich ihm dann meine Musiken verkauft, die große Hits wurden und unter dem Namen seines korsischen Freundes Roger Luccesi rauskamen. Die aber von mir sind.« Mit mühsam unterdrückter Wut beendete Glanzberg diesen Satz. Dies war einer jener Fälle, in denen er meinte, die Sache nicht beweisen zu können: »Ich kann es nicht beweisen, da ist natürlich nichts unterzeichnet worden, es waren ja nur Tino, ich und Luccesi dabei.« Das Lied, das ihn besonders reute, kam unter dem Namen dieses Korsen im Oktober 1941 in Tino Rossis Film »Fièvres – Fieber« heraus: Es hieß »Maria« und war dort in guter Gesellschaft. Denn in diesem Film über einen jungen Mann, der sich vor der Polizei in einem Kloster versteckt und – natürlich – geläutert heraus kommt, wurde auch Schuberts »Ave Maria« gespielt. Glanzbergs »Maria« war Tino Rossi wie auf den Leib komponiert: Eine leichte, fröhliche und schmeichelnde Melodie. Man kann sich ihn gut vorstellen, wie er, an einen Tresen gelehnt, eine Schöne anhimmelt – mit Erfolg versteht sich.

»Maria« wurde ein großer Hit. Keine gut sortierte Sammlung von Tino Rossis erfolgreichsten Liedern dieser Zeit kommt ohne »Maria« aus. Und wenn Komponistenkollegen wie der renommierte Hubert Giraud heute an die Werke von Roger Luccesi denken, dann beginnen sie stets zu summen: »›Maria‹ … ja, das war wohl sein erfolgreichstes Lied!« Hubert Giraud kennt die Geschichte der Entstehung von »Maria« nicht. Roger Luccesi war für ihn vor allem ein exzellenter Gitarrist, der mit dem berühmten Henri Salvador spielte. Und ein wilder Korse von kleiner Statur. Doch eigentlich hat ja Roger Luccesi das Lied gar nicht »geklaut«. Er hat es gekauft, als Schnäppchen der Zeitgeschichte sozusagen. Glanzberg wusste natürlich, wie schlecht man ihn bezahlte, aber das hatte er in dem Moment, als er Tino Rossi die Notenblätter aushändigte, noch relativ gut verdrängen können. »Ich brauchte Geld für falsche Papiere, für Lebensmittelkarten. Dinge, die man in meiner Lage nur schwarz und von zweifelhaften Leuten bekam.« Seine Position als Komponist war so schwach, dass ihm in seiner Not sogar die lächerlich wenigen Geldscheine aus der Hand der Korsen willkommen waren – willkommen sein mussten. Man kann sich seine wütend funkelnden blauen Augen vorstellen, wie er auf den Lautsprecher starrte, als »Fièvres« in die Kinos kam und »Maria« den ganzen Tag im Radio gespielt wurde.

Ein Jahr später: Die Illusion der Sicherheit in der angeblich freien Zone verpuffte im Nichts. Die Wehrmacht marschierte im November 1942 in den noch unbesetzten Teil Frankreichs ein. Niemand konnte nun mehr daran glauben, dass die Regierung in Vichy etwas anderes war als ein Marionettentheater, an dessen Fäden Hitler zog. Sicher war es das, was Edith Piaf in ihrer Karte vom 28. November so durch und durch geängstigt hatte. Die Gräfin Pastré würde Glanzberg, wenn es hart auf hart käme, nicht mehr helfen können. Noch viel weniger die ahnungslosen Menschen, mit denen er Tag für Tag in den unübersichtlich vielen Hotels zu tun hatte, in denen er sich außerdem noch aufhielt. Hier stand manchmal sein wahrer Name im Gästebuch, hier war er Freiwild, leichte Beute. Es wurde allerhöchste Zeit. Sein Finger rutschte auf der Landkarte weiter nach Südosten. Kam er in Italien nicht vom Regen in die Traufe? Er hatte von anderen Flüchtlingen gehört, dass der wild Grimassen schneidende Mussolini zwar Hitlers Verbündeter war, aber dass die Italiener mit den Juden längst nicht so gnadenlos umsprangen wie die Deutschen. Und die Italiener hatten seit 1940 die französischen Departements südlich der Rhône besetzt. Es gab also nur noch dieses winzige Schlupfloch.

Aber: Wie fühlt sich ein junger Mensch, ein sensibler, talentierter, ehrgeiziger dazu, wenn er gnadenlos gejagt wird? Wenn jeder rettende Ort nach kurzer Zeit lebensgefährlich wird? Wenn offenbar niemand seine Verfolger aufhalten kann und er die Deckung immer wieder verlassen muss, um eine neue zu finden, von der er, schon bevor er sie erreicht hat, befürchtet, dass er in nicht allzu ferner Zukunft weiter gehetzt wird? Und dann – wohin dann?

Eine Limousine und Motorradfahrer mit weißen Handschuhen

Die wundersame Rettung vor der Deportation

Glanzberg hat den Abgrund, in den ihn diese Gedankenspiele stürzten, so umrissen: »Ständig hatte ich das Gefühl, das Schwert des Damokles schwebt über meinem Kopf.« Konnte er es bis in die italienische Zone schaffen? Vielleicht bis nach Nizza? Er musste es wagen. Zu Fuß schien ihm das Wagnis unmöglich, obwohl er so am wenigsten Kontakt mit Unbekannten hätte. Aber er musste so schnell wie möglich Boden erreichen, auf dem er stehen konnte. So blieb ihm nur der Zug. Eine Bahnfahrt war äußerst riskant. Heute braucht man von Marseille nach Nizza knapp drei Stunden. Damals könnte es doppelt so lange gedauert haben. Wieder und wieder würgte ihn dieselbe Angst: Sobald ihm jemand mit Gefühl für die französische Sprache auch nur eine einzige Frage stellte, wäre er verraten. Neun Jahre in Frankreich hatten 23 Jahre in Deutschland nicht ausgelöscht. Kein Mensch würde ihm glauben, dass ein Pierre Minet aus Dieppe oder ein Norbert Girard aus X, oder wie auch immer er sich nannte, mit einem solchen Akzent sprach. Aber er hatte Glück. Niemand wollte auf der beängstigenden Bahnfahrt entlang der paradiesischen Mittelmeerküste mit ihren malerischen, blumenbewachsenen Klippen über dem glitzernden Meer etwas von Pierre Minet & Co. wissen.

Glanzberg kam in Nizza an. Die Stadt war für ihn diesmal ein einsamer Ort. Hier kannte er plötzlich niemanden mehr, an den er sich wenden konnte. Die Gräfin war weit, Edith war noch weiter weg. Nur Tino und seine korsischen Freunde wussten, wo er sich aufhielt. Wieder arbeitete er als ihr »Neger«, wie er es sarkastisch ausdrückte. Aber ihm war nur zu deutlich bewusst, dass dies seine einzige Chance war. Ohne das unfaire Geschäft, bei dem er für wenig Geld gewinnbringende Lieder verkaufte, hätte er in Nizza nichts bezahlen können, schon gar nicht sein neues Versteck.

Der Bahnhof aus rotem Backstein und hellem Stuck war ein Schmuckstück der Belle Epoque. Doch wie überall auf der Welt war die Bahnhofsgegend von Nizza kein Schmuckstück. Wie überall auf der Welt gab es hier unzählige Schilder von Hotels, die in keinem offiziellen Hotelführer aufgelistet sind, weil sie in ihrer Schäbigkeit der Stadtverwaltung peinlich und ein Dorn im Auge sind. Zweifelhafte Orte, um Glanzbergs Worte zu gebrauchen. Doch für jemanden in seiner Lage blieb wenig anderes übrig, als einen zweifelhaften Ort nach dem anderen abzuklappern – auf der Suche nach einer bezahlbaren Absteige, in der man sich hoffentlich nicht allzu viel Ungeziefer einfing und wo man nicht an die Polizei ausgeliefert würde. Er wählte nicht jene Hotels, die direkt gegenüber dem Bahnhof für sich warben. Er ging ein paar hundert Meter nach links und bog dann die nächste große Strasse rechts ab in eine der Hauptstraßen von Nizza. Er ging drei, vier Blocks an den Geschäften entlang in Richtung Meer. Lauter solide Mietshäuser mit fünf Stockwerken. Vor der Nummer 43 blieb Norbert stehen. Da gab es über dem Hauseingang ein Schild. Was mag Glanzberg empfunden haben, als er zum ersten Mal den Namen »Hôtel de la Victoire« las? Hotel des Sieges – hatte er es gewählt, weil es in seiner Absurdität einen Funken hoffnungsvollen Aberglaubens in ihm weckte? Handelte es sich hier um einen Anfall von Sarkasmus? Schon die Straße hieß ja Avenue de la Victoire.

Das Hotel nahm nicht mehr Platz als ein, zwei große Wohnungen in diesem muffigen Mietshaus ein. Ein höchst zweifelhafter Ort! Er durchquerte das dunkle Treppenhaus mit seinem Boden aus winzigen roten Mosaiksteinchen und trug seine wenigen Sachen hoch in den vierten Stock. Die Tür zum Hotel: mas-

Norbert Glanzberg im Alter von 5 Jahren

Im Hofgarten der Würzburger Residenz, 1918

Familie Glanzberg um 1927, von links nach rechts:
Norbert, Liesel, Samuel, Malka

Ein jugendlicher jüdischer Kapellmeister.

Der erst 18 Jahre alte Norbert Glanzberg (Würzburg) wirkt bereits seit längerer Zeit als Kapellmeister am Würzburger Stadttheater. Nachdem er schon vorher mehrere andere Aufführungen dirigiert hatte, hat er kürzlich eine ausgezeichnete Peer-Gynt-Aufführung geleitet und wird demnächst voraussichtlich die „Toten Augen" und „Figaros Hochzeit" dirigieren. In dem unlängst veranstalteten 7. Philharmonischen Konzert des Stadttheater-Orchesters im Verein mit Musikdirektor Oppenheim wirkte er im Klavierkonzert von Bach für 3 Klaviere und Orchester mit und erhielt ausgezeichnete Kritiken. — Der talentvolle junge Mann hat jetzt einen Vertrag mit dem Stadttheater Aachen unterzeichnet, das ihn als Kapellmeister dorthin verpflichtete.

Norbert Glanzberg wechselt als Kapellmeister an das Stadttheater Aachen, 1929

Beim Baden am Würzburger Mainufer, 1927

Als junger Pianist am Würzburger Konservatorium, um 1928

Norbert Glanzberg mit seinen Eltern, Anfang der 30er Jahre

Als junger Bar-Pianist in den Alpen, um 1937

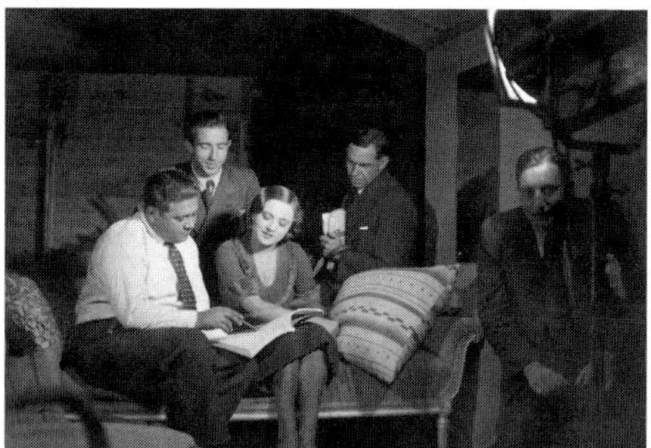

Bei Dreharbeiten zum Ufa-Film »Der falsche Ehemann«: Norbert Glanzberg zweiter von links

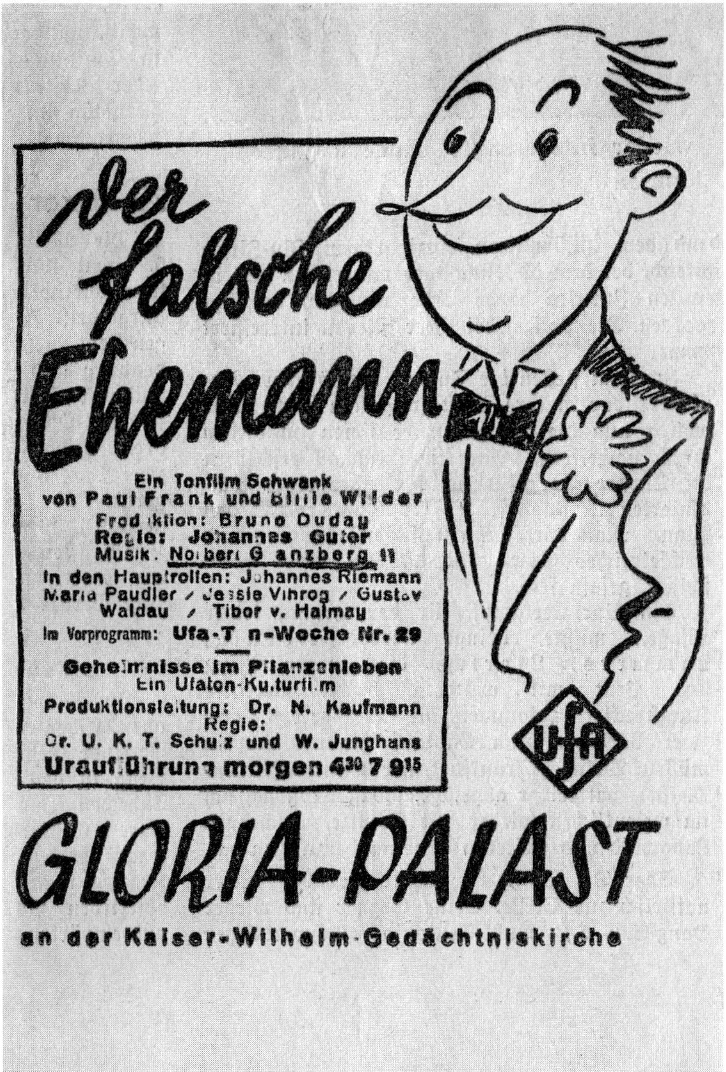

Der erste große Erfolg als Filmkomponist, 1931

Edith Piaf und ihre Freundin und Sekretärin Andrée Bigard, genannt Dedée, um 1942

Ausgelassener Spaziergang an der Promenade d`Anglais in Nizza: Edith Piaf und Norbert Glanzberg zweite und dritter von links

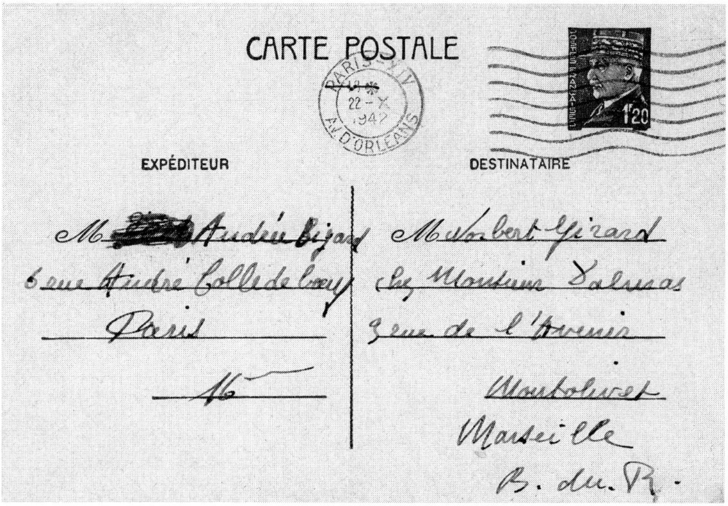

CARTE POSTALE

PARIS XIV
22 - X
1942
AV. D'ORLEANS

EXPÉDITEUR

M [redacted] Andrée Bijard
6 rue André Colledeboeuf
Paris
16e

DESTINATAIRE

M Norbert Girard
chez Monsieur Dalmas
3 rue de l'Avenir
Montolivet
Marseille
B. du R.

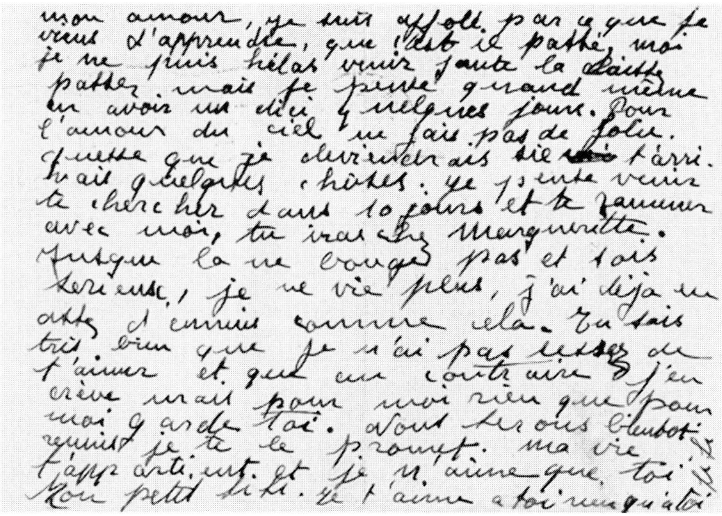

Mon amour, je suis affolé par ce que je viens d'apprendre, que c'est le pathé, moi je ne puis hélas venir faute la patte, mais je pense quand même en avoir un d'ici quelques jours. Pour l'amour du ciel ne fais pas de folie. qu'est-ce que je deviendrais si t'arrivait quelques choses. je pense venir te chercher dans 10 jours et te ramener avec moi, tu iras chez Marguerite. Jusque là ne bouge pas et sois sérieux, je ne vis plus, j'ai déjà eu assez d'ennuis comme cela. Tu sais très bien que je n'ai pas cessé de t'aimer et que au contraire j'en crève mais pour moi rien que pour moi garde toi. Nous serons bientôt réunis je te le promet. ma vie t'appartient et je n'aime que toi Mon petit Fifi. Je t'aime à toi uniquement à toi

Eine der vielen Postkarten unter falschem Namen vom »Fifi« an »Nono«

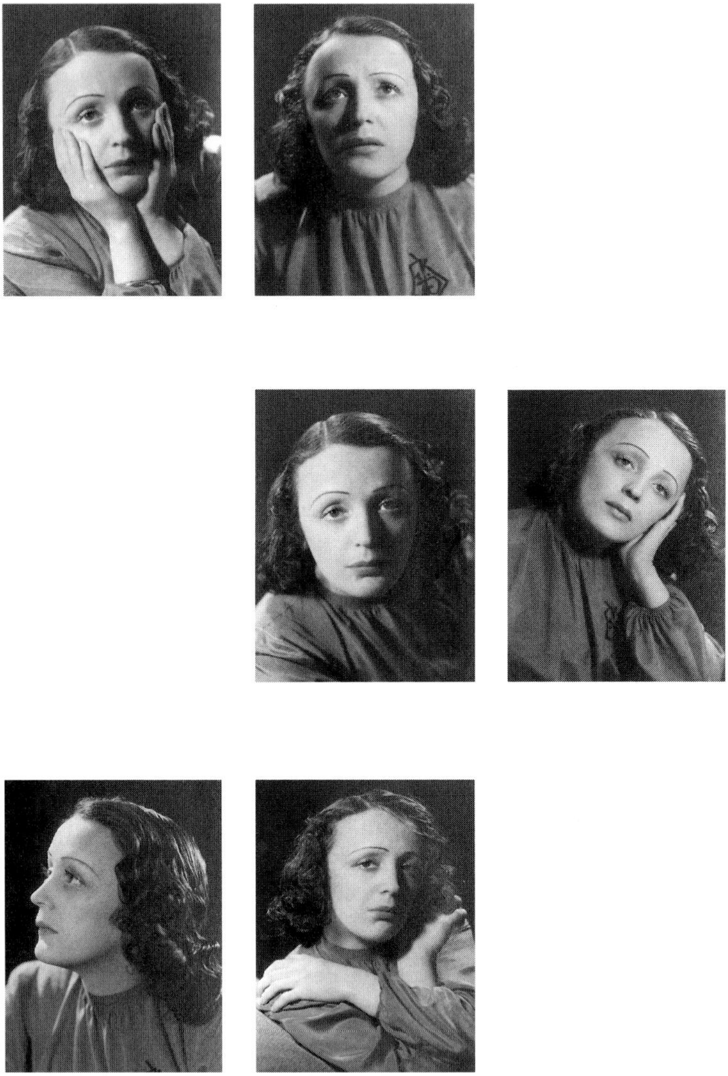

Ein Geschenk von Edith Piaf an Norbert Glanzberg:
Bilderserie um 1941

Hotel de la Victoire, Glanzbergs Versteck in Nizza, 1943

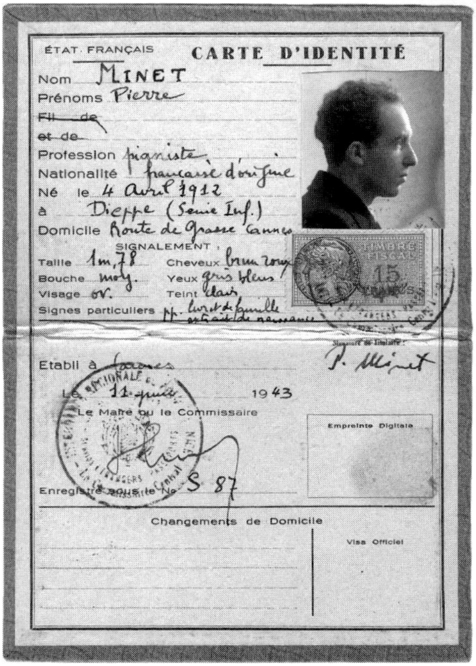

ÉTAT FRANÇAIS **CARTE D'IDENTITÉ**

Nom MINET
Prénoms Pierre
~~Fil de~~
~~et de~~
Profession pianiste
Nationalité française d'origine
Né le 4 Avril 1912
à Dieppe (Seine Inf.)
Domicile Route de Grasse Cannes

SIGNALEMENT :

Taille 1m,78 Cheveux brun
Bouche moy. Yeux gris bleus
Visage ov. Teint clair
Signes particuliers

TIMBRE FISCAL 15

Signature du titulaire : P. Minet

Etabli à Cannes
Le 11 juin 1943
Le Maire ou le Commissaire

Empreinte Digitale

Enregistré sous le No S 87

Changements de Domicile

Visa Officiel

Falscher Ausweis unter dem Namen Pierre Minet

Die Korsika-Truppe auf Tournee, von links nach rechts: Manager Daniel Marouiani, Norbert Glanzberg, Lilia Vetti und Tino Rossi, Anfang der 40er Jahre

Das Schloss der Gräfin Lily Pastré in Montredon bei Marseilles, Glanzbergs Versteck 1942

Das Haus des Dichters René Laporte, daneben das Grimaldi-Schloss (heutiges Picasso-Museum): Glanzbergs Versteck in Antibes 1943

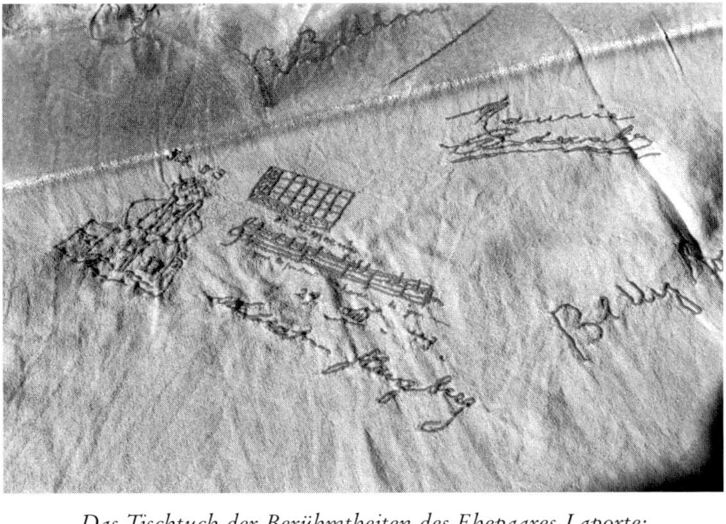

Das Tischtuch der Berühmtheiten des Ehepaares Laporte: Norbert Glanzberg verewigt sich neben Maurice Chevalier, Edith Piaf, Pablo Picasso, Louis Aragon, Jean Cocteau, u.a.

Maiita und Armand, die Kinder der Familie, in deren Landhaus in Varilhes Glanzberg um 1944 versteckt war

Befreiung in Varilhes 1944: Norbert Glanzberg (links) mit Mitgliedern der Résistance, darunter die Mutter von Maiita und deren Schwester Renée Laporte (ganz rechts)

Glanzbergs Prinzessin aus »Tausend und eine Nacht«, die ägyptische Schauspielerin Loula, 1947

Mit Renée Lebas auf Tournee in Ägypten, 1947

Familienidyll: Marischka, Norbert und der kleine Serge Glanzberg, Anfang der 60er Jahre

Als Dirigent
in Paris
der 50er Jahre

Padam ... Padam, der Welterfolg von Norbert Glanzberg und Edith Piaf

Norbert Glanzberg und Hanna Schygulla
bei seinem Würzburger Konzert im März 1998

Norbert Glanzberg, Musiker und Komponist (1910–2001)

sive braune Holzkassetten und zierlich gedrehte Metallgriffe. Glanzberg klingelte, man öffnete ihm. Links neben der Eingangstür saß in einem Kasten aus Holz und Glas die Besitzerin und ließ ihn ein Formular ausfüllen. Ein Hotel war immer russisches Roulette, dort schützte ihn niemand, dort konnten zu jeder Tages- und Nachtzeit die Verfolger auftauchen. Das muss er gewusst haben. Warum tauchte sein wirklicher, verräterischer Name trotzdem so oft auf offiziellen Papieren dieser Zeit der Verfolgung auf – auf Bestätigungen von Hotels, auf Passierscheinen, und wenn er seine Kleidergutscheine und Lebensmittelmarken abholte? Warum lebte er nicht konsequenter unter falschem Namen? Edith Piaf hatte ihn doch immer wieder ermahnt, vorsichtig zu sein, und sie war sicher nicht die einzige, die sich ängstigte. Und er wusste ja, was auf dem Spiel stand und wie leicht das Spiel verloren sein konnte. Vielleicht fühlte er sich sicherer, wenn er wie ein ganz normaler Hotelgast wirkte, was ihm am besten gelang, wenn er so wenig wie möglich log. Vielleicht vertraute er einfach auf sein Gespür für Menschen, auf sein blitzschnelles Urteil. Vielleicht ging er deshalb das Risiko ein, sich ins Gästebuch des Siegeshotels einzutragen.

Um den Anschein des ganz normalen Gastes zu wahren, durfte er sich nicht den ganzen Tag im Hotel aufhalten. Allein die körperliche Bewegung hat vielleicht die Urangst um das eigene Leben manchmal zumindest für Momente verdrängen können. Aber was half das? Er schrieb: »Was im Mai 1943 geschah, hatte ich schon seit langem kommen sehen.« An den Abenden kehrte er immer allein in sein Hotel zurück – wie ein ganz normaler Gast eben. Als er an jenem Abend die übereifrigen Gesten der Hotelbesitzerin Frau Jean sah, hatte er gleich ein mulmiges Gefühl: Hier stimmt was nicht. Doch er folgte seinem Instinkt diesmal nicht. Er hoffte noch, weil er meinte, diese Frau Jean hätte ihn sicher irgendwie gewarnt, schließlich hatte er sich doch so gut mit ihr verstanden. So wie damals die Zimmerwirtin in Berlin, die ihn nach dem Reichstagsbrand am S-Bahnhof abgepasst hatte, um zu sagen: Gehen Sie nicht nach Hause zurück, zwei Männer warten dort auf sie!

Und vielleicht war der fremde Mann mit der strengen und wichtigen Miene ja doch ein ganz normaler Gast, der gerade angekommen war? Aber nein, rebellierte Glanzbergs innere Stimme: Dieser Besuch gilt dir! Gäste fertigte die Hotelbesitzerin normalerweise immer an der Rezeption ab. Dass er sie mit diesem Unbekannten in ihrer kleinen Loge so aufgeregt reden sah, ließ das Schlimmste vermuten. Hin- und her gerissen zwischen bleierner Furcht und Ungläubigkeit schloss er sein schäbiges Hotelzimmer auf. Er setzte sich aufs Bett und starrte an die fleckige, grünlich verfärbte Tapete. Er wartete. Nicht lange. Keine fünf Minuten später klopfte es an der Tür. Noch bevor er öffnen konnte, wurde die Tür von außen aufgerissen. Im schummrigen Dämmerlicht des Hotelflurs stand der Mann, den er in der Loge gesehen hatte. Schadenfroh grinsend baute er sich vor ihm auf und sagte lauernd, künstlich gedehnt: »Guten Abend – Monsieur Glanzberg!«

Für einen Moment nur zuckte der Gedanke durch Glanzbergs Kopf: Wie der Fremde seinen Namen aussprach – der musste wissen, dass er manchmal seinen wahren und manchmal andere Namen verwendete. Wer konnte das verraten haben? Aber jetzt war nicht die Zeit, darüber nachzudenken. »Ich verhafte Sie im Auftrag der Polizei wegen des Besitzes falscher Papiere«, sagte der Mann geschäftsmäßig. Für ihn war das Schicksal eines geflohenen Juden reine Routinesache. Glanzberg fühlte das, aber er gab noch nicht auf. Mit der Kraft der Verzweiflung riss er sich zusammen und presste halblaut mit gesenktem Kopf hervor: »Sie wissen, wie ich heiße, also wissen Sie auch, warum ich mir falsche Papiere zulegen musste. Lassen Sie mich doch laufen! Geben Sie mir einen Vorsprung, damit ich entkommen kann.« Das Damoklesschwert. Es senkte sich auf ihn herab. Der Polizist reagierte nicht auf die Bitte. »Nein, Sie sind verhaftet!« Brutal packte er Glanzbergs Handgelenke, Handschellen schnappten zu. Er wurde die vier Stockwerke hinunter auf die Siegesstraße geführt. Das Spiel war aus.

Man schrieb den 2. Mai 1943. Der Kriminalbeamte brachte ihn ins Gefängnis. Die Zelle mit der Nummer 216 teilte er mit einem alten polnischen Juden, dessen Worte er kaum verstand, und einem Zigeuner. Immer wieder lief in den ersten Tagen der Gefangenschaft die Szene im Hotelzimmer wie zwanghaft vor seinem inneren Auge ab. Warum bloß hatte er nicht am Glaskasten auf dem Absatz kehrtgemacht? Auch in der italienischen Zone hatte er von französischen Nazis, das wusste er doch, keine Gnade zu erwarten. Dann dieses »Guten Abend – Monsieur Glanzberg«. Nie würde er den schadenfroh in die Länge gezogenen Klang seines Namens vergessen. In den endlosen Stunden im Halbdunkel des Gefängnisses von Nizza glaubte er schließlich, dahinter gekommen zu sein, warum dieser Polizist so sprechen konnte. Derjenige, der ihn denunziert hatte, musste ein Kollege gewesen sein, der wusste, dass Glanzberg noch immer unter der Hand komponierte und davon lebte: ein Korse, ein Sänger, ein Freund Tino Rossis vielleicht? Edith Piaf hatte ja schon vor Monaten prophezeit, dass es Leute gab, die keine Witze machten, wenn sie ihm üble Drohungen machten. Wie praktisch, dass er Jude war und ein falscher Pass auch für die weniger radikale italienische Verwaltung natürlich einen Verstoß gegen das Gesetz darstellte.

Aber diese zermürbenden Verdächtigungen waren nicht das Schlimmste im Gefängnis. Es war der Hunger. Was bekam man schon in einem südfranzösischen Knast des Jahres 1943 vorgesetzt? Nicht viel mehr als wässerige Suppe und trockenes Brot. Andere Gefangene hatten mehr Glück als er. Tag für Tag ging die Zellentür auf, der Wärter kam herein, rief einen Namen auf und überreichte ein von den Angehörigen geschicktes Paket mit Lebensmitteln. Den Namen Glanzberg rief der Wärter nie. Jeden Tag wieder die Enttäuschung, das Gefühl des Verlassenseins. Dann steigerte sich das nagende Hungergefühl, wenn die anderen anfingen zu essen. Glanzberg wurde erlaubt, Briefe aus dem Gefängnis zu schreiben. Er alarmierte sein Netzwerk, das noch funktionierte. Bereits am 4. Mai schrieb die Gräfin Pastré voller Sorge: »Mein armer Norbert! Ich bin so traurig zu hören, was Ihnen passiert ist. Aber ich hoffe, dass sich alles schnell lösen wird. Ich habe den Generalkonsul von Italien gesehen und habe zu Ihrem Anwalt Kontakt aufgenommen. Das ist alles, was ich tun kann, Ihnen zu helfen, aber wenn Sie wollen, dass ich Ihnen etwas schicke, dann lassen Sie mich das wissen.« Bestimmt hat er sie das wissen lassen. Vermutlich ist viel von dem, was an den Namen Glanzberg adressiert war, in den Büros der Gefängnisverwaltung liegen geblieben, bevor es seine Zelle erreichte. Vielleicht gerade, weil man in der Poststelle und beim Zensor auf den ersten geschulten Blick sah, dass Pakete an Glanzberg ergiebiger zu plündern waren als andere. Aber die Gräfin ließ auch nach ihrem Gespräch mit dem Generalkonsul nicht locker. Am 29. Mai schrieb sie: »Ihr Rechtsanwalt hat mir gerade gesagt, dass Sie sich mit einem Minimum an Schmerz aus der Affäre ziehen können, und ich kann Ihnen gar nicht genug sagen, welche Freude mir das verursacht. Ich habe Ihnen neulich durch eine Freundin eine Summe Geld geschickt.« Auch an Edith Piaf nach Paris schrieb Glanzberg, was passiert war. Erst viel später erfuhr er, dass sie sofort einen Rechtsanwalt beauftragt hatte, der sich zusätzlich zum Pflichtverteidiger um den Fall Glanzberg kümmern sollte. »Und was für ein Jurist das war«, schimpfte er später. »Wie das oft so ist mit ehrenwerten, hoch bezahlten Herren. Sie sind so reich, weil sie sich vor allem um die eigene Brieftasche kümmern.« Er war überzeugt: Der Rechtsanwalt steckte Ediths Geld ein und tat für seinen Mandanten gar nichts.

Auch der Optimismus der Gräfin Pastré machte Glanzberg keinen Mut, sondern eher Sorgen. Offensichtlich gab sie sich Ende Mai zu schnell mit der Auskunft des Pflichtverteidigers zufrieden. Wochen vergingen, ohne dass er etwas von seiner Retterin hörte. Und Lily Pastré war doch die Einzige, die ihm helfen konnte, weil sie einigermaßen in der Nähe wohnte! Er hielt es nicht mehr aus und alarmierte Edith Piaf und Dédée. Und wieder bewies Edith, dass sie ein großes Herz hatte. Sie handelte sofort. Am 22. Juni schrieb sie aus Paris: »Mein kleiner Nono! Ich habe deinen Brief vor drei Tagen bekommen, und auch Dédée hat am selben Tag dein S.O.S. erhalten. Ich bin überrascht, dass die Gräfin dir kein Lebenszeichen mehr gegeben hat, wie sie es dir versprochen hatte. Auch mir hat sie garantiert, dass sie dich da herauskriegen wird. Vielleicht hatte sie nicht den von ihr erhofften Erfolg. Denn sie ist ja keine Frau, die jemanden fallen lässt.«

Dieser Brief Ediths – wie so oft mit »Fifi« unterschrieben – trägt oben links einen leicht verschmierten, schwarzen Stempel: »Maison Cellulaire de Nice – Gefängnis Nizza«. Das heißt, dass hier noch etliche andere Augenpaare mitlasen. Edith Piaf war alles andere als eine naive Person. Sie muss das kalkuliert haben. Ihr Brief ist deshalb heute umso schwerer zu durchschauen. Sie schrieb: »Mach dich auf jeden Fall nicht verrückt. Ich habe mich mit einigen Leuten getroffen, und am 2. August wirst du unter Hausarrest gestellt, das ist nicht sehr lustig, aber besser als die andere Sache. Verliere nicht das Papier mit den Briefmarken, das ich dir schicke. Es wird dir nützlich sein.« Dieses Papier mit den Briefmarken hob Glanzberg auf: Ein kleines Formblatt mit zwei rosa Marken über 60 und 40 Centimes, gestempelt vom Gefängnis. Norbert bekam es am 25. Juni ausgehändigt. Es bestätigte, dass 78.40 Francs, einen Monat zuvor verhängt von Gerichts wegen, bei der Justiz eingegangen waren. Edith Piaf hatte seine Strafe bezahlt.

Aber sie zahlte noch mehr. Am 7. Juli 1943 schrieb jener Agent des Musikverlags Salabert, der im Jahr zuvor in Nizza den Wutausbruch wegen Trenet über sich hatte ergehen lassen müssen: »Mein lieber Norbert, ich erhielt einen Brief von Frau Dédée Bigard, die mich freundlich bittet, dir zu sagen, dass Edith Piaf sich bemüht, dir ab Ende August monatlich eine Summe von 6000 Francs zukommen zu lassen, für die Zeit, die dein Hausarrest dauert. Ich finde diese Geste sehr schick.« Offenbar hatte Edith bereits einen Plan für die Zeit nach seiner Entlassung ausgeheckt. Es muss ein Plan gewesen sein, dessen offizielle Version sich innerhalb der Legalität bewegte, andernfalls hätte sie nie und nimmer davon geschrieben. Dédée sollte Glanzberg abholen und an einen nicht näher bezeichneten Ort bringen, wo er unter Hausarrest stehen würde. Diese Zusammenarbeit zwischen der Sängerin und ihrer Sekretärin war Mitte 1943 längst eine eingespielte Sache. Zu Beginn des Krieges, als Dédée neu in den Diensten der Sängerin gewesen war, hatte sie Edith nicht alles über sich erzählt. Vor allem nicht, dass sie zur Résistance gehörte. Diese Gefahr wollte Dédée nicht mit ihrer Freundin-Chefin teilen. Denn sie fragte sich, ob Edith Piaf, die bei keiner Zugfahrt die Landschaft wahrnahm, weil ihre Gedanken pausenlos ausschließlich um ihren Gesang kreisten, für so etwas überhaupt ernsthaft genug war. Würde sie verstehen, dass sich Dédée auf Gefahren einließ, die ihr privates kleines Leben objektiv gesehen nichts angingen? Würde sie nicht durchdrehen, weil die Sekretärin die Karriere der Künstlerin riskierte? Und wenn ja, würde sie nicht wie ein Feldwebel das Ende dieser gefährlichen Aktionen anordnen? »Ich muss sagen, dass sie mit ihrem fantastischen Instinkt schnell dahinter gekommen ist, dass ich irgendetwas hinter ihrem Rücken tat«, sagte Dédée. »Und ich muss auch sagen, dass sie sich als eine sehr effiziente Mitarbeiterin erwiesen hat. Sie hat uns dank ihrer Schnelligkeit aus Situationen befreit, die mehr als peinlich waren – und weil sie eben Edith Piaf war.«

Dédée berichtete, wie sie mit Edith Piaf französische Kriegsgefangene aus deutschen Lagern befreite: Als sie dort auftrat, ließ sie sich mit den Franzosen fotografieren. Irgendwie gelang es dabei wohl, den Gefangenen unauffällig Fluchtpläne zuzustecken. Die netten Erinnerungsfotos benutzte dann die Résistance, um innerhalb weniger Tage falsche Papiere herzustellen, die ebenfalls ins Lager geschmuggelt wurden. So ausgerüstet soll etlichen Franzosen die Flucht gelungen sein. Nach einem ihrer nächsten Auftritte in der Umgebung des Gefangenenlagers habe Edith Piaf die Befreiten dann eingesammelt, erklärte Dédée: »Wir sind immer mit ein paar zusätzlichen Musikern nach Frankreich zurückgekehrt. Wir haben mehrere solcher Reisen gemacht, aber die deutschen Behörden sind uns nicht auf die Schliche gekommen. Einige Gefangene fehlten immer beim Appell nach den Besuchen von Mademoiselle Piaf.« Ähnlich kühn wird wohl auch jener Plan gewesen sein, den Edith Piaf ihrem im Gefängnis sitzenden Nono so unschuldig ankündigte. In dem Brief schrieb sie ihm, dass er in ihrem Auftrag

Musik für einen nicht genannten Sänger schreiben sollte, der ihrer Meinung nach »ohne Übertreibung eine Stimme so schön wie Richard Tauber hat«.

Aber bis dahin war es noch weit. Je länger Glanzbergs Gefangenschaft dauerte, umso mehr näherte sich sein Zustand dem Wahnsinn. Im Juli begann er, vor Hunger zu fantasieren. Mit einem Stückchen Kalk, das von der Decke herabgefallen war, schabte er in die raue Zementwand Wunschbilder: tiefe Teller mit Gulasch, direkt aus der köstlichen Küche seiner Mutter, damals in Würzburg, als er ein kleines Kind war und sich um nichts zu sorgen brauchte, als seine Mutter jeden Tag gut kochte und er gleich nach dem Essen im Wohnzimmer Klavier spielen durfte. Für ein paar Sekunden glaubte er, das Gulasch sogar zu riechen. Das steigerte seinen Hunger bis zur Verzweiflung: War es schon so weit, war er schon verrückt geworden? Er ertappte sich dabei, wie er sogar die Umrisse von Äpfeln, Birnen und Kuchenstücken in die Wand kratzte. Er hasste den Augenblick, wenn er den Schlüsselbund des Wärters klappern hörte, weil er ja doch ahnte: Für mich ist wieder nichts dabei. So fiel es ihm im ersten Moment gar nicht auf, als der Wärter eines Morgens ganz früh mit einer Person hereinkam, die keiner der Zelleninsassen kannte.

Man schrieb den 31. Juli 1943 – nur noch drei Tage, dann sollte er nach Edith Piafs Plan freikommen. Der Wärter begann zu sprechen – Glanzberg fuhr hoch. »Dieser Herr kommt von der Organisation Todt. Ihr werdet jetzt alle registriert«, sagte er. »Ihr werdet bei einem Arbeitseinsatz gebraucht.« Diese Organisation Todt trug den Namen des vor anderthalb Jahren mit dem Flugzeug abgestürzten Reichsministers für Bewaffnung und Munition. Sie war auch dafür zuständig, überall in den besetzten Gebieten Straßen zu bauen und hatte in Frankreich riesige Baustellen aus dem Boden gestampft. Niemand im Gefängnis stellte Fragen, wozu die Registrierung gut sein sollte oder wie es dazu gekommen war. Man traute den Erklärungen des Mannes nicht. Im Gefängnis hatte sich herumgesprochen, dass die Italiener nicht länger die Herren von Nizza waren. Mussolini war kein Hitler, seine Macht über die Menschen war begrenzter. Die Italiener mochten die Politik des polternden Mannes mit dem wuchtigen Kinn immer weniger, je länger der zermürbende Krieg dauerte. Selbst sein Schwiegersohn begehrte gegen ihn auf. Keine vier Wochen war es her, dass Mussolini von seiner eigenen Partei als Regierungschef abgesetzt worden war. König Viktor Emmanuel übernahm jetzt den Oberbefehl und Marschall Pietro Bardoglio bildete eine Regierung ohne Faschisten. Die Italiener zogen aus Südfrankreich ab, die Deutschen rückten nach. Glanzberg saß in der Falle. Und er war nicht der einzige Jude im Gefängnis. Im Laufe der Monate waren immer mehr Juden festgenommen worden: »Am Schluss waren es so viele, dass ich mir vorkam wie in einer seltsamen Synagoge!«

Wie flüchtende Tiere, die lange gehetzt werden, waren sie schließlich doch im Netz ihrer Verfolger hängen geblieben. »Es war wie ein wach durchlittener Albtraum, aus dem es kein Entkommen in eine andere Wirklichkeit mehr gab.« Manche der Juden hatten Gerüchte über Arbeitslager in Osteuropa gehört, in die Tausende abtransportiert worden seien, von denen niemand je wieder etwas gehört hätte. Stimmte das? Und wenn ja, was bedeutete das? Gab es dort einfach nur keine Post? Erlaubte man den Menschen nicht, zu schreiben? Oder gab es da eine noch viel schrecklichere Wahrheit, an die man besser gar nicht dachte, wenn man hilflos in einem Gefängnis saß und von einer deutschen Organisation registriert werden sollte?

Glanzberg hatte keine Ahnung, dass exakt in jenen Tagen von einem seiner Lieder, die er im Untergrund geschrieben hatte, eine Platte gepresst wurde. Es wurde vom Chor der Fallschirmspringer in der Polizei gesungen und der Titel lautete: »Marsch für das erste Bataillon«. Welche Ironie! Die Männer sangen nämlich: *»J'ai juré de t'aimer toujours* – ich habe geschworen, dich immer zu lieben«. Das klang zwar nach einem Liebeslied, aber jeder wusste, dass die Geliebte Frankreich hieß und dass der Liebesschwur ein Schwur der Rache an den Besatzern war. Für die singenden Fallschirmspringer eine gefährliche Sache.

Als der fremde Mann in Glanzbergs Zelle kam, zwang er sich zur Ruhe: Die deutsche Organisation Todt, so redete er sich ein, war ja keine SS-Einheit, und was der Mann nach der Registrierung an die Juden austeilte, sah eigentlich harmlos aus. Glanzberg erhielt ein längliches, schräg abgeschnittenes Blatt mit der Nummer 696 und dem Text: »Der Unterzeichner Georges Weinstein, Delegierter des Komitees für israelitische Flüchtlinge in Nizza, bestätigt, ab heute Herrn Glanzberg Norbert in Dienst gestellt bekommen zu haben, der auf unseren Abreiselisten als Nummer ... eingeschrieben ist und dem sein zugewiesener Aufenthaltsort von den italienischen Behörden bezeichnet werden wird. Dieses Zertifikat ist bis zum 25. August 1943 gültig. Nizza, den 2.8.1943.« Alles sah danach aus, als ob man erst arbeiten musste, bevor man in die relative Sicherheit des italienischen Einflussbereichs entlassen würde. Doch Glanzberg spürte, dass hier etwas nicht stimmte.

Und er hatte Recht. Nicht nur in Frankreich benutzten die Deutschen Juden, um andere Juden vor der Deportation in Sicherheit zu wiegen und so eine Panik zu vermeiden. Auch in diesem Fall muss das der Hintergrund gewesen sein. Seine Freundin Niura lieferte den fehlenden Puzzlestein, der wahrscheinlich erklärt, wie es dazu gekommen war: »Ich floh zusammen mit Olga Weinstein vor den Deutschen. Wir haben die Demarkationslinie dreimal passiert.« Olga war die Frau ebenjenes Georges Weinstein, der damals keineswegs ein Mitarbeiter einer jüdischen Organisation in Nizza war. Aber dort hatte ihn die Gestapo festgenommen. Olga musste sehr viel Geld an die Deutschen zahlen, um ihren Mann freizukaufen. Es scheint ziemlich klar, wozu die Gestapo Georges Weinstein zwang, bevor ihn Olga wieder in ihre Arme schließen durfte. Er musste wahrscheinlich jenes kleine, angeblich so harmlose Formular in seinem eigenen Namen schreiben. Und tatsächlich: Die Juden würden verlegt werden, hieß es danach sofort. Wann? In wenigen Tagen. Glanzberg konnte es nicht fassen. Seine allerletzte Hoffnung löste sich mit diesen drei Worten in nichts auf. Zuvor hatte er sich an das im Mai gefällte Urteil seines Prozesses geklammert: sechs Monate Gefängnis wegen des falschen Passes, abzüglich der vier Monate, die er bereits in Untersuchungshaft gesessen hatte. Blieben also nur noch acht Wochen, die beinahe um waren. Und Edith Piaf hatte ja bereits weitergedacht. Auch die Gräfin Pastré hatte ihm Ende Mai voller Hoffnung geschrieben: »Jetzt braucht es nicht viel mehr als ein bisschen Geduld – zwei Monate sind schnell vergangen.«

Und nun die schreckliche Vorstellung, in wenigen Tagen an einen unbekannten Ort gebracht zu werden, von dem eine lähmende Ahnung des Todes ausging, das spürte Glanzberg ganz deutlich. Aus. Vorbei. Wieso sollte er auf ein Wunder hoffen? Mit dem Rücken zur Wand, kam er plötzlich auf eine aberwitzige Idee. Auf das Klappern der Schlüssel des Gefängniswärters hatte er sich immer gefreut, wenn der nicht gerade Post für andere brachte. Denn dieser Wärter war die einzige Ablenkung in der Öde der schummrigen Zelle, deren Fenster hoch oben zu klein waren, als dass man den Tag von der Nacht hätte unterscheiden können. Der Wärter hatte eine Hasenscharte, sprach undeutlich und deshalb ungern, konnte aber umso besser zuhören. Er war Korse, was Glanzberg nicht sonderlich überraschte: »Alle Korsen, die ich kenne, sind entweder große Gauner, Zollbeamte oder Gefängniswärter. Wenn ein Korse Wissenschaftler würde und den Nobelpreis bekäme, würde er von seinen Eltern als gescheiterter Mann angesehen werden. Die fänden das beschämend!« Und der Nationalheld aller Korsen war sein alter Freund Tino Rossi, der auf der Insel gleich nach Napoleon kam. Einige seiner Anekdoten über Tino erzählte Glanzberg dem Gefängniswärter, der besonders stolz darauf war, schlüpfrige Details aus dem Privatleben seines Idols zu erfahren. Für ihn gehörte der hungernde Häftling Norbert Glanzberg immer noch zu Tino Rossis Glitzerwelt: »Ich hatte damit eine gewisse Wichtigkeit.« Dieser korsische Wärter, fühlte Glanzberg, war der Einzige, der ihn jetzt noch retten konnte.

Er wartete auf das nächste Klappern des Schlüsselbundes: »Bitte helfen Sie mir! Ich habe Ihnen doch erzählt, wo Tino Rossi immer zu finden ist. Sagen Sie ihm, dass ich in Gefahr bin. Mein Name steht auf der Liste.« Eine kleine Hoffnung, und obwohl der Wärter mit großen Augen zuhörte und dann ganz ernsthaft nickte, bevor er ging, erschien Glanzberg diese Chance schon nach dem Zuschlagen der Zellentür als winzig, um nicht zu sagen lächerlich. Zwei und zwei sind vier, wie konnte sich der gefangene Jude Norbert Glanzberg einbilden, zwei und zwei seien fünf? Diese Gleichung machte er immer wieder auf, setzte sich auf seine Pritsche und vergrub den Kopf in den Armen. Wie konnte er nur zu hoffen wagen? Das machte alles ja nur noch schlimmer.

Nichts tat der korsische Gefängniswärter lieber, als diesen Auftrag zu erfüllen. Tino Rossi traf jeden Abend andere Korsen auf einen Cocktail im pompösen Hotel »Ruhl« oder im ebenso pompösen Hotel »Négresco«. Doch den Korsen mit der Hasenscharte plagten keine Komplexe, als er sich an den hochnäsigen Hotelpagen vorbeimogelte, die Halle durchquerte, unter dem einst für den russischen Zaren gefertigten Lüster mit den 16 000 Edelsteinen hindurchging und die Bar betrat. Dort war er schon einmal gewesen, mit Empfehlung von Norbert Glanzberg hatte er sich von seinem Idol ein Autogramm holen dürfen. Tino Rossi war also nicht völlig überrascht, als dieser nicht eben standesgemäße Mann ein zweites Mal neben ihm stand. Er musste auch nicht lange überlegen, was zu tun sei. Marie Bell! Tino Rossi erinnerte sich noch lebhaft an einen Abend in Antibes, als Glanzberg für ihn gespielt hatte. Nach der Show hatte man sich, genau wie jetzt, auf einen Cocktail getroffen. Damals waren hohe Gäste im Publikum gewesen: Durafour, der Präfekt der Region Alpes Maritimes, und seine heimliche Geliebte – Frankreichs berühmteste Bühnenschauspielerin Marie Bell, damals schon seit langem der Star der Comédie Française. Eine schöne Frau war sie nicht. Sie hatte ein eiförmiges Gesicht mit dicken Wangen und schmalen Lippen. Dennoch liebte man sie wie keine andere. Ihr legendärer Ruf gründete auf ihre Interpretation der großen, tragischen Frauenrollen von Racine. Darüber hinaus verkehrte sie in den Pariser Salons mit einflussreichen Politikern und Intellektuellen. Bei jenem Empfang in Antibes hatte sie auch dem Pianisten gratuliert. Tino Rossi erinnerte sich noch ganz genau, wie sein Pianist in Gegenwart der berühmten Diva sein Feuerwerk an Charme und Witz gezündet und die beiden sich bestens unterhalten hatten. Später hatte Glanzberg sie wiedergetroffen, als er im Schloss der Gräfin Pastré versteckt gewesen war. Rossi wusste: Der Ausstrahlung dieser Persönlichkeit konnte man sich kaum entziehen. Und Durafour konnte das schon gleich gar nicht. Die Beziehung der beiden war mehr als eine Affäre, sie war in Künstlerkreisen ein offenes Geheimnis. Tino Rossi sprach also mit Marie Bell.

Was dann kam, passierte an einem Samstagabend. Glanzberg dämmerte vor sich hin, als der Schlüsselbund im Schloss der Zellentür klapperte. Die Tür ging auf, Licht fiel vom Gang herein. Der korsische Wärter winkte ihn wortlos zu sich heran. Glanzberg hatte zwar keine Ahnung, was das zu bedeuten hatte, schlug aber trotzdem seine kratzende Pferdedecke zurück und erhob sich von seiner Pritsche. Noch bevor er ein Wort sagen konnte, packte ihn der Wärter blitzschnell am Arm, riss ihn vor die Zelle, drückte die Tür so schnell und so leise zu, wie er konnte, drehte sich zu dem völlig überraschten Glanzberg um und versetzte ihm mit der Faust einen kräftigen Schlag auf die Nase. Dieser torkelte, fühlte Blut aus der Nase rinnen und heiße Wut in sich aufsteigen. Doch der Wärter packte ihn an den Schultern und presste mit weit aufgerissenen ängstlichen Augen zitternd den Zeigefinger auf seinen Mund mit der Hasenscharte: Keinen Ton! Er bedeutete ihm mit einer Kopfbewegung, ihm zu folgen. Die Schritte schienen in den leeren Gängen des Gefängnisses ohrenbetäubend zu hallen. Ein, zwei Minuten lang war das ungleiche Paar schon unterwegs, als der Wärter eine kleine Zelle aufschloss, den blutenden Häftling hineinstieß und flüsterte: »Warten Sie hier, ziehen Sie sich um.« In dem Moment, bevor er von außen die flackernde Glühbirne ausknipste und zuschloss, entdeckte Glanzberg neben sich auf einem Holzschemel seine eigene Kleidung, in der er vor vier Monaten im Zimmer des »Hôtel de la Victoire« von dem Polizisten verhaftet worden war. Als er sie nun das erste Mal wieder gegen die sackähnliche Häftlingskleidung mit der undefinierbaren Farbe vertauschte, verlor er die Hose fast, so stark hatte er abgenommen.

So stand er eine Weile völlig allein da, aber nichts passierte. Er setzte sich auf den Schemel. In den nicht enden wollenden Minuten überfielen ihn peinigende Gedanken, an die er sich Jahrzehnte später erinnerte, als hätte die Qual nie nachgelassen: »Ich schwanke zwischen Hoffnung und allerlei vagen Befürchtungen. Waren der Schlag und meine Verletzung also nur ein geschicktes Täuschungsmanöver für den Fall, dass wir anderen Wärtern begegnen? Wozu diese Isolierung in einer Einzelzelle? Natürlich beginnt meine Fantasie, angestachelt von dem verzweifelten Wunsch nach einem Entkommen, sofort, mir die schönsten Bilder von einem Leben in Freiheit und Sicherheit vorzugaukeln, aber ich wehre mich mit allen mir verbleibenden Willenskräften dagegen, um bei einer Enttäuschung innerlich nicht vollkommen zu zerbrechen. Es vergehen eine, vielleicht zwei Stunden in völliger Dunkelheit.«

Plötzlich hörte er in der Ferne vage Geräusche und drückte sein Ohr gegen die Zellentür. Kamen da nicht Schritte näher? Aber wessen Schritte? Voller Angst wich er in die hinterste Ecke der Zelle zurück. Doch schon an der Art des Aufschließens erkannte er seinen Korsen. »Ganz still jetzt«, flüsterte dieser. »Mitkommen!« Wieder folgte ihm Glanzberg durch die Gänge des Gefängnisses, doch diesmal viel zuversichtlicher. Vor jeder Ecke machte sein Korse kurz halt und vergewisserte sich, dass die Luft rein war. Das Gefängnis schien ausgestorben zu sein. Sie begegneten niemandem auf ihrem Weg durch die Gänge, vorbei an unzähligen Zellentüren, ein unendlich erscheinender Weg im Halbdunkel der wenigen schwachen Funzeln, die wegen der Rationierung von Glühbirnen noch brennen durften. Wo ging es zum Eingangstrakt, wo zum Innenhof? Glanzberg hatte die Orientierung komplett verloren.

Vor einer unscheinbaren kleinen Tür blieb der Wärter ruckartig stehen. Er schloss auf. Offenbar standen die beiden nun in einer Sicherheitsschleuse. Doch da saß kein zweiter Wärter.

Was ging hier vor? Der Korse durchquerte den kurzen Gang und schloss am anderen Ende eine schwere Stahltür auf. Einen Schlüssel, zwei Schlüssel, drei, vier, brauchte er dazu. Erneut drehte er sich zu Glanzberg um, der ihn noch nie so angespannt erlebt hatte. Vorsichtig, ganz vorsichtig öffnete er die schwere Tür einen Spalt weit. Glanzberg fühlte das Blut durch seine Adern rasen: Was ihm da in die Nase stieg, war ganz eindeutig der süßlich-trockene Geruch einer Nacht im Hochsommer – frische Luft! Er wollte sofort ins Freie drängen, doch der Wärter schlug ihm den Ellbogen gegen die Brust und flüsterte beschwörend: »Warten!« Wie konnte er seine Aufregung in einem solchen Moment noch unter Kontrolle halten? Wie hat er es gemacht, sich nicht loszureißen und planlos in die Nacht zu rennen? Fort, fort, irgendwohin, nur fort! Doch Glanzberg blieb stehen. Schon nach wenigen Augenblicken kündigte sich in der Ferne ein schwaches, undefinierbares Brummen an. Über das angespannte Gesicht des Korsen breitete sich ein erleichtertes Grinsen aus. »Jetzt gleich«, flüsterte er. Und da tauchte auch schon aus dem Dunkel der Nacht schemenhaft ein seltsames Gespann auf: eine schwere, lange, dunkle Limousine mit ausgeschalteten Scheinwerfern im Schritttempo, begleitet von zwei Motorradfahrern. Er stand sprachlos inmitten dieser völlig aberwitzigen Szene, die in jedem guten Film vom Regisseur als zu unwahrscheinlich gestrichen worden wäre.

Der Gefängniswärter hatte für diesen Gefangenen alles riskiert. Sehr spät erst muss ihm voller Schrecken eingefallen sein, was Glanzberg, dem geflohenen Häftling ohne Papiere, draußen passieren könnte. Voller Eile suchte er nach einem Fetzen Papier. Als er einen gefunden hatte, fehlte ihm die Schere, so dass er von einem größeren Blatt fein säuberlich ein Viereck abriss. Es war ein Formblatt der Materialabteilung des Gefängnisses, auf dem stand, was am 26. April in die Küche geliefert worden war: acht Rinderragouts 2.800 Francs, zwei Koteletts 2.200 Francs. Wo die Lieferung des Vortags einzutragen war, hatte der Mann das Stück Papier abgetrennt. Natürlich hatte er auch keine Schreibmaschine benutzen können. So formulierte er mit zierlicher Handschrift einen Text, der aussehen sollte wie ein hochoffizielles Formular. Dick unterstrichen steht da: »Tickets für gefangene Zivilisten, ausgehändigt vom Gefängnis Nizza, zu benutzen vom 2.8. bis zum 31.7. 1943« In rasender Eile hatte er offenbar die Daten vertauscht. »Der Chefwärter bescheinigt, dass Name: Glanzberg Norbert, Nationalität: polnisch, eingeliefert: 2.5.43, freigelassen: 2.8.43 wurde auf Grund von: Strafe verbüßt.« Links unten, schräg geschrieben, aber ebenso dick unterstrichen wie die Überschrift, wurde betont: »Steht auf keiner Liste«. Darüber und daneben die offiziellen Stempel des Gefängnisses. Eine Verzweiflungstat, ein Husarenstück! Mit einer solchen Bescheinigung wäre Glanzberg sofort aufgeflogen. Niemand hätte länger als zehn Sekunden geglaubt, dass ein Gefängnis auf so auffällig unprofessionelle Weise irgendetwas bestätigen würde. Und wenn man ihn damit gefasst hätte, wäre der mutige, treue Gefängniswärter mit aufgeflogen.

Er drückte ihm den zusammengefalteten Zettel in die Hand. Die Limousine und die beiden Motorradfahrer bremsten direkt vor dem Korsen. Zwei Wimpel hingen schlaff links und rechts an der Kühlerhaube der Limousine an ihren Stangen, im Mondlicht leuchteten die weißen Handschuhe der Motorradfahrer. Für Erklärungen oder Dank blieb keine Zeit mehr. Der Wärter riss eine der Hintertüren des Autos auf, stieß seinen Häftling hinein, schloss die Tür leise, aber fest, der Wagen fuhr an, und Glanzberg wurde in die weichen Polster des Sitzes gedrückt. Alles ging blitzschnell und seine Gefühle überschlugen sich in der fremden Welt einer Luxuskarosse, die ihm alles andere als geheuer erschien, so dass er den Herrn mit schwarzem Anzug, steifem Hut und Aktentasche auf den Knien zuerst gar nicht bemerkte.

Der saß auf dem Beifahrersitz und drehte sich nun zu seinem Passagier um. In der Ferne begann sich der tiefschwarze Himmel ganz zart blau zu färben. Der Morgen kündigte sich an. Der Mann auf dem Beifahrersitz wirkte nervös: »Guten Morgen, Monsieur Glanzberg. Sie befinden sich im Dienstwagen des Präfekten Durafour. Unser offizieller Dienst beginnt in einer Stunde. Wir haben also nicht viel Zeit, Sie zu fahren – nur eine halbe Stunde. Wir werden Sie nach Antibes bringen.« Glanzberg jubelte innerlich. »Ja! Dort kenne ich sogar jemanden«, sagte er. Den Mann mit dem steifen Hut und der Aktentasche schien das nicht zu kümmern. Er nickte dem Fahrer zu. Monsieur Glanzberg solle sich nun keine Sorgen mehr machen, murmelte er beruhigend über die Schulter in Richtung Rücksitz: »Es handelte sich, daran war nun kein Zweifel mehr möglich, um meine Rettung. Meine Rettung? Gerettet! Das Wort tönte mir wie Glockenschläge im Kopf. Mir vergingen vor Freude die Sinne.«

Anfang der neunziger Jahre, als Glanzberg einmal im französischen Fernsehen zu sehen war, klingelte danach sein Telefon: »Hallo, mein Name ist Monsieur Durafour, vielleicht erinnern Sie sich«, sagte der Mann am anderen Ende. Marie Bell hatte damals sofort reagiert, als Tino Rossi ihr den Notruf weitergeleitet hatte. Wie Rossi folgerte auch sie, dass in einer solchen Situation nur allerhöchste Stellen helfen konnten. Durafour! Marie Bell bestellte ein Taxi und ließ sich zu ihrem Geliebten fahren. Erinnerst du dich an diesen witzigen Pianisten bei Tino Rossis Konzert in Antibes, muss sie ihm ins Ohr geflötet haben. Du weißt doch, wie mit Juden umgesprungen wird, die den Deutschen in die Hände fallen. Durafour wusste das natürlich, aber was sollte er tun? Ein Franzose blieb im Herrschaftsbereich der Deutschen, selbst wenn er Präfekt war, immer nur ein Franzose. Und selbst als Deutscher – wie sollte man Juden helfen, die bereits auf einer Liste standen? Er, Durafour, kannte mehr als einen Deutschen, der ihm abends an der Bar nach einigen Gläsern Wein anvertraut hatte, dass er das mit den Juden eigentlich schäbig fand. Schon ein solches Geständnis hielten diese Deutschen für mutig. Alle hatten Angst und sahen lieber weg. Was konnte also er, Durafour, tun?

Marie Bell unterbrach ihn mit einem Lächeln, aus dem Mut und Entschlossenheit sprachen. Nein, mein Liebling, du bist der einzige Mensch auf der Welt, der mir hier helfen kann, sagte sie. Der Pianist kann nur nachts in einer blitzartigen Aktion gerettet werden, wenn Ausgangssperre herrscht. Die gilt nur für einen Typ Wagen nicht: für einen offiziellen Dienstwagen! Durafour stöhnte. Er ahnte, was kam. Marie Bell unterbreitete ihm die kühne Idee, mit dem Dienstwagen des Präfekten Glanzberg aus dem Gefängnis zu holen und in Sicherheit zu bringen. Er hatte es ja geahnt! Durafour lachte hell auf und schüttelte den Kopf: »Das klingt ja alles ganz logisch. Aber hör mal zu: Neulich bin ich in meinem Wagen – und ich bin ja schließlich der Präfekt selber – auf dem kurzen Stück zwischen Nizza und Menton von den Deutschen viermal kontrolliert worden. Sie haben sich so angestellt, dass ich schon dachte, ich komme nie an. Und das war am helllichten Tag, nicht zur Zeit der Ausgangssperre. Wie soll ich da deinen Juden Norbert, der noch nicht einmal Papiere hat, aus dem Gefängnis holen?«

Natürlich hatte der Präfekt Recht. Aber es gab nur diese eine winzige Chance. Marie Bell hatte dunkle Augen, warm und intensiv. Noch fast sechs Jahrzehnte später lächelte Glanzberg gerührt, wenn er von dieser Episode erzählte: »Sie muss Durafour hypnotisiert haben. Er hat's gemacht!« Als er im Dienstwagen des Präfekten saß und durch die Nacht raste, hatte er keine Ahnung, wie riskant diese Fahrt eigentlich war. Sicher folgerte er aus der Limousine mit den Motorradfahrern und aus jedem Kilometer, den sie sich vom Gefängnis entfernte, dass es sich hier um eine recht offizielle Sache handeln musste: »Ich glaubte mich schon so sicher wie in Abrahams Schoß und nahm es auch als fast selbstverständlich hin, dass sämtliche deutschen Militärpatrouillen vor dem Fahrzeug, das mich, den Untermenschen, transportierte, stramm standen und salutierten. Heute weiß ich, zu Unrecht – ich hatte nur einmal mehr Glück gehabt.« Und einen korsischen Gefängniswärter.

Ich lebte wie ein Möbelstück

Versteck im Mittelmeer-Paradies

Die vom Mond beschienene Silhouette der Mittelmeerküste, die Strände und Palmen entlang der staubigen Küstenstraße mit den zähen kleinen Bäumen rauschten an Glanzberg in jener Nacht wie in einem unwirklichen Traum vorbei. Der dunkelblaue Nachthimmel im Rückfenster der Limousine hatte sich in hellblau gefärbt, als der Tross die mittelalterlichen Stadtmauern von Antibes erreichte. Der Fahrer drosselte die Geschwindigkeit. Er bog in die Straße ein, die außen an der Stadtmauer entlangführte. Linker Hand glitzerten sanft die Wellen des Mittelmeeres. »Noch zweihundert Meter. Direkt hinter dem Schloss ist es«, sagte Glanzberg. »Wir sind da!« Der Wagen hielt bei laufendem Motor an, ebenso die Motorradfahrer mit den weißen Handschuhen. Der Mann mit der Aktentasche stieg aus und öffnete die Tür für Glanzberg, der benommen aus den weichen Polstern stieg.

Elsa Bonan konnte an diesem Morgen nicht richtig schlafen. Als es hell wurde, stand sie auf und ging hinüber in die Küche, um ein Glas Wasser zu trinken. Aus der Küche hatte man den wunderbarsten Meerblick im ganzen Haus. Elsa blinzelte und schaute über die Küstenstraße hinweg auf die glitzernden Wellen in der Bucht von Antibes, die gerade von den letzten Fischerbooten dieser Nacht zerteilt wurden. Als sie ihr Glas an die Lippen setzen wollte, zuckte sie zusammen. Was ging denn dort unten vor sich? Da hielten ein riesiges Auto und zwei Motorradfahrer! Keine zwanzig Meter vom Haus entfernt! Die hintere Autotür wurde geöffnet: Glanzberg – ohne Gepäck!

Elsa vergaß zu atmen. Ein teuflischer Gedanke fuhr ihr durch den Kopf: Wenn Glanzberg so hier ankam, konnte das nur heißen, dass er ein verdammtes Dreckschwein war, das sie für Geld an die Miliz verraten hatte! Elsa stand wie angewurzelt an ihrem Küchenfenster und beobachtete, wie er mit hastigen Schritten auf das Haus zulief. Er rannte die wenigen Stufen auf den kleinen Place du Barri zwischen dem Haus und dem Grimaldi-Schloss hinauf. Jetzt sah sie ihn nicht mehr. Ganz klar, er ging gerade um die Ecke herum auf die Tür zu. Sein Läuten weckte das ganze Haus. Elsa stand noch immer wie angewurzelt am Küchenfenster. Undeutlich nahm sie wahr, wie die beiden Motorradfahrer wendeten und wie die schwarze Limousine mühsam bis zu einer Hofeinfahrt zurück setzte, um auf der schmalen Straße wenden zu können. Elsa war so betäubt von dem ungeheuerlichen Verdacht, dass sie das Klappern der Tür nach dem Läuten minutenlang störrisch ignorierte. Dann stand auf einmal Frau Laporte hinter ihr. »Elsa! Dein Norbert ist hier! Was schaust du denn so verstört?« Renée Laporte sah das Entsetzen in Elsas Augen und war plötzlich ganz zerknirscht. »Hör mal Elsa, wir müssen dir da was erklären. Wir wussten, dass er kommen würde. Wir haben nichts gesagt, weil wir dich nicht beunruhigen wollten. Norbert ist aus dem Gefängnis befreit worden. Es ist aber für uns alle zu gefährlich, wenn er auch hier wohnt. René bringt ihn gerade wieder rüber zu den Aurics.«

Das Haus des Komponisten und das Haus des Dichters – nur das Kopfsteinpflaster der kleinen Place du Barri trennte die beiden. Kein anderer Nachbar stand an einem heißen Augusttag so früh auf. Es bedeutete also keine große Gefahr, Glanzberg in sein neues Versteck zu begleiten. Die Holztür zu dem alten Haus ging sofort auf: »Guten Morgen, lieber Herr Glanzberg«, sagte Georges Auric mit viel Überschwang in der Stimme. Glanzberg dagegen fühlte sich, als seien seine Beine aus Watte. Verwirrt stand er vor Herrn Auric, Frau Auric und dem Geliebten von Frau Auric, die allesamt offenbar bester Laune waren. Was sollte er sagen? Vor ein paar Stunden hatte er noch in Häftlingskleidung auf einer Pritsche in einer Zelle gelegen und versucht, an nichts zu denken, um nicht daran denken zu müssen, dass sein Leben höchstwahrscheinlich nicht mehr viel länger als ein paar Tage dauern würde. Und nun wurde er plötzlich von Frau Auric empfangen, das war einfach zu viel. Die sagte nämlich: »Herr Glanzberg, Sie sind jetzt in Sicherheit. Wissen Sie eigentlich, wie komisch Sie aussehen, wenn Sie so mit offenem Mund dastehen?« Und ihr Geliebter sagte kichernd: »Verstört sieht er aus, das muss doch nicht sein. Man hole schnell einen Schnaps.« Jetzt schaltete sich auch Herr Auric ein. »Marie Bell lässt Sie herzlich grüßen. Wissen Sie überhaupt, wie Ihre Rettung zustande kam? Sie werden das selbst kaum glauben. Stoßen wir an!«

Im Sommerhaus des wohlhabenden Komponisten Georges Auric werden die Weinkeller auch in Kriegszeiten nicht allzu schlecht gefüllt gewesen sein. Norberts abenteuerliche, an ein Wunder grenzende Befreiung wurde den ganzen Morgen hindurch gefeiert: seltene Momente der Ausgelassenheit. Unter dem azurblauen Himmel des malerischen Mittelmeerstädtchens konnte sich ein versteckter Jude natürlich nicht zeigen. Glanzberg verbrachte seine Tage in einem winzigen Zimmerchen unter dem Dach. Die Fensterläden musste er geschlossen halten: »Es war wieder wie in all meinen anderen Verstecken: Ich lebte wie ein Möbelstück.« Wenn es Nacht wurde und Frau Auric die schweren Tücher als Verdunkelung an den Fenstern des Salons festmachte, begannen für ihn die besten Stunden. Manchmal kamen Freunde der Aurics, vertrauenswürdige Menschen, vor denen er sich nicht verstecken musste. Im Gegenteil: An solchen Abenden lebte er auf, denn im Salon des Komponisten stand natürlich ein exzellenter Flügel. Abwechselnd spielten Auric und seine Gäste, aber Glanzberg hörten sie besonders gern, denn nur am Klavier konnte er in jenen Tagen seinen Gefühlen freien Lauf lassen. Wenn er spielte, fühlten die anderen, wie die Musik lachte und weinte.

In solchen Stunden vergaß man im Hause Auric alle Vorsicht: »Eines Abends, ich glaube, ich habe gerade Beethoven gespielt, da klopfte es auf einmal an die Tür.« Entsetzt starrten alle auf die

Uhr: Verdammt, man hatte vergessen, dass es schon nach zehn Uhr war – Sperrstunde! Der Hausherr sammelte sich eine Sekunde, dann ging er, um zu öffnen. Drei deutsche Soldaten standen plötzlich im Raum. »Guten Abend«, sagte einer von ihnen in fließendem Französisch. »Ich darf Sie an die Polizeistunde erinnern. Ist Ihre Verdunkelung ordnungsgemäß befestigt? Wir haben von draußen Musik gehört. Wer spielt die Musik meiner Heimat so ausgezeichnet?« Glanzberg saß wie versteinert auf seinem Klavierschemel. Der Soldat hatte sich zu ihm gedreht und deutete mit dem Zeigefinger auf ihn. »Der da?« Totenstille. Glanzberg, ernst und leichenblass, gelang ein leichtes Nicken. Alles, nur kein Wort sprechen müssen. »Der Soldat schaute mich lange, lange an. Sagte kein Wort. Dann wendete er sich ab, grüßte, und die Soldaten gingen. Er hatte mich erkannt – als Juden.« Selbst die Zeitspanne von über einem halben Jahrhundert hatte es nicht vermocht, die Wucht dieser Sekunden zu mildern, in denen über Leben und Tod entschieden wurde.

Von Anfang an war klar gewesen, dass die Villa des berühmten Komponisten für den Flüchtling nur eine Zwischenstation sein konnte. Drei Wochen nach jenem bizarren Morgen in der Limousine des Präfekten war die Zeit abgelaufen: Georges Auric, seine Frau und ihr Geliebter packten, um nach Paris zurückzukehren, wo Konzerte und Verpflichtungen auf sie warteten. Aber Marie Bell hatte vorgesorgt. Gerade auch, weil der Zwischenfall mit den Soldaten beim Hauskonzert gut ausgegangen war, ließ sich René Laporte von ihr überzeugen, das Risiko einzugehen. Glanzberg zog um über den kleinen Platz. René Laporte zählte auch auf seine eigene Bedeutung in Antibes. Er hatte etliche verlässliche Freunde, die im Notfall helfen würden. Gefährlich blieb die Sache trotzdem. Wer Juden half, musste mit Sippenhaft für die ganze Familie rechnen. Und im Januar 1943 hatten die Deutschen gemeinsam mit der Vichy-Regierung eine Miliz gegründet: eine Truppe französischer Hasardeure, die man schnell fürchten lernte, weil sie Verdächtige äußerst brutal behandelten.

Aber René Laporte verstand sich als geistiger Widerstandskämpfer. Einem solchen Mann brauchte man nicht viel zu erklären, er und seine Frau konnten nicht anders, als einem Gejagten Zuflucht zu gewähren. Doch gerade weil er zur intellektuellen Résistance gehörte, bedeutete René Laporte gleichzeitig auch eine Gefahr für Glanzberg. Von dem freien Geist kritischer Intellektueller hatten sich die Nazis schon immer bedroht gefühlt – und ein Mann wie Laporte musste ihnen einfach verdächtig sein. Die dreißiger Jahre, als er die *Cahiers libres* mit den Surrealisten verlegt hatte, wirkten schließlich immer noch nach. Der Mann hatte einen Ruf. Im Hause des Dichters zu verkehren galt in der Künstlerszene und in Intellektuellenkreisen viel. Jeder in Antibes wusste, dass der Hofstaat von König René eine illustre Runde war. Und René-il und Renée-elle waren sich dessen sehr wohl bewusst. Sie kauften ein großes, weißes Tischtuch, um diese unvergleichlichen, wahrscheinlich einzigartigen Momente mit ihren berühmten und geistig anregenden Gästen festzuhalten. Das Tischtuch wurde mit jeder weiteren Einladung im Haus an der Stadtmauer von Antibes zu einem ungewöhnlicheren Autogrammalbum, in dem sich die Elite der französischen Kultur des zwanzigsten Jahrhunderts verewigte.

Später packte Renée Elle Nadel und Faden aus und stickte die Namen, kleinen Zeichnungen und Notenzeilen feinsäuberlich nach, so dass ein Irrgarten in rot gestickten Namen auf weißem Grund entstand. Die Mitte gebührte den Hausherren, dem Dichter und seiner Gattin, der Galeristin. René und Renée Laporte – ihre beiden ineinander verschlungenen Namen waren wie ein Symbol für eine enge, innige Beziehung. Beide schrieben eher klein und ohne Schnörkel. Auf diesem Tischtuch hielten praktische, zupackende und furchtlose Menschen, die es liebten, mit ihrer riesigen Schar von Freunden und Bekannten kühne Pläne auszuhecken, ihre Erinnerungen fest. »Das ist das Alter der Eroberungen!«, hatte jemand aus ihrem Kreis um die beiden verschlungenen Namen hinzugefügt. Eroberungen – René Laporte, ein Mann mit hoher Stirn, schmaler Nase und Augen, die blickten, als habe dieser Mensch trotz seiner beiden gegensätzlichen Seiten harmonisch im Einklang mit sich selbst gelebt: Sensibel und mitfühlend, aber auch zäh und mutig.

Gleich neben den Unterschriften der Laportes ein melancholisches Frauenprofil – gezeichnet von niemand Geringerem als dem großen Filmemacher Jean Cocteau. Über der geschwungenen Stirn von Cocteaus gezeichneter Frau stand einfach nur winzig klein und überraschend unspektakulär für einen solchen Schriftsteller »Aragon«. Seine Freundin Elsa Triolet dagegen hatte eine schmucke, große und selbstbewusste Frauenschrift. Etwas weiter entfernt unterschrieben Tristan Tzara, Jean Cassou, Jacques Prévert, Paul Eluard, Edith Piaf, darüber das charakteristische, weltberühmte Gekritzel von Pablo Picasso, die weit auseinander stehenden Buchstaben von Marie Bell, Elsa Bonans Unterschrift, ein kurzes Liedchen von Georges Auric, und Maurice Chevalier, der seinen Nachnamen natürlich schwungvoll unterstrich.

Es muss bereits an einem seiner ersten Tage im Hause Laporte gewesen sein, dass er sich auf dem Tischtuch eintragen durfte. Es war der 29. August 1943. Glanzberg, der ungern schrieb und noch weniger gern Gefühle zeigte, scheint es in jenem Moment schier zerrissen zu haben: Erleichterung, Dankbarkeit, nicht weitergeschickt zu werden. Er gab sich viel Mühe und zeichnete sich selbst: den Kopf auf die Hände gestützt, Flicken auf der Hose, über dem Kopf vier Zahlen – 5203. Das muss seine Häftlingsnummer gewesen sein. Neben der Zahl ein vergittertes Fenster, darunter eine Notenzeile. Was unter der Melodie stand, die er sich schnell ausdachte, war schon geschrieben kaum zu lesen. Renée Laporte stickte alle Namen mit unendlich viel Mühe nach, aber daran dachte Glanzberg nicht, als er einen viel zu kleinen Text unter seine Notenzeile setzte. Das Tischtuch der Berühmtheiten: Lag es im Hintergrund auf irgendeinem Tischchen, als all diese außergewöhnlichen Menschen auf der Terrasse des Hauses Laporte standen und den Blick aufs Meer genossen? Über »Das Schloss von König René« hat Jacques Prévert sogar ein Gedicht geschrieben. Währenddessen blieben ein paar Zimmer weiter die Fensterläden hartnäckig geschlossen – bei Glanzberg. Die Berühmtheiten brachten ihm ganz nüchtern gesehen keinen Glanz, sondern Gefahr. Wer konnte mit Sicherheit sagen, ob René Laporte nicht scharf beobachtet wurde? Wer konnte garantieren, dass die Nazis bei ihm nicht Spitzel einschleusen würden, wenn sie das nicht schon längst getan hatten? Die Künstler der intellektuellen Résistance kamen ja nicht nur, weil sie Freunde von René Laporte waren. Sein Haus fungierte auch als Basis für all jene, die an der Mittelmeerküste unter Lebensgefahr hochbrisante Schriften in Umlauf brachten: Werke, die gegen die Vichy-Regierung und gegen die deutsche Besatzungsmacht gerichtet waren. Die Schriftsteller ließen sie in illegalen Druckereien vervielfältigen und brachten sie in vertrauenswürdige Geschäfte, wo man sie unter der Ladentheke kaufen konnte. Die Literaten hatten sich sogar einen Namen gegeben: »Les Etoiles« – die Sterne.

Aber Glanzberg hatte keine Wahl. Und Laporte war ein umsichtiger Mann, der seinen Namen »König René« nicht umsonst trug. Er wusste seine guten Beziehungen zu nutzen. Jemand wie er bekam von allen neuen Gerüchten Wind. Eine bevorstehende Razzia blieb ihm nie lange verborgen. Für solche Fälle hatte er Glanzberg gezeigt, wohin er im Schutz der Dunkelheit fliehen musste. Um das Haus des Dichterkollegen Jacques Audiberti zu erreichen, braucht man nur zwei Minuten durch die verwinkelten Gassen der Altstadt von Antibes zu laufen, wo heute ein Platz nach Audiberti und ein Gässchen nach Laporte benannt sind. Das Haus Audiberti hingegen war kein Schloss, hier herrschte kein so auffälliges Kommen und Gehen, das die Nachbarn neugierig machte. Es waren also alle Sicherheitsnetze gespannt, die man einem Flüchtling bieten konnte, der Tag für Tag durch alle möglichen dummen Zufälle den Tod riskierte. Dennoch fühlte sich Glanzberg auch bei Laporte wie ein Möbelstück. Der Dichter spürte die Traurigkeit, von der sein Gast beherrscht war. Später schrieb er: »Man versuchte, mir meinen Aufenthalt trotz meiner eingeschränkten Bewegungsfreiheit so angenehm wie möglich zu gestalten und gab mir durch viele kleine Aufmerksamkeiten zu verstehen, dass ich zur Familie gehörte.«

Zu Weihnachten 1943 sagte René Laporte: »Na, Norbert, warum stehst Du denn so herum? Siehst du nicht, dass an diesem Weihnachtsbaum nicht nur Schmuck hängt?« Glanzberg schaute seinen Gastgeber verdutzt an und kniete sich verlegen vor den Baum, um nach seinem Geschenk zu suchen. Da sah er sie: Eine schlichte Wäscheklammer, an der ein dicker Umschlag in den Zweigen hing. Er nahm ihn ab und riss ihn ungeduldig auf. Das Wort für dieses Geschenk merkte er sich ein Leben lang: »Richtige«, das heißt falsche Papiere, aber die meisterhaft nachgeahmt. Ein brauner schmaler Ausweis für einen gewissen Pierre Minet. Dazu eine passende Geburtsurkunde dieses Herrn Minet. Meisterhaft? Dem misstrauischen Glanzberg wird dabei nicht wohl gewesen sein. Denn jeder der sperrigen Tinten-Buchstaben schien rote Ohren zu haben, weil die Fälschung zu offensichtlich war. Besaß er nicht schon vor diesem Weihnachtsfest genügend Papiere, die alle gefährliche Schönheitsfehler aufwiesen? So trug er zum Beispiel seit längerem einen zusammengefalteten, orangefarbenen kleinen Ausweis mit sich herum. Außen stand: »*Etrangers – Ministère de la Défense Nationale – Carte de circulation temporaire*« Auf diesen vorübergehenden Passierschein für Ausländer, angeblich ausgestellt vom Verteidigungsministerium, hatte irgend ein angeblicher Polizist gleich mehrere runde rote Stempel gedrückt, die echt aussahen: »Regionale Intendanz der Polizei von Nizza, Fremdenpolizei«, ausgestellt am 10. September 1943, gültig zwischen Nizza und Monte Carlo. Innen war ein Bild eines etwas ratlosen Glanzberg mit offenem Hemdkragen eingeklebt, das eher aussah wie ein zufälliger Schnappschuss jenes Antibes-Sommers, aber nicht wie ein Passbild, das von Amts wegen durchgehen konnte. Und dann: »Name: Glanzberg, Beruf: Pianist und Dirigent, Nationalität: polnisch«. Ganz egal, auch solche Papiere waren besser als das, was die meisten anderen jüdischen Flüchtlinge hatten: Seit Dezember 1942 wurde jedem, der einer offiziellen Stelle in die Hände fiel, »Juif« – Jude – in den Pass gestempelt. Nur gegen den Judenstern wehrte sich das Vichy-Regime, denn man wollte keine Sympathiebewegung mit den Juden provozieren.

Glanzberg gelang es in dem Haus am Meer aber, seine Angst einzudämmen. René Laporte half ihm dabei. Er schrieb seinem geheimen Gast in seiner zierlichen, bescheidenen Handschrift zu Silvester 1943:

»*Il est venu de loin entre deux hommes noirs,*
Le Rempart le reçut avec un air tragique,
Mais depuis qu'il est là le Rempart chaque soir
Aime, danse et sourit au bruit de sa musique«

Glanzberg übersetzte:

»Es führten ihn zwei schwarze Männer von weit her,
da lag der Hafen von Antibes noch grau und leer,
doch seit er da ist, hallen seine frohen Lieder
und Quais und Tänzer und der Hafen lächeln wieder.«

Er stellte dieses Zeichen der Freundschaft später in einem kleinen Rahmen im Bücherregal seines Wohnzimmers in Neuilly auf.

Die frohe Kunde, dass Glanzberg gerettet sei, hielt man im August 1943 seltsamerweise nicht sonderlich geheim. Man schrieb sich munter Briefe und trompetete die gute Nachricht hinaus, als ob Briefumschläge von Natur aus niemals von Personen, die nicht mit dem Empfänger identisch waren, geöffnet würden. Vorsichtig handelten sie allesamt nicht, aber vielleicht nahm man das in einer solchen Situation ganz anders wahr. Nie hätten seine Freunde sonst so leichtsinnige Briefe schicken dürfen wie diesen: »*Mon cher* Norbert«, begann einer. Und dann tauchte zwei Seiten lang immer wieder sein Name auf. Als das Elaborat fertig war, fiel dem Autor seine Dummheit auf. Und weil es ihm zu mühsam war, alles noch einmal abzuschreiben, strich er »Norbert« kurzerhand jedes Mal mit ein paar Strichen durch und ersetzte die Namen durch »Pierre«. Nur ein Blinder hätte das übersehen können. Doch der Brief kam unversehrt bei seinem Adressaten an.

Schon am 3. August 1943, dem Tag nach seiner Befreiung, schickte die Gräfin Pastré einen erleichterten Brief aus Montredon: »Mein lieber Norbert! Ich glaube, dass Sie mittlerweile auf freiem Fuß sind. Leider konnte ich nichts mehr für Sie tun, aufgrund des Umstandes, dass Sie nicht mehr von den italienischen Behörden abhängig waren. Ich bleibe immer zu Ihrer Verfügung, wenn ich Ihnen nützlich sein kann.« Dass dies keine leere Phrase war, wusste Glanzberg. In den Monaten vor seiner Festnahme hatte ihn die Gräfin häufig zum Essen eingeladen – für einen Flüchtling wie ihn bedeutete das viel. Und auch Edith Piaf schrieb ihm. Am 3. Oktober meldete sie sich aus Paris: »Mein kleiner Nono! Wir gehen im Dezember in die freie Zone, und ich verheimliche dir nicht, dass ich dann ganz glücklich wäre, dich zu sehen und mit dir zu plaudern! Dédée geht nächste Woche nach Marseille, und sie muss dich sehen! Was die Leute da für dich getan haben, ist offensichtlich sehr nett, und du siehst daran, dass man immer wieder nette Leute trifft!« Edith Piaf kannte ihn nur zu gut. Sie freute sich über diesen Triumph, ihrem lieben Nörgler seine Schwarzseherei und die Ungerechtigkeit seines manchmal krankhaften Misstrauens vorführen zu können. Sie schrieb weiter: »Es erstaunt mich überhaupt nicht, was Madame Mistinguett für dich getan hat. Sie hat seit langer Zeit eine Reputation und jeder weiß, dass sie ein Herz aus Gold hat und dass sie nie Eigeninteressen verfolgt. Sie hat Klasse. Sie ist eine Frau, wie man sie hier nur selten trifft!«

Ganz egal, ob Glanzberg nun in seinem Versteck vorsichtiger denn je sein musste – Edith Piaf rechnete weiter mit ihm: »Ich werde dir Texte von Henri Contet schicken und hätte es gern, wenn du mir darauf eine dieser Musiken schicken würdest, die nur du so machen kannst, zu deren Geheimnis nur du den Schlüssel hast. Ich umarme dich fest in Erinnerung an viele Erinnerungen.« Offenbar kam das erhoffte Treffen tatsächlich zustande, denn mehrmals notierte er in seinem Taschenkalender »Fahrer für Edith«, und in einem undatierten Brief meldete sie sich für den kommenden Abend zwischen 21 und 22 Uhr an: »Liebling, ich kann Dich tagsüber nicht treffen, denn der Herr, der mich hergebracht hat, hat Angst, jemand könne mich erkennen. Was dann passieren würde, kannst du dir ja vorstellen.« Offenbar schwelgte Edith Piaf in Erinnerung an ihre gemeinsame Zeit: »Dein Brief war ja so dumm! Wie kannst du denken, dass ich dich nicht mehr liebe. Dein Bild steht neben mir und es klebt schon eine ganze Menge Lippenstift daran. Ich sterbe an dem Wunsch, dich zu sehen. Ich schwöre bei meinem Leben, dass das wahr ist. Deine Fifi«

Der Rausch der gemeinsamen Zeit kehrte aber durch das kurze Treffen nicht zurück – vermutlich auch, weil Glanzberg das gar nicht wollte und sich alles andere als verliebt zeigte. Die besondere Verbindung der beiden blieb aber dennoch bestehen. Am 2. November schrieb Edith Piaf erneut aus Paris an ihren »kleinen Nono« und betonte, dass sie Herrn Laporte sehr nett gefunden hätte. Wieder schrieb sie von Melodien für Henri Contets Texte, der aber nicht nach Antibes fahren könne, weil er sich keine Sekunde von Edith Piaf trennen wolle. In den folgenden Monaten notierte er in seinem Taschenkalender immer wieder sowohl Telefonate und Briefwechsel mit ihr als auch Arbeitstage in ihrem Auftrag. Das war zumindest eine Verbindung zu seiner früheren Normalität, bevor er wie ein Möbelstück zu leben begonnen hatte.

Als er in der Villa von René Laporte Unterschlupf fand, hatte sich das Blatt der großen Politik bereits zu seinen Gunsten gewendet. Seit die Deutschen die Schlacht um Stalingrad verloren hatten, gerieten sie zunehmend in die Defensive. Die Alliierten rückten nach. Nicht nur an der Ostfront begann die deutsche Propaganda plötzlich eine angeblich taktisch geniale Strategie von Rückzugsbewegungen zu rühmen, die einen ebenso angeblichen neuen vernichtenden Vorstoß einleiten sollten. Doch zunächst strahlte der Hoffnungsschimmer dieser Entwicklung nicht bis zu Glanzberg. Im Gegenteil. Auch in Südfrankreich wurden die Deutschen immer nervöser. Offenbar trafen sie Vorbereitungen für eine mögliche Landung der Alliierten. Massenhaft rückten deutsche Besatzungstruppen an die Côte d'Azur vor. Es gab Gerüchte, dass die Deutschen in fieberhafter Eile entlang der Küste Festungen bauen würden. Ob eines Tages auch direkt unter den Fenstern des Schlosses von König René deutsche Soldaten zwischen den steilen Felsen lauern würden? Bestand gar die Gefahr, dass das Haus binnen weniger Minuten geräumt werden musste? Für ihn wurde die Situation immer brenzliger. Jede Sekunde konnte der tödliche Zufall eintreten, dass er entdeckt wurde.

Die Laportes beschlossen, in den kleinen Ort Varilhes in der Nähe von Toulouse auszuweichen. Am Samstag, den 29. April 1944, reiste Glanzberg endgültig aus Antibes ab. In Varilhes besaß die Mutter von Renée-elle ein Landgut mit einem großen Garten samt Weinberg und Maisfeldern. Teile der Familie lebten bereits dort: neben der Besitzerin die Schwester von Frau Laporte mit ihren beiden Kindern Maiita und Armand. Maiita war damals ein Mädchen von acht Jahren. Sie spürte ganz genau, dass mit den Neuankömmlingen im Haus der Oma etwas nicht stimmte. Zunächst einmal erstaunte sie diese Frau namens Elsa. Maiita verstand nicht, warum sie plötzlich gemeinsam mit Onkel und Tante auftauchte. Kurz darauf kam auch noch der Freund dieser Elsa, dessen Anwesenheit Maiita noch weniger einordnen konnte. Rote Haare hatte der und einen seltsamen Akzent, wenn er Französisch sprach. Deutsch könne er auch und sogar besser als sein lustiges Französisch, hieß es. Aber er redete doch nie in dieser Sprache! Außerdem hatte er zwei Namen: Daheim nannten ihn die Erwachsenen Norbert, aber wenn mal zufällig jemand kam, der nicht zum Haus gehörte, hieß er plötzlich Pierre. Er selbst ging nie weiter als bis in den Garten hinaus – und merkwürdigerweise durfte kein Fremder wissen, dass dieser Freund von Elsa überhaupt hier wohnte. Als der Mann angekommen war, hatte die Mama Maiita streng beim Arm gefasst und ihr eingeschärft, keinem Menschen, am besten nicht einmal den Nachbarn von diesem Mann zu erzählen.

»Meine Mutter hatte richtig Angst davor, dass ich den Nachbarn sagen würde: Ach, bei uns ist ein neuer Herr eingezogen … Ich fand die ganze Sache spannend. Es gab mir ein Gefühl von Macht. Ich hatte das Gefühl, wichtig zu sein, ein Geheimnis zu hüten.« Aber der rothaarige Mann mit dem seltsamen Akzent veränderte die Tage in Varilhes auch. »Das Bild, das ich immer vor mir sehe, wenn ich an ihn denke«, erzählt Maiita Jahrzehnte später, »ist das Bild von meiner Oma und ihm unten im Salon am Klavier. Sie spielten zusammen Mozart. Und sie spielten ziemlich laut.«

Darüber waren René und Renée Laporte sehr zufrieden. Sie spürten: Wo immer er Musik machen konnte, würde sich Glanzberg einigermaßen wohl fühlen. Einmal mussten ihn die Laportes eine Zeit lang allein lassen. Es ging nach Monte Carlo, und Elsa musste mitkommen, weil sie immer noch die Geschäfte von René Laporte regelte. Renée Laporte schrieb an ihn: »Mein kleiner Pierre, ich stelle mir vor, dass du dich ganz gut eingelebt hast und dass du in dem großen Haus begonnen hast, deine Gewohnheiten wieder aufzunehmen. Und das Piano? Bist du damit zufrieden? Es ist eine wunderbare Übung, Holz zu sägen, ich wette, das hast du schon gemacht. Für uns ist es die große Ruhe: Die Ruhe nach dem Sturm, und der Sturm, das warst natürlich du! Mir scheint es, als ob ich nichts mehr zu tun hätte, jetzt, wo mein verwöhntes Kind weg ist. Die Sonne kommt grad durch das große offene Fenster herein, und ich höre das Echo von Elsa, die im Bad singt. Ich versichere dir aber, sie hat auch viel geweint! Du fehlst uns, mein kleiner Pierre. Deine tyrannische Renée.«

Als Glanzberg in Varilhes angekommen war, begann er sein neues Versteck tatsächlich zu schätzen. In dem Landgut hatte er manchmal die Möglichkeit, kurz im Garten zu sitzen – und frische Luft und Sonne auf dem Gesicht mussten für den Eingeschlossenen eine Erholung sein. Aber ganz so einfach war die Sache nicht. Renée Laporte schärfte ihm in ihrem Brief ein: »Ich bin gespannt zu erfahren, wie du dich auf dem Lande einrichtest. Dir, der du die Kälte fürchtest, rate ich, trotzdem hinauszugehen und lange Spaziergänge in der Natur zu machen und nicht nur im Haus zu bleiben.« Das war zwar gut gemeint, barg aber Risiken. Das Landgut lag ganz in der Nähe des kleinen Bahnhofs von Varilhes, wo ständig Züge hielten und Soldaten ein- und ausstiegen. Für den Fall einer Razzia hatte sich René Laporte etwas Ähnliches ausgedacht wie die Gräfin Pastré: Am Rande des Maisfelds im Garten gab es einen unauffälligen, heruntergekommenen Verschlag, den er mit Konserven und

Decken ausgestattet hatte. »Ja, ich kann mich erinnern, dass sich unser geheimer Gast manchmal dort verstecken musste«, sagt Maiita. Dem Dichter und seiner Frau war nach Glanzbergs Ankunft in Varilhes schnell aufgefallen, dass ihr Gast Humor hatte und Kinder mochte. Deshalb schlugen sie ihm vor, Maiita Klavierunterricht zu geben. Und so übte er Nachmittag für Nachmittag mit der Kleinen am Klavier.

Aber eins hat er zeitlebens gehasst: Wenn ihm falsche Töne ans Trommelfell drangen. »Ich weiß noch, wie ich Interesse an der Oper ›Intermezzo‹ zeigte, bei der er in den zwanziger Jahren im Würzburger Theater den Klavierpart spielte«, erinnerte sich Schwester Liesel mit Grausen. »Eines Tages kam er mit dem Klavierauszug nach Hause, und ich musste auf seine Anweisung hin singen. So übten wir die ganze Nacht. Und wenn ich eine Note falsch sang, dann langte er mir eine, so wütend hat ihn das gemacht.«

Mit Maiita sprang er in Varilhes nachsichtiger um. Aber nicht viel. Sie erzählt lächelnd: »Natürlich war ich nicht besonders gut. Wenn er mich schwierige Stellen wieder und wieder spielen ließ, wurden wir beide wütend. Ich habe ja schon gesagt, dass ich ein gewisses Gefühl der Macht ihm gegenüber hatte. Ich meckerte ihn also an: Du kannst mir gar nichts befehlen, sonst sage ich es meiner Oma!« In Glanzbergs Erinnerung klang das so: »Und die Kleine sagte: Du kannst mir gar nichts befehlen, sonst sage ich es den Deutschen!« Aber er mochte das kleine Mädchen mit den braunen Locken. Er schrieb ihr sogar ein kurzes Musikstück. Dabei ging er, der in den Jahren zuvor so häufig Edith Piafs Warnungen ignoriert und allzu oft mit seinem richtigen Namen unterschrieben hatte, endlich vorsichtiger vor: »Pierre Minet, Varilhes, 2. Mai 1944« unterzeichnete er die Komposition für das kleine Mädchen. Und er knipste ein Bild, auf dem eine strahlende Maiita inmitten sanfter Hügel im Garten von Varilhes zu sehen ist. Sie kniet neben einer Leiter, auf deren unterster Sprosse ihr Bruder steht. Beide haben in einem Korb offenbar Trauben im Weinberg gesammelt.

»Bist du immer noch so ein schönes Mädchen wie damals?«, hat Glanzberg Maiita später am Telefon stets gefragt. Diese Frage war ein Ritual, das beide sehr genossen.

Das ist also die Nummer neun!

Die Befreiung

Zurück ins Jahr 1944. Am 3. März starb Louis-Alphonse Gassion, der Vater von Edith Piaf. Vier Wochen später schrieb sie Glanzberg aus Lille, wo sie zwei Konzerte gab: »Lieber Norbert! Ich habe dir nicht geschrieben, um keinen Fehler zu machen. Du musst wissen, dass ich sehr in Trauer bin. Mein Vater ist gestorben. Ich habe ihn geliebt, er war der einzige Mensch, der mir geblieben ist. Ich fühle eine so schreckliche Traurigkeit, es ist sehr schmerzlich, der Wahrheit ins Gesicht zu sehen. Und du, was wird aus dir? Du scheinst zu sagen, dass du Luftveränderung brauchst. Bitte, tu das nicht! Hier wird alles immer schrecklicher, so schlimm, du würdest es nicht glauben. Ich erinnere mich, wie du immer gesagt hast, dass du schlechter behandelt wirst als wir. Aber wenn du sehen würdest, was sie jetzt mit uns machen: Es gibt keinen Grund, uns zu beneiden! Ich hoffe, dass all dieser Schrecken so schnell wie möglich aufhört, es ist unerträglich.«

Trotzdem vergaß Edith Piaf das Geschäft nicht und kündigte an, ihn im Mai zusammen mit Henri Contet besuchen zu wollen: »Hast du neue Musik geschrieben? Im Moment ekelt mich das Leben an. Aber trotzdem: Lass mich nicht ohne Nachricht von dir sitzen, speziell nicht in diesem Moment, denn man wüsste ja nicht, was das hieße. Ich glaube, wenn ich dich besuchen komme, bringe ich dir ein paar schöne Lieder mit. Im Moment wird gerade eine ganze Menge geschrieben. Ich warte ungeduldig auf Nachricht von dir. Deine Freundin Edith, die viel von dir hält.« Glanzberg schrieb immerhin schon zwei Wochen später zurück, was für seine Verhältnisse schnell war.

Abends herrschte im Hause atemlose Stille. In einem der hinteren Räume versammelten sich die Erwachsenen um ein Radiogerät. Voller hoffnungsvoller Spannung verfolgten sie, was im Nordwesten Frankreichs passierte. Anfang Juni 1944 hörten sie endlich die quäkende Stimme des streng verbotenen Senders Radio London triumphierend jene Botschaft verkünden, nach der sie sich so lange gesehnt hatten: Die Alliierten waren in der Normandie gelandet! Bestimmt war es nun auch bald im Süden soweit. Am 20. Juli notierte Glanzberg in seinem Taschenkalender: »Fehlgeschlagenes Attentat auf Hitler«. Warum nur hatte es nicht gelingen können? Die Ereignisse wurden immer dramatischer. Am Samstag, den 12. August, kritzelte er mit Bleistift in seinen Kalender: »24 Uhr: Die Deutschen haben hundert Meter entfernt von uns eine ganze Familie festgenommen.« Sechs Tage später schrieb er: »18 Uhr: Deutsche Kolonnen gehen vorüber, offenbar auf dem Rückzug. Elsa hat Widerstandskämpfer ankommen sehen.«

Die Ereignisse überstürzten sich. Normalerweise vermerkte er in seinem Kalender nur Telefonate, Briefe oder Treffen, die mit seiner Musik zu tun hatten. Jetzt aber ging ihm das Herz über, und er musste mitteilen, was er erlebte:

»Samstag, 19. August, 8 Uhr: Vom Fenster aus sehe ich ein Auto der Freiheitskämpfer vorbeikommen, sie machen mir Zeichen. Alle Kollaborateure sind festgenommen. 16 Uhr: Aufmarsch.« – »Sonntag, 20. August: Genereller Aufstand. Wir hören Detonationen aus der Richtung von Toulouse. Mein erster Ausgang, um Madame Lauel zu sehen, die man mit geschorenem Kopf vorbeiführt. Sie ist voller Hakenkreuze, sie wird durchs Dorf getrieben. Kämpfe 25 Kilometer von Varilhes entfernt. Vierhundert Freiheitskämpfer gegen zweitausend Deutsche. Ich muss Wache halten.« – »Dienstag, 22. August: Zeremonie in Foix. Spanische, französische Kämpfer, die aussehen wie Gymnasiasten beim Ausflug. Ein kanadischer Major, französische Fallschirmspringer. Zwei Gestapoleute zum Tode verurteilt.«

»Mittwoch, 23. August: Panniers feiert. Auf der Straße wird London ausgestrahlt. Gestapoleute gesehen, die man nach Panniers abführt. Man bewirft sie mit Tomaten. Kämpfe in Paris. In Toulouse feuert die Miliz in der Nacht.« – »Freitag, 25. August: General Leclerc zieht in Paris ein. Ein Gestapomann wird öffentlich in Foix aufgehängt. – 19 Uhr: De Gaulle in Paris. Antibes befreit.«

Es war kaum zu glauben: Im August griffen die Alliierten vom Mittelmeer aus an. »Operation Dragoon« dauerte nur wenige Tage, dann waren die Deutschen geschlagen. Glanzberg hatte seit Jahren nicht gewagt, an eine solche Möglichkeit auch nur zu denken. Die destruktive Angewohnheit, nur mit negativen Überraschungen zu rechnen, war ihm in diesen Jahren der absoluten Hoffnungslosigkeit endgültig zur Charaktereigenschaft geworden.

Und dann dieser glückliche Tag im Spätsommer des Jahres 1944: »Die Deutschen waren geschlagen, ich durfte zum ersten Mal wieder auf die Straße gehen. In Varilhes feierte man das Befreiungsfest. Meine Beschützer und ich gingen – wie sagt man auf deutsch – Arm in Arm durch die Straßen. Da kamen wir beim Metzger vorbei. Die Metzgerin stand in der Tür, und als sie uns sah, sagte sie: ›Aha, Frau Laporte, das ist also die Nummer neun!‹,›Wieso denn die Nummer neun‹, fragte Frau Laporte. ›Na‹, sagte die Metzgerin, ›Sie kamen immer mit ihren Lebensmittelkarten und beklagten sich darüber, wie neun Personen mit dem bisschen Fleisch auskommen sollen? Da dachte ich, wieso denn neun, sie sind doch nur acht in der Familie. Also müssen die jemanden verstecken! Und da ist er!‹« Auch diese Szene hatte sich unauslöschlich in Glanzbergs Gedächtnis gebrannt.

Nach der Befreiung durfte er sich endlich wieder als freier Mann bewegen und zeigen, ohne sich verstecken zu müssen. Für die Frauen und Männer der intellektuellen Résistance war dies eine Zeit des Hochgefühls. Man spürte die Erleichterung jeden Tag aufs Neue, und je länger der Zustand des Friedens anhielt, desto mehr traute man sich, auch dem Leben wieder zu trauen. Momente des Triumphs begleiteten dieses neue Lebensgefühl, und Glanzbergs Retter kosteten diese aus, indem sie sich gemeinsam fotografieren ließen. In diesen Wochen entstanden Bilder, die er sein Leben lang in seinen Wohnungen so aufstellte, dass er sie Tag für Tag sehen konnte. Auf einem steht er mit seinen Rettern Laporte, mit Louis Aragon, mit Paul Eluard, Elsa Triolet und anderen intellektuellen Widerstandskämpfern auf einem Balkon, ganz so, als handelte es sich um eine offizielle Delegation der freien Welt, des Sieges der Menschlichkeit. Er lächelte selten gelöst und glücklich in eine Kamera, aber in diesem Moment tat er es ganz bewusst. An der Brüstung lehnt eine dunkelhaarige Frau: Seine Elsa.

Das andere Foto zeigt ihn im hellen Sommermantel in lebhafter Diskussion mit zwei jungen dunkelhaarigen Männer in abgetragenen Jackets. Dem einen hängt eine Zigarette lässig aus dem rechten Mundwinkel, beide wirken entspannt, aber zugleich auch ein bisschen verwegen. Sie tragen stolz ihren Karabiner über der Schulter. Kämpfer der Résistance! Daneben stehen zwei Frauen: Eine große Blonde – Renée Laporte – und eine kleinere Dunkelhaarige – ihre Schwester, die Mutter von Maiita. Jene Tage, als sich Kämpfer der Résistance so offen fotografieren ließen, markierten das Ende des Krieges in Südfrankreich.

Im Sommer 1944 begann die große Abrechnung. Es traf nicht nur die deutschen Besatzer, sondern auch viele Franzosen, von denen man vermutete, dass sie ihnen geholfen hatten. Wer verdächtigt wurde, hatte es schwer, sich in dieser wirren, hektischen Atmosphäre voller echter und gespielter Empörung zu verteidigen. Nicht einmal Berühmtheiten wie Maurice Chevalier gelang das. Der große Schauspieler, Sänger und Liebling der Franzosen war vor den Kämpfen mit seiner Freundin Nita Raya in die Dordogne geflohen. Wenn immer dieser Name fiel, blitzten Glanzbergs Augen: »Eine bildschöne Rumänin, aber ein Schlagersternchen!«

In der Dordogne wurde Chevalier von französischen Partisanen festgenommen. Denn er war seit kurzem nicht mehr der

Liebling. Auf Radio London, das man nun überall hörte, kommentierte ein französischer Chansonsänger die politischen Ereignisse und Entwicklungen. Der Mann war aufgrund seiner flammenden Kampfansagen an die Deutschen und ihre Helfer beliebt, auch bei Chevalier selbst. Doch eines Abends hörte dieser ihn zu seinem Entsetzen sagen, er, Chevalier, sei eine dieser französischen Verräterstimmen, die nie wieder erklingen würden. Chevalier war nämlich – wie auch Edith Piaf – nach Deutschland gereist und dort vor französischen Kriegsgefangenen aufgetreten. Das nahm ihm der Sprecher übel. Genauso kreidete man ihm an, dass er in der deutschen Soldatenzeitung *Signal* auf einem Foto zu sehen war, wie er dem grausamen Pariser Standortkommandanten von Stülpnagel die Hand schüttelte. In der Bildunterzeile stand, Chevalier habe dem Deutschen zu einem Sieg gratuliert.

»In Wirklichkeit war alles ganz anders«, sagte Glanzberg. »In Wirklichkeit hat nicht Chevalier Stülpnagel beglückwünscht. Sondern Stülpnagel hat sich bei Chevalier für seinen Auftritt bedankt. Ich habe vor Gericht für Maurice ausgesagt.« Er erinnerte sich: »Während meines Wanderlebens an der Côte d'Azur hatte ich mit Maurice Chevalier Freundschaft geschlossen. Er hatte sich eine prachtvolle Villa gekauft, in der er sich von den Anstrengungen seiner Karriere auszuruhen pflegte.« Die Bekanntschaft mit Frankreichs Hollywoodstar war für ihn während seiner Zeit bei René Laporte im Versteck eine willkommene Gelegenheit, seinen Wohltätern auch einmal etwas bieten zu können. Der Dichter kannte Chevalier nämlich nicht, und so brachte Glanzberg die beiden zusammen.

Die Telefonnummer der palmengesäumten Villa mit Swimmingpool in La Bocca, einem Vorort von Cannes, hatte er, und so rief er einfach bei Maurice an und lud ihn und Nita Raya zu den Laportes ein. Am 1. Januar 1944 kamen die beiden zum Frühstück, auch Elsa Triolet war dabei. Offenbar gefiel das den Berühmtheiten so gut, dass sie nur eine Woche später erneut in Antibes zum Frühstück erschienen. Maurice Chevalier wurde regelmäßiger Gast bei den Laportes, und natürlich setzte der große Sänger und Schauspieler sein Autogramm auf das Tischtuch. Um einen versteckten, verfolgten Juden zu treffen, musste sich ein Star wie Maurice Chevalier so unauffällig wie möglich verhalten. Aber vielleicht reizte ihn gerade das umso mehr. Wenn er auf sein Fahrrad stieg, um nach Antibes zu radeln, dann tarnte er sich gewöhnlich als Fischer. Doch besonders überzeugend wirkte der vornehme Chevalier dabei nicht, verriet Glanzberg später einem Journalisten: »Eines Tages wurde er erkannt. Da musste er das schönste Schauspiel seines Lebens aufführen. Er musste die Leute glauben machen, dass er wirklich nur ein einfacher Fischer war – obwohl er einen Korb dabei hatte, in dem nicht einmal ein Fisch lag.«

Offenbar verkaufte Glanzberg damals auch an Chevalier Melodien unter der Hand. Aus Cannes' La Bocca kamen Briefe an Glanzberg mit der Unterschrift »Maurice«: »Mein lieber Pierre. Die paar Mal, die wir uns begegnet sind, erlauben mir, Sie beurteilen zu können als unendlich außergewöhnlich in Qualität und Sensibilität – erste Klasse in der Welt des Chansons.« Wahrscheinlich hat Glanzberg dadurch, dass er Chevalier mit den intellektuellen Kreisen der Résistance bekannt gemacht hat, ihm das Leben gerettet.

Als Chevalier gefangen genommen worden war, kannte Nita Raya niemanden, der ihren Geliebten hätte retten können. Da hörte sie eines Tages kurz nach der Kapitulation der Deutschen auf Radio Toulouse eine bekannte Stimme: War das nicht Glanzbergs Freund René Laporte, der da als Direktor der Radiostation genannt wurde? Vielleicht war Glanzberg ja auch irgendwo in der Nähe von Toulouse und konnte etwas für Chevalier tun! Nita Raya suchte und fand ihn. René Laporte setzte seine Autorität als Rundfunkdirektor ein, um einen Jeep zu organisieren. Aber würde es ihm als Franzose gelingen, die Partisanen zu überzeugen und den Gefangenen zu befreien? Also nahm Laporte zwei Amerikaner mit, und die Partisanen ließen sich dazu bewegen, Chevalier zähneknirschend freizulassen. Doch ohne offiziellen Freispruch war der Verdächtigte im Chaos des Umbruchs weiter gefährdet. Also blieb eigentlich erneut nur das Landgut der Familie Laporte in Varilhes. Das war eine merkwürdige Umkehr der Verhältnisse für Norbert Glanzberg, der immer noch dort wohnte: »Mit hochgeschlagenem Kragen, das Gesicht im Mantel vergraben, kam Chevalier nach Varilhes. Wir teilten fortan mein Zimmer – ich sehe uns noch, beide mit dem Besen in der Hand, beim Kehren unseres etwas beengten, trauten Heims –, nur dass sich das Blatt jetzt gewendet hatte, ich gefahrlos auf die Straße gehen konnte und er stattdessen eingeschlossen war.«

Das passte in sein Bild von Maurice Chevalier als einem etwas wunderlichen Menschen, der imstande war, seinen Freunden als Dank für ihre Hilfe einen alten Mantel anzubieten. Kurz nachdem die gemeinsame Zeit in Varilhes zu Ende gegangen war, lud Chevalier seinen ehemaligen Zimmergenossen zu einem Diner gemeinsam mit etlichen anderen Bekannten ein. Glanzberg freute sich auf eine willkommene Abwechslung im kargen Speiseplan der Mangelwirtschaft. Aber als sich die Gesellschaft zum Essen niederließ, stellte er eine seltsame Ungleichheit fest. Vor jedem Platz stand eine Karaffe mit Wasser. Nur vor dem Platz des Gastgebers thronte eine Flasche guten Rotweins – ganz offensichtlich vom Schwarzmarkt, denn anderswo war ein so teurer Tropfen nicht erhältlich. Maurice Chevalier setzte sein gewinnendes Lächeln auf, mit dem er Millionen Kinogänger verzaubern konnte, rieb sich die Hände und schaute in die Runde: »Meine Kinder«, flötete er mit süßer, leicht leidender Stimme. »Ihr wisst doch, wie schlecht es mir geht. Und dieser Wein ist Medizin, die mir der Arzt verordnet hat.« Glanzberg lachte laut auf: »Was für ein schrecklicher Geizhals! Man muss sich vorstellen, dass er damals schon vielfacher Millionär war!«

So etwas schrieb Maurice Chevalier natürlich nicht in seinen erfolgreichen Memoiren auf. Offenbar war das Schreiben für Chevalier ursprünglich nur eine Ablenkung gewesen, wenn er sich in seiner Villa an der Côte d'Azur erholte. Vermutlich spornte ihn dann aber die Bekanntschaft mit solchen Geistesgrößen wie René Laporte an, auch ein wenig mit seiner dichterischen Ader anzugeben. Natürlich nicht vor einem Kenner wie dem Dichter selbst, denn dem fühlte sich der berühmte Bühnenstar unterlegen, der schon früh von der Schule abgegangen war und Komplexe hatte, wenn er hörte, wie die Intellektuellen um ihn herum diskutierten. Außerdem war auch seine Rechtschreibung nicht gerade perfekt. Also gab Chevalier lieber ein wenig vor Glanzberg an, und das auch nicht, ohne diesen schwören zu lassen, niemandem ein Sterbenswort zu verraten. Der schwor, denn er war neugierig. Da erzählte ihm Maurice Chevalier von seinem Urlaubsvergnügen. Glanzberg bohrte so lange, bis Chevalier einige Tage später wieder auf seinem Rad erschien, in der Tasche einige dicke, abgewetzte Schreibhefte – die geheimen Memoiren! »Ich habe meinen Schwur guten Gewissens gebrochen, denn ich fand, dass diese Memoiren sehr lesbar waren und außerdem viel Interessantes über die Unterhaltungsmusik jener Jahre enthielten. Auch René Laporte war meiner Ansicht und vermittelte Chevalier an einen Verleger. Das Buch mit dem Titel *Ma route et mes chansons* wird noch heute immer wieder neu aufgelegt.«

Maurice Chevalier hatte zu Beginn seiner Karriere um das Jahr 1910 herum eine Eroberung gemacht, auf die der junge unbekannte Schauspieler mit dem Charme eines Gassenjungen damals sehr stolz gewesen war: Mistinguett, die große Varietékünstlerin mit den aufregenden Beinen, hatte er verführt, als sie sich gemeinsam während einer Probe in einen Teppich eingerollt auf der Bühne wälzten.

Auch als Glanzberg Mistinguett kennen lernte, war ihr Ruhm noch nicht verblasst. Vielleicht, weil sie eine so schillernde Persönlichkeit war wie der einstige Gassenjunge Chevalier, aus dem ein eleganter Verführer geworden war: Mit ihr erlebte man immer wieder Überraschungen! »Es gibt eine ganz berühmte Anekdote über Mistinguett. Sie war eine berüchtigte Kleptomanin, und das sprach sich im Lauf der Jahre in den großen Luxushotels natürlich herum. Schließlich wollte kein Hotelchef mehr, dass sie bei ihm logierte. Darüber war Mistinguett natürlich erbost. Also lud sie alle Hoteldirektoren der Côte d'Azur zu einem eleganten Diner in ein teures Restaurant ein. Und als sich die Herren dann an der Tafel niederließen, stellten sie fest, dass neben jedem Teller Besteck lag, das die Namen ihrer eigenen Hotels trug. Das hatte Mistinguett alles geklaut! Eine schöne Rache!«

Dass Mistinguett auch ein großes Herz hatte, deutete der Brief von Edith Piaf an Glanzberg kurz nach seiner Befreiung an. Die große Dame hatte ihm erlaubt, sich einige Zeit in ihrer Wohnung zu verstecken. Als die Nazis abzogen, geriet sie wie Chevalier in den Strudel der Verdächtigungen. Es kam zur Gerichtsverhandlung, und der Anwalt der schon alten Künstlerin kämpfte nicht nur mit den Anklägern, sondern auch mit dem lückenhaften Gedächtnis seiner Mandantin. Der Mann baute sich vor Mistinguett auf und schleuderte dem Staatsanwalt wütend entgegen: »Schauen Sie dieser Dame in die Augen! Sieht so eine Kollaborateurin aus? Dass sie keine ist, hat sie bewiesen! Norbert Glanzberg kann das bezeugen!« Mistinguett schrie laut auf: »Was? Wer? Ich kenne den *boche* doch gar nicht! Damit habe ich nichts zu tun!« Die alte Diva schnaubte ihren Anwalt an und ballte kochend vor Wut die Fäuste. Als Glanzberg in den Gerichtssaal trat, schaute sie ihn abweisend wie durch einen Schleier an. Hatte er sich so verändert? Kein Zweifel, Mistinguett erkannte ihn nicht. »Ich bin es, Norbert«, sagte er. »Wissen Sie denn nicht mehr?« Er bewegte die Hände wie beim Klavierspiel. Da blitzte in den alten Augen plötzlich das Erkennen auf. Sie breitete die Arme aus und rief begeistert: »Ach ja, mein kleiner Norbert! Wie geht es dir?« Und zum Richtertisch gewandt sagte sie: »Natürlich habe ich den versteckt! Das ist Norbert Glanzberg, ein Jude, der untertauchen musste.« Er war stolz, etwas zurückgeben zu können: »Meine Aussage hat dazu beigetragen, dass sie freigesprochen wurde.«

Ähnlich lief es mit Tino Rossi. Plötzlich waren die Rollen vertauscht. Nicht Glanzbergs Schicksal hing von Tino Rossi ab, sonderns seins von ihm. Einem verfolgten Juden geholfen zu haben schien auf einmal ein Geschenk des Himmels zu sein. Und die billig gekauften Lieder, die für Tino Rossi ein gutes Geschäft gewesen waren, nicht aber für den Komponisten?

Nein, das würde der ihm doch sicher nicht mehr nachtragen. Aus Paris schrieb der Sänger am 10. September 1944 von Unsicherheit getrieben an seinen ehemaligen Pianisten, der für sein Schicksal plötzlich ungeahnt wichtig geworden war. Glanzberg war gerade im Baskenland unterwegs: »Ich hoffe, dass du schnell nach Paris zurück kommst. Paris ist im Moment nicht sehr lustig, es gibt ein Komitee, das Säuberungen bei allen Künstlern durchführt, ich muss da, glaube ich, wie alle anderen auch gegen Ende September hin. Ich muss Geduld haben, alles wird eines Tages wieder gut sein. Ich danke dir, dass du bei den Machenschaften einiger neidischer Typen anlässlich meiner Gala nicht mitgemacht hast. Ich habe nichts anderes von dir erwartet, du weißt, welche Freundschaft ich dir immer entgegengebracht habe, und dass ich dich immer in schwierigen Zeiten beschützt habe. Danke, Norbert.«

Das »Danke, Norbert« unterstrich Tino Rossi extra dick. »Ich habe bei dem Befreiungsfest von Marseille im Alten Hafen gesungen, und es waren zwanzig- bis dreißigtausend Personen da, das ist ganz wunderbar gelaufen. Aber ich habe den Eindruck, dass die Sache mit dieser neuen Säuberungswelle noch nicht ausgestanden ist. Wenn du zurückkommst, werden wir über all das sprechen.« Tino Rossis Instinkt trog ihn nicht. Obwohl Glanzberg zu seinen Gunsten aussagte, musste er drei Monate im Gefängnis absitzen. Man warf ihm vor, im besetzten Frankreich aufgetreten zu sein. Einen Tino Rossi wegen so etwas zu verhaften war lächerlich und unglaublich! Aus dem Gefängnis brachte er folgende Erkenntnis mit, erinnerte sich Glanzberg: »Danach verkündete er jedem, der es hören wollte, dass er sich nunmehr mit jedem – Kommunisten, Amerikanern, Gaullisten, Juden – gut stellen wollte. Und dass er sich zu keiner, aber auch gar keiner politischen Stellungnahme mehr hinreißen lassen werde.« Das fiel einer Persönlichkeit wie Tino Rossi gar nicht so leicht. Denn schließlich stellten drei Monate Haft seinen Ruhm nicht in Frage, sondern er wurde ständig interviewt. Kaum war er draußen, stand er schon wieder vor der Kamera.

In Monaco drehte er einen Film, »Le chanteur inconnu«, der im April 1947 in die Kinos kam und zu dem Glanzberg die Musik schrieb. Zum Glück für Tino Rossi. Denn ohne einen gebildeten Souffleur brachte sich der korsische Herzschmerz-Sänger nur zu leicht in peinliche Situationen. Vor allem, wenn er selbst besonders gebildet wirken wollte. Besonders heikel waren die Interviews. Rossi war aber schlau genug, das zu erkennen. So nahm er ihn eines Tages zu seinem Interview mit Florent Fels, dem Direktor von Radio Monte Carlo, mit. Glanzberg erinnert sich an die Situation: »Als erstes wurde Tino nach seinen Lieblingsautoren gefragt?« Nun bestand aber das Problem darin, dass Rossi überhaupt nicht las. Er drückte sich also diskret in meine Ecke und bat um ein paar Namen. Ich nannte ihm Hemingway, Musset, Maupassant. Dann ging es mit den Komponisten weiter. Die Szene wiederholte sich. Ich flüsterte ihm die Namen Gounod, Bizet, Lehár zu, und er gab seine Antwort, kehrte aber gleich darauf wieder zu mir zurück und bat: ›Hättest du nicht auch einen Russen? Man kann ja nie wissen.‹«

Als die Deutschen geschlagen waren, hielt es Glanzberg nicht mehr lange auf dem Lande aus. Er wollte so schnell wie möglich zurück nach Paris, vielleicht auch nur, um erst einmal zu sehen, was von seinem richtigen Leben übrig geblieben war. Im Oktober 1944 nahm er den Zug in die Hauptstadt. Jetzt tauchten vor seinem inneren Auge immer öfter die beiden Koffer auf, die er im letzten Hotel, in dem er in Paris gehaust hatte, hatte zurücklassen müssen. Zwei Koffer, in denen sein altes Leben zusammengepackt war – Fotos aus Würzburg, aus Berlin, das Programm mit dem Bela-Bartók-Konzert aus Aachen, die zwei dicken Drehbücher vom »Falschen Ehemann« und »Dann schon lieber Lebertran«. Als Glanzberg sich der Adresse nahe der Place de Clichy näherte, sah er es sofort: Das Hotel war kein Hotel mehr! An der Stelle über der Eingangstür, wo einmal das Hotelschild gehangen hatte, sah er nur noch die Verfärbung, die es hinterlassen hatte. Wieder einmal rang er um Fassung. Eine unbestimmte Ahnung hielt ihn aber davon ab, umzudrehen und wegzugehen. Da öffnete sich die Tür des Hauses. Dieses Gesicht kannte er doch irgendwoher! War das nicht einer der alten Männer, die in den Stockwerken unter dem Hotel gewohnt hatten? Der Mann schien ebenfalls zu überlegen. »Sagen Sie, haben Sie nicht früher im Hotel gewohnt?«, fragte er Glanzberg. »Sind Sie nicht dieser Musiker? Als die zugemacht haben, haben sie bei mir einen Koffer untergestellt, den dieser Musiker nicht mitnehmen konnte, als er zur Armee eingezogen wurde. Zurückgekommen ist der Mann nie. Sind das nicht Sie?« Was mit dem zweiten Koffer passiert ist, hat Glanzberg nie erfahren.

Da saß die halbe French Connection an der Bar

In den Künstlercafés von Paris und auf Tournee durch die Welt

Wieder in Paris zu sein gab Glanzberg enormen Aufschwung. Maiitas Großmutter freute sich mit ihm und schrieb aus Varilhes: »Mein lieber Norbert! Bravo, bravo! Ihr Brief ist ein glückliches Lied – Sie laufen nicht mehr. Sie fliegen. Die Hauptstadt hat Ihnen Flügel verliehen. Ich sehe, wie Sie mit dem magischen Dirigentenstab in den Händen an jeder Straßenecke von Paris den Takt schlagen. Mögen Sie Erfolg haben!« Doch die Großmutter freute sich nicht nur über seine neue Chance, sondern auch über seine Anhänglichkeit an die in Varilhes Zurückgebliebenen: »Was das angeht, ist Ihr Brief voll von Erinnerungen an die Kinder, an ihre Stimmen beim Aufwachen. Aus Ihrem Brief spricht alles, was der Familiensinn einem Mann eingeben kann, der Kinder liebt. Ich bin sehr gerührt von Ihrer Aufmerksamkeit und danke Ihnen von ganzem Herzen für diese warme Zuneigung, die die Kinder sicher immer bei ihrem großen Freund finden werden. Maiita hat Ihnen einen Brief geschrieben, der beiliegt.«

Irgendwie beneidete die alte Dame, die im Regenwetter am knisternden Kaminfeuer des Landgutes saß und die vom Wind gepeitschten Zweige der Platanen rauschen hörte, während sie zum zweiten Mal *Vom Winde verweht* las, ihren ehemaligen Gast: »Schreiben Sie mir schnell von Degas und Renoir und Marie Bell, von Ihrem Leben, das wieder intensiv geworden ist, von diesem Leben, das für Sie nach dieser langen Unterbrechung sicher noch praller werden wird.« Glanzberg stürzte sich wieder in das Leben seiner Musikerkreise. Er meldete sich bei seinem Verlag Salabert. Plötzlich war er wieder gefragt. Zum Beispiel bei Renée Lebas, einer Sängerin, deren Erfolg Edith Piaf eifersüchtig beobachtete. Renée Lebas passte nämlich schon rein optisch viel besser ins Showgeschäft als der winzige »Spatz von Paris«, weil sie das ebenmäßige Gesicht eines Fotomodells jener Jahre hatte, das die Fotografen leicht zu einer schmachtenden Schönheit ausleuchten konnten, wenn sie die Lippen ein wenig öffnete und die Augenlider ein wenig senkte. Renée Lebas war die Erste, die nach dem Ende der Naziherrschaft in Paris wieder an die Arbeit ging. Am 29. Dezember 1944 nahm sie zwei Platten auf. Glanzberg stand bei beiden am Dirigentenpult, vorsichtshalber aber noch als »Pierre Norbert«. Eine der Aufnahmen war Edith Piafs Hit »L'accordéoniste«.

Gleichzeitig besaß er aber die Dreistigkeit, auch für die Konkurrenz zu komponieren. Kurz nach Kriegsende 1945 brachte die Piaf »Sophie« heraus, eins jener Lieder, die er schon im Untergrund für sie komponiert hatte. »Sophie« war eine jener Melodien, von denen Edith Piaf fand, dass sie einen Zauber ausstrahlten, dessen Geheimnis nur der Komponist Glanzberg kannte: Man meint beim Zuhören, die ausgehungerten amerikanischen Soldaten in den Bars des befreiten Paris eng umschlungen mit französischen Mädchen tanzen zu sehen, man hört den Swing der Erotik. Zwei Jahre später sang Edith Piaf dieses Lied in dem Film »Neuf garçons, un cœur«, in dem die sehnlichsten Wünsche von neun notleidenden Sängern erfüllt werden. Dass sie »Sophie« auch auf Schallplatte aufgenommen hatte, entdeckte Glanzberg erst Jahrzehnte später.

Plötzlich gab es für ihn auch keine unüberwindlichen Hindernisse mehr, Künstler als Pianist ins Ausland zu begleiten. Schon Maiitas Großmutter schrieb er 1944 aus Paris von seinen Plänen, in die Schweiz fahren zu wollen. Und das, obwohl die Behörden in jenen chaotischen Tagen bei Menschen ohne Papiere normalerweise mehr als misstrauisch reagierten. Doch er bekam im Juni 1945 in Paris eine blaue Registrierkarte für Ausländer ausgestellt. René Laportes Talent als Verwaltungsfachmann war nun mehr denn je gefragt, man setzte ihn als Präfekten von Morbihan im Süden der Bretagne ein. Dieser angenehme Posten machte es ihm leicht, seinen Kollegen von der Präfektur Bouche-du-Rhône in Marseille dazu zu bewegen, Glanzberg im Oktober 1946 eine Bestätigung zu schreiben, dass er sich schon seit 1933 in Frankreich aufhielt. Bereits einen Tag später ließ er sich in Paris einen Ausweis inklusive Reisepass auszustellen – die Eintrittskarte zur Welt!

Schon zwei Wochen später, am 9. November 1946, überquerte er zum ersten Mal seit 13 Jahren ganz legal und hochoffiziell als freier Mann eine europäische Grenze: Der Zug ratterte in Richtung Dänemark. Glanzberg war wieder Tino Rossis Pianist. Doch diese Reise führte nicht nur nach Norden, sondern zuerst einmal und vor allem nach Osten. Durch Deutschland. Manchmal musste der Zug dort stundenlang auf offener Strecke halten, manchmal ging es nur im Schritttempo voran, manchmal folgte die Lok einem Zickzack-Kurs, manchmal gelangte sie auf Umwegen zu winzigen Bahnhöfen. Denn das Schienennetz in Deutschland war 18 Monate nach Kriegsende noch immer lückenhaft. Überall standen Arbeiter und wuchteten Planken und Schwellen zurück in ihr ursprüngliches Bett. Dann die Städte: Graue, verrußte, formlose Höhlenlandschaften, Schuttberge und schwarze Fensterlöcher in dächerlosen Mauern: Glanzberg konnte nicht anders als ununterbrochen aus dem Zugfenster zu starren. Er fühlte sich entsetzlich, spürte Schmerz, Mitleid und gleichzeitig Wut in sich brennen. Dies hier war doch sein Land! Das Land seiner Kindheit, seiner Musik! Aber in ihm tobte eben auch dieses ›Aber‹! Tino Rossi fiel auf, wie still sein Begleiter seit Stunden auf seinem Platz saß. »Was ist denn los mit Dir?«, fragte er. »Schau doch raus. Mir geht's furchtbar«, antwortete Glanzberg leise. Tino Rossi schüttelte überrascht und ärgerlich den Kopf. »Wie bitte? Hast du schon vergessen, was sie dir angetan haben? Sie verdienen es!

Sie verdienen nichts anderes!« Glanzberg sah weiter zum Fenster hinaus. Das war es, dieses Aber. Rossi hatte Recht und Unrecht zugleich. Glanzberg fühlte sich innerlich zerrissen.

Von Dänemark setzte die Combo nach Schweden über. Konzerte des südländischen Herzensbrechers Tino Rossi sorgten auch bei den Schwedinnen für Aufregung. Überall hingen die Plakate. Und auf Plakaten durfte der jüdische Name Glanzberg nun wieder stehen. Also konnte man in den Straßen Stockholms schon Tage vor dem Auftritt lesen: »Am Klavier: Norbert Glanzberg«. Auch Hans Stern sah diese Zeile auf dem Plakat. Er war vier Jahre älter als Glanzberg, lebte seit acht Jahren in Schweden und war ursprünglich Würzburger. Von Beruf war Hans Stern ursprünglich Weinhändler mit eigenem Familienbetrieb gewesen. Aber den hatten ihm die Nazis brutal weggenommen und geschlossen. Als er das Plakat sah, war Hans Stern gerade in einer schwierigen Situation. Als Pferdepfleger und Laufbursche hatte er sich seinen Lebensunterhalt verdient, weil Flüchtlinge in Schweden nicht alle Berufe ergreifen durften. Eben erst war ihm erlaubt worden, wieder als Kaufmann zu arbeiten. Doch was half ihm das, wenn man Wein nur als Schwede verkaufen durfte? Stern und Glanzberg trafen sich und ließen sich gemeinsam fotografieren, Hans fröhlich lachend und mit Hut, letzterer abwartend und mit Schal um den Hals geschlungen.

Was er nicht wusste: Nachdem sie sich so überraschend getroffen hatten, war Hans Stern die Idee gekommen, mit dem gemeinsamen Freund aus Kindertagen, Kurt Frank, zu telefonieren. Der hatte sich 1939 vor den Nazis nach Göteborg retten können, nachdem er 1936 einen Monat lang in Dachau festgehalten worden war und ihm die Würzburger Nazis zwei Jahre später »Meyer & Lißmann Nachf.«, das feine Damenmodehaus der Familie, weggenommen hatten. Kurts Mutter Sonja, bei der Glanzberg als Junge ein- und ausgegangen war, war mit der ältesten Schwester Carry nach England geflüchtet. Sie hatten überlebt – Ilse, seine erste Freundin aus Aachener Tagen, jedoch nicht. Sie, die bei dem legendären Max Reinhardt wahrscheinlich eine große Schauspielkarriere vor sich gehabt hätte, war mit ihrem Mann und ihrem Kind nicht mehr rechtzeitig aus Berlin herausgekommen. Die drei wurden 1942 in einem KZ ermordet.

Von all dem ahnte Glanzberg allerdings noch nichts, als er mit dem Zug in Göteborg ankam. Auch nicht, als er sich im Konzertsaal neben Tino Rossi ans Klavier setzte. Auch nicht, als er sich vor den klatschenden Zuhörern mit den anderen Musikern verbeugte. Als die Fotoreporter zum Bühneneingang kamen, stand Glanzberg neben Tino Rossi und wartete wie üblich, bis der Star seinen aufgeregten Verehrerinnen Autogramme gegeben und sein weltbekanntes Verführerlächeln für die Kameras aufgesetzt hatte. Da zwängte sich plötzlich ein kleiner, verlegener Mann durch die Verehrerinnen und Journalisten, und Glanzberg traf beinahe der Schlag. Kurt Frank ist heute 96 Jahre alt und wohnt immer noch in Göteborg. Er hat nie vergessen, was damals am Bühneneingang vor sich ging: »Nachdem wir uns jahrzehntelang aus den Augen verloren hatten, kam Norbert also nach Göteborg. Das war unbeschreiblich. Wir fielen uns weinend in die Arme und konnten gar nicht mehr aufhören zu weinen. Am nächsten Tag war nicht Tino Rossi groß in der Zeitung abgebildet, sondern Norbert und ich, wie wir vor Wiedersehensfreude weinen.«

Viel Zeit werden sie für ihr Wiedersehen nicht gehabt haben. Tino Rossis Terminplan des Frühjahrs 1947 muss auf Glanzberg wie ein Kulturschock gewirkt haben. Nachdem er so lange auf wenigen Quadratmetern eingeschlossen gewesen war, wurde er nun in kürzester Zeit um die halbe Welt geschickt. In Schweden schiffte man sich nach den Konzerten nämlich sofort ein, um den atlantischen Ozean zu überqueren. Ziel: Die Ostküste der Vereinigten Staaten, durch Kanada, bis hinunter nach Argentinien. Die Fahrt nach Südamerika war alles andere als lustig. Das Schiff schlingerte tagelang zwischen meterhohen Wellen. Alle litten an der Seekrankheit. »An Bord befand sich der berühmte Dirigent Erich Kleiber, der vor dem Krieg Generalmusikdirektor in Berlin gewesen war«, erzählte Glanzberg. »Er hatte seine Familie dabei. Sein Sohn war damals noch ein

Junge. Und während es allen so schlecht ging, hörte der nicht auf, Rhythmen zu klopfen. Mit den Fingern auf Tische, Stühle, Geländer, überall. Das war Carlos Kleiber.«

In Montréal gaben der Bürgermeister und der französische Generalkonsul einen großen Gala-Abend, bei dem Rossi und Glanzberg als Höhepunkt einer Show mit kanadischer und französischer Volksmusik auftraten. Man kündigte an: »Tino Rossi, begleitet von dem französischen Komponisten Norbert Glanzberg.« Wie weit hatte er sich jetzt, Ende Februar 1947, von dem Flüchtling entfernt, der er noch vor kurzem gewesen war. Am 4. März 1947 spannte ein gewisser Bernard Eudes einen Briefbogen der »Canadian Concerts and Artists« in seine Maschine ein und tippte ein Empfehlungsschreiben: »Der Inhaber dieses Briefes, Herr Norbert Glanzberg, ist Tino Rossis Begleiter und Orchesterdirigent. Er wird mit Herrn Rossi von New York am 21. März per Schiff abreisen. Aber in der Zwischenzeit will er eine Weile in New York bleiben und bei seinen Eltern, die 324 East 154th Street in der Bronx wohnen.«

Dort in New York war Liesel monatelang jeden Abend, nachdem sie ihrer Chefin in einem Hutgeschäft einen schönen Feierabend gewünscht hatte, mit der U-Bahn zur Madison Avenue gefahren. Da gab es nämlich eine Organisation, die sich hauptsächlich mit den Problemen von Künstlern beschäftigte, die nach ihrer Vertreibung durch Hitler wieder Anschluss an ihr altes Leben vor der schrecklichen Zeit finden wollten. Die Organisation war ihr empfohlen worden. Man wollte sich des Falls gegen Bezahlung annehmen, denn Liesel und die Eltern hatten noch immer keine Ahnung, was mit ihrem Norbert passiert war. Für Samuel Glanzberg war die Reise diesmal viel zu weit nach Westen gegangen. Mit 69 Jahren hatte er 1938 nicht mehr genug Kraft gehabt, in einem völlig fremden Land seinem Sprachengewirr ein neues Kauderwelsch beizumischen. Jedenfalls reichte es nicht, um aus einem Sortimentenkoffer etwas verkaufen zu können. Malka spielte die Rolle des Ernährers in Amerika nun seit fast zehn Jahren ganz allein, und auch sie war bei ihrer Ankunft immerhin schon 56 Jahre alt gewesen.

»Sie arbeitete in einer Fabrik für Hausröcke und Pyjamas«, erinnert sich Liesel. »Mama nähte so schnell wie der Wind. Das hat sie ja auch in Würzburg schon gekonnt. In der Fabrik in New York stieg sie bald zur Hauptnäherin auf. Sie war so gut, dass sie die Modelle nähen durfte und verdiente viel Geld.« Eines Morgens schnarrte die Stimme der Chefsekretärin aus dem Lautsprecher durch alle Fabrikhallen: »Mrs. Glanzberg, Mrs. Glanzberg, zum Chef bitte!« Malka wurde es heiß und kalt. Das konnte nichts Gutes bedeuten! Als sie die Tür des großen Büros öffnete, wandte ihr der Chef den Rücken zu und hantierte mit einem Gegenstand, den sie nicht sehen konnte. »Habe ich etwas falsch gemacht?«, fragte Malka Glanzberg eingeschüchtert. Der Chef drehte sich um. In seiner Hand hielt er eine große Whiskyflasche. »Wollen Sie einen Drink?« – »Einen Drink?« Malkas Stimme überschlug sich in Panik. »Bleiben Sie ruhig, setzen Sie sich! Ich habe großartige Neuigkeiten für Sie. Wir haben eben in Ihrem Namen ein Telegramm angenommen. Ihr Sohn lebt! Das Rote Kreuz hat ihn gefunden!« Der Chef ließ eine neue Ansage über den Lautsprecher machen. Die Arbeit in der Fabrik wurde für eine halbe Stunde gestoppt. Alle mussten kommen, gratulieren und mit der völlig fassungslosen Malka anstoßen.

»Als ich sie das erste Mal in New York besuchte«, erzählte Glanzberg, »waren meine Eltern natürlich furchtbar stolz, dass ich als Begleiter von Tino Rossi kam. Meine Mutter dachte, ich sei besonders vornehm, eben ein feiner Franzose. Das Bett, das sie für mich vorbereitet hatte, hat sie mit Parfum besprüht. Und eine Rose darauf gelegt.« Eigentlich waren ihm solche Sentimentalitäten immer ein wenig peinlich. Der große Glanzberg war doch eher berühmt-berüchtigt für seinen Charme, seinen Geist, seinen Witz und seine unwiderstehlichen Unverschämtheiten. Immer wieder lachte er darüber, wie unmusikalisch viele der bekannten Sänger waren, wobei Edith Piaf eine rühmliche Ausnahme bildete. Wenn man ihn auf Tino Rossi ansprach, blitzte es triumphierend in seinen Augen. »Tino war furchtbar unmusikalisch. Als ich damals nach dem Krieg mit ihm auf

Tournee ging, hat er in den Proben sehr oft nicht gewusst, wann sein Einsatz kam. Ich saß am Klavier, umringt von 25 Musikern, die ich mit dem Kopf dirigierte. Einmal sang Tino in einem Lied einfach mitten in der Einleitung los, als ich noch spielte. Ich hab sofort abgebrochen und gesagt: ›Tino, stopp! Hör mal, das ist doch die Einleitung. Warte auf mein Zeichen. Ich zeige dir, wann du dran bist.‹ Da hat er einen Wutanfall bekommen und mich angeschrien: ›Du mit deinem Konservatorium kannst mir den Buckel runter rutschen! Schau dir mal lieber an, was du verdienst und was ich verdiene! Und lass mich singen, wann ich will.‹« Glanzberg schwieg einen Moment lang. »Er ist mir übrigens viel Geld auf diesen Tourneen schuldig geblieben.« Nach einer weiteren Pause fuhr er fort: »Aber wir waren gute Freunde, ja, das waren wir wirklich.« Das blieben sie auch noch, als Glanzberg ein paar Monate später bei einem Zeitungsinterview so richtig ins Plaudern geriet und von der Schiffsreise auf jener Amerika-Tournee erzählte. Zwischen New York und Buenos Aires wütete der Sturm so heftig, dass der Kapitän Notsignale aussenden musste. Alle waren wie gelähmt vor Angst, vor allem, nachdem ein Passagier gestorben war und einige andere schwer verletzt worden waren – zu sehen, wie der Leichnam den Wellen übergeben wurde, steigerte die Verzweiflung bis an den Rand einer Panik. In dieser Krise sah der Kapitän nur noch eine Chance: Der berühmte Tino Rossi würde singen müssen, um die Menschen abzulenken. Und er tat es. Diese Szene schilderte Glanzberg in der Zeitung: »Obwohl wir vom Tod bedroht waren, setzte ich mich ans Klavier, und Tino begann zu singen. Ich bewunderte seinen Mut, und so vergaß ich den Sturm ein bisschen. Man muss ja sagen, dass Rossi normalerweise die Noten ganz schön durcheinander warf. Nur an diesem einen Tag, da hat er völlig korrekt gesungen.«

Die sechs Monate mit Tino Rossi gingen schnell vorbei. Glanzberg kehrte nach Paris zurück, wo er mit Elsa in eine kleine Wohnung nahe Les Halles gezogen war. Geliebt habe er sie nie, hat er immer behauptet. Die Macht der Gewohnheit kann so stark sein, dass man ihr nur mit viel Mühe oder gar nicht entkommt. Vor allem nicht, wenn man ohnehin die meiste Zeit auf Reisen ist und sich wenig mit der anderen Person beschäftigen muss. Kaum war er nämlich irgendwann im Sommer 1947 heimgekehrt, musste er schon wieder die Koffer packen.

Offenbar war Renée Lebas im Dezember 1944 nicht nur mit seiner Arbeit als Dirigent zufrieden gewesen. Sie feierte mittlerweile auch Erfolge mit seinen Kompositionen. Kurz vor Weihnachten 1947 kam »Tout le long des rues« heraus: ein richtiges Winterlied, bei dem man zuerst sanft und dann immer dichter die Flocken tanzen hören kann. Natürlich plätschert dieses Lied nicht nur harmlos dahin. Es ist ein typischer Glanzberg: erst unbeschwert lustig, dann eine dramatische Wendung, und zu guter Letzt doch noch ein Happy End. Es lacht und weint die Musik. Dann sang Renée Lebas noch »Entre nous«, das in einer verräucherten, verschwiegenen Bar in New York komponiert worden sein könnte. Besser hätte es selbst Cole Porter nicht gekonnt, schrieb ein Kritiker viel später.

Im April 1948 reiste Glanzberg im Gefolge von Renée Lebas ab. Über Belgien, Griechenland und die Türkei ging es auf Tournee in den Orient: Marokko, Tunesien, Libanon und Ägypten. Der Tross der Sängerin wurde jedes Mal wie ein Staatsbesuch empfangen. Renée Lebas ließ sich ihren Pelzmantel von einem Herrn der örtlichen Organisation tragen – sie selbst hatte genug mit einem Strauß langstieliger Rosen zu tun. Daneben schritt ein entspannt lächelnder Glanzberg, korrekt gekleidet im grauen Anzug mit Einstecktüchlein, weißem Hemd und dunkler Krawatte. Der Rest der Willkommens-Abordnung lief respektvoll ein paar Meter hinter diesem Trio her. In Almazar schrieb die Zeitung: »Das Flugzeug landete herrlich, und Renée Lebas, mit Mänteln und Paketen beladen, war eine der Letzten, die ausstieg. Hinter ihr ihr Pianist, der Komponist Norbert Glanzberg. Zoll! Langwierige Formalitäten ... Hotel! Milchkaffee um sechs Uhr morgens. Renée Lebas schlief bis ein Uhr mittags, und als wir sie im Salon des Hotels getroffen haben, war jede Spur von Müdigkeit verschwunden. Wir nehmen den Zug um fünf Uhr nach Alexandria, wir kommen um acht Uhr

an, und um neun Uhr ist die Radiosendung. Sie sang vier Lieder, nicht ohne sich vorher über Norbert Glanzberg lustig gemacht zu haben. Der war nämlich vor Angst gestorben, als er ins Flugzeug stieg, denn es war sein erster Flug. Und jetzt stieg er in Alexandria aus dem Zug und wollte nur noch mit dem Flugzeug reisen. Wir haben also einen Star erlebt, der das Publikum liebt, und eine sehr gute Radiosendung. Und die Fluggesellschaft hat einen neuen Kunden: Norbert Glanzberg!«
Das war eine einigermaßen waghalsige Behauptung. Immerhin hatte Renée Lebas während des Fluges nach Ägypten für ihren Pianisten Krankenschwester spielen müssen – ihm wurde in der Luft unbeschreiblich schlecht. Aber Glanzberg fand, dass die Pflege durch die Sängerin nur recht und billig war, denn schließlich hatte er sie ebenfalls umsorgen müssen, als sie mit dem Schiff nach Korsika übersetzten und Renée in ihrer Koje lag und seekrank war. Nach seinem ersten Flugabenteuer gab er aber gern ein bisschen an. Reisen in der Luft blieb ihm jedoch suspekt: Wann immer es die Termine erlaubten, mied er das. Auch, wenn er deshalb wochenlang mit einem langsamen Schiff nach Amerika dampfen musste.

Die Tournee mit der Lebas durch den Orient war für ihn äußerst angenehm. Bei den Auftritten in den Sälen luxuriöser Hotels hatte die Diva ihren Mantel lässig um die Schultern gelegt, während sie sich theatralisch am Mikrofon festhielt. Sie war anders als Tino Rossi. Sie wartete, bis Glanzberg ihr am Klavier den Einsatz gab. Dass sie oft mit Edith Piaf verglichen wurde, machte die Schöne rasend: Edith Piaf! Vom Aussehen wolle man gar nicht reden, aber allein musikalisch müsse doch jeder zugeben, dass diese Frau ihr, der Lebas, nicht annähernd das Wasser reichen konnte. Warum fiel niemandem auf, dass man jedes ihrer gesungenen Worte klar und deutlich verstehen konnte, ganz anders als bei der Piaf? Es war einfach nur ungerecht. Bei all dem Spaß mit Glanzberg – Renée Lebas grollte ihm insgeheim manchmal. Er fiel in ihrer Gunst, weil er auch für Edith Piaf arbeitete. So einen konnte sie, wenn sie ganz, ganz ehrlich mit sich war, nicht völlig respektieren. Auch Edith

Piaf kochte, dass man ihr den Komponisten stahl. Und die Lebas ließ wissen, dass sie es überhaupt nicht nötig habe, irgendetwas von der Piaf zu stehlen.

Die Eifersüchteleien interessierten Glanzberg nicht. Er genoss diese Tournee in vollen Zügen und alberte nach Herzenslust herum. Stellte sich zu einem glänzenden Araberhengst an den Stall und knabberte wie das Pferd am Stroh, saß mit geschlossenen Augen in der Sonne, posierte mit stolzgeschwellter Brust vor einem Wasserfall, saugte mit arabischer Kopfbedeckung an einer Wasserpfeife, schnüffelte blödelnd an einem Damenfuß, warf sich vor Renée Lebas mit einem kleinen Blumenstrauß in den Händen auf die Knie und tanzte mit ihr am Meer, um sich anschließend auf einem Kamel vor den Pyramiden mit ihr fotografieren zu lassen. Er fühlte sich wie der König der Welt: mit ausgebreiteten Armen ein Luftsprung auf den Klippen, unter ihm das Meer. Einer der Auftrittsorte war ein Klub in Kairo – ein ausgesprochen schicker Laden, in dem ausschließlich feine Leute an ihren Drinks nippten und dabei verstohlen zu dem wichtigsten Stammgast blickten. Man sonnte sich im Glanz seiner Anwesenheit, er machte den Klub erst zu dem, was er war. Dieser Gast war ein sehr dicker Mann. Er gab sich hier so gut wie jede Nacht bis zur Sperrstunde die Ehre: König Faruk höchstpersönlich. Er war zwar König, benahm sich aber ganz und gar nicht vornehm. Glanzberg traute seinen Augen kaum, als er nach ein paar Abenden feststellte, was ganz offensichtlich des Königs liebste Beschäftigung war: Seine Exzellenz platzierte sich in der Nähe einer Treppe, die zur Damentoilette führte. Wann immer eine attraktive Frau gemessenen Schrittes die Stufen hinaufging, verrenkte er sich den Hals, um den wippenden Rock möglichst lange zu sehen. Und wenn er besonders ausgelassen war, sprach er die Schönen auch noch an: »Brauchen Sie Hilfe?« Ein unglaublich gelungener Scherz, wie der König fand.

Die Musik aus Frankreich genoss er dabei sehr. Deshalb bot er Renée Lebas und ihrem Begleiter, als der Klub am frühen Morgen schloss, manchmal großzügig an, sie in seiner Staatskarosse zu ihrem Hotel zu bringen. Die Sonne war gerade aufgegangen, und die ersten Straßenhändler und Bauern zogen auf die Märkte Kairos. Glanzberg sah sie nur schemenhaft durch eine Staubwolke, wenn die hochherrschaftliche Limousine die Vorstadtstraßen passierte und die Eselskarren ihretwegen stehen bleiben mussten. Und wieder traute er seinen Augen nicht. Sobald die sonnengegerbten Menschen das prominente Auto erkannten, sanken sie auf die Knie. Er drehte sich, während der Wagen in vollem Tempo weiterbrauste, fassungslos noch einmal um und konnte gerade noch erkennen, wie die Knienden die staubigen Spuren des Autos küssten. Er fühlte sich hin- und hergerissen: Den Rebellen in ihm widerten solche Rituale der Unterwürfigkeit an. Der ehrgeizige Musiker in ihm fühlte, dass solche Dinge eben passierten, wenn man für die Oberen Zehntausend spielte. Kein schlechtes Zeichen also.

Vier Monate lang wohnte er in einem Hotel mit dem spannenden Namen »Auberge de Pyramide«. Das dürften jene Monate gewesen sein, in denen er zusätzlich im Auftrag der Regierung als Radio-Moderator in Ägypten für die französische Kultur warb. Dabei lernte er sie kennen: Loula. An ihrer Schönheit konnte er sich kaum satt sehen. Loula war eine moderne Prinzessin aus Tausendundeiner Nacht: Ihre Augen verrieten, dass sie ihre Wirkung auf Männer bestens kannte und genau wusste, mit welcher Art von Augenaufschlag sie sie verführen konnte. »Ja, das war Loula«, erklärte Glanzberg noch Jahrzehnte später voller Stolz. »Eine ägyptische Schauspielerin.« Ob er sie geliebt habe? »Oh ja. Wir haben uns später noch geschrieben, als ich schon wieder in Paris war. Elsa hat Briefe von ihr gefunden, und es gab einen kolossalen Krach.« Loula liebte er, Elsa nicht – aber warum ging die Geschichte mit der schönen Ägypterin dann nicht weiter?

Für seine Verhältnisse bemühte er sich sehr um diese Frau. Bevor er nach Paris zurückkehrte, versprach ihm Loula, jede Woche viermal zu schreiben. Und Glanzberg antwortete tatsächlich nicht nur wie üblich alle paar Wochen. Am 23. Mai 1948 schrieb Loula, sie habe gestern einen Brief vom 17. und am selben Morgen einen vom 16. erhalten: »Mein Geliebter, ich bete dich an! Sag mir, dass ich sofort zu dir kommen soll, bitte, mein Liebling, sag mir das in deinem nächsten Brief. Hier tue ich absolut gar nichts. Ich habe zwei Aufträge gehabt, und muss noch warten, bis sie sich entscheiden, mir weitere Arbeit zu geben – das ist doch kein Leben. Ich könnte sehr gut bei dir leben, und statt das wenige Geld hier auszugeben, werden wir beide damit auskommen. Ich weiß nicht, was ich dir sagen soll, du hast nicht das Recht, mich hier ganz allein zu lassen, wo ich dir doch immer und immer wieder gesagt habe, dass ich bereit bin, in einem kleinen Zimmer zu wohnen. Aber ich merke, dass du das nicht verstehen willst, es reicht nicht, nur an mich zu denken, so wie du das tust. Es ist schön mir zu sagen, dass du mich liebst und dass ich in deinem Herzen und Tag und Nacht in deinen Gedanken bin, aber willst du mich nicht mehr, mein Liebling? Es reicht ein Wort in einem Telegramm – KOMM –, und ich werde bei dir sein, das geht sofort, entscheide dich schnell.« Ein anderes Mal unterschrieb die ägyptische Prinzessin sogar mit »Loula Glanzberg«. Doch das Telegramm aus Paris kam nie. Jagte diese Frau dem Frauenhelden Angst ein? Wenn er Jahrzehnte später an das Ende seiner Geschichte aus Tausendundeiner Nacht dachte, musste er einen Moment lang nachdenken: »Ich glaube, Loula war sehr anspruchsvoll. Das wäre doch nie gut gegangen.« Wenigstens hat er eine Ahnung dieser Liebe hinterlassen. Eine seiner schönsten Melodien überhaupt widmete er seiner Loula. Er nannte sie schlicht »Adagio«, weil er sich beim Komponieren an einem Adagio von Albinoni orientiert hatte. Diese Melodie ist wild, zärtlich und leidenschaftlich zugleich, aus übervollem Herzen komponiert, und so dramatisch, wie nur eine Liebe sein kann, der man nicht auszuweichen vermag, die einen Tag und Nacht zu verfolgen scheint, so dass man meint, wahnsinnig zu werden. »Für Loula!« sagte Glanzberg einmal, als er sein »Ägypterinnenlied« auf dem Klavier spielte. Er hat es nie veröffentlicht. Nicht als »Adagio« und schon gar nicht als »Für Loula!«

Zurück in Paris, genoss er das Leben. Er traf sich täglich mit seinen Künstlerfreunden dort, wo man sich eben traf: Im berühmten »Café Fouquets« auf den Champs-Élysées. Das »Fouquets« war ein edles Etablissement mit Stuck an den Decken, samtbezogenen Stühlen und braunen Ledersesseln. Tino Rossi saß immer im Rauch der Bar. Jean Gabin daneben in einem Sessel. Eines Tages ging Glanzberg nicht sofort dorthin, nachdem er am Arc de Triomphe aus dem Metro-Schacht gestiegen und in der untergehenden Sonne die Champs-Élysées entlang flaniert war. Es war noch früh und von seinen Freunden würde keiner da sein. Was er dann erlebte, erzählte er immer wieder gern: »Man nannte sie damals die *French Connection*. Das waren die berühmten, zumeist korsischen Ganoven. Hehler, die mit Drogen handelten, und sich häufig im ›Fouquets‹, dem berühmten Café auf dem Champs Elysées, trafen. Und da war ein Zeitungsstand gleich am Eingang, da kaufte ich die *Paris Soir*. Auf der ersten Seite waren die Köpfe der bekanntesten Drogendealer abgebildet. Ich ging mit der Zeitung ins Café. Und da saßen sie doch wirklich alle an der Bar!«

Ein Zeitsprung in die späten neunziger Jahre: Wenn sich Glanzberg nachmittags einigermaßen kräftig und gut gelaunt fühlte, nahm er manchmal ein Taxi und ließ sich zum »Fouquets« fahren. Im Sommer stehen dort draußen Tische: Wie bei den Franzosen üblich in Reihen aufgestellt, sind sie eine Tribüne, von der aus der Gast beim Kaffee schön bequem über die Vorbeigehenden lästern kann. Das war sein liebster Sport, aus dem er ein Ritual gemacht hatte: Er konnte all seine Klagen über die vielen Unbekannten um ihn herum, durch die ihm bewusst wurde, dass er der Letzte seiner Zeit war, jemand, der übrig geblieben war und der sich in dieser Rolle furchtbar unwohl fühlte, plötzlich unterbrechen und seine Freunde am Arm packen. Dann war es ihm völlig egal, dass es sich nicht gehörte, auf jemanden mit dem Finger zu zeigen: »Schau dir das an! Sollte diese Frau da einen so kurzen Rock tragen?« Er folgte der Frau mit dem Zeigefinger: »Ich finde nicht! Was meinst du? Und schau dir mal die da an!«

Und dann der verächtliche Rundblick: »Früher trafen sich

hier im ›Fouquets‹ die korsischen Gangster. Heute gibt es hier nur noch Araber. Auch Gangster.« Eines Nachmittags im September saß am Tisch neben ihm eine Runde ungewöhnlich dicker, kahlköpfiger Männer in Anzügen. Sie rauchten Zigarren. Glanzberg horchte auf: »Die sprechen Jiddisch«, zischte er. Eine halbe Stunde verging. Drüben schien man ebenfalls die Ohren zu spitzen. Denn er sprach ja Deutsch. Als er aufstand, sagte Norbert im Vorbeigehen zu ihnen: *»A git Nei Jor«*. Das heißt »Ein Gutes Neues Jahr« auf Jiddisch.

Aber zurück in die vierziger Jahre. Der Erfolg der Lieder für Renée Lebas gab Glanzberg sein Selbstvertrauen zurück – teilweise. »Ich hab ja nicht viel machen können. Wie alt war ich damals? 37? Da ist man nicht mehr jung, da wartet schon das Alter. Meine besten Jahre hat mir der süße Adolf gestohlen. Begleiten wird gut bezahlt. Aber komponieren ist eine delikate Sache, weil man nicht weiß, ob das, was man gerade komponiert, ein Erfolg wird. Und selbst wenn's ein Erfolg wird, muss man warten, bis das Geld durch die Tantiemen reinkommt. Das kann Monate dauern.«

Solange er allein lebte, spielte das keine allzu große Rolle. Er hatte sich von Elsa getrennt und war aus dem gemeinsamen kleinen Apartment ausgezogen und vorübergehend in einem Hotel, wieder einmal im Stadtteil Clichy, untergekommen. Eines Abends, als er in sein Zimmer hinaufging, begegnete ihm auf der Treppe eine junge, dunkelhaarige Frau. Sie wirkte so unschuldig, dass sich sofort so etwas wie ein Beschützerinstinkt in ihm regte: Die Kleine war in der großen Stadt doch irgendwie fehl am Platze. Er war gerührt. Außerdem sah sie glänzend aus: Typ Fotomodell. Norbert begegnete ihr jeden Tag auf der Treppe, doch sie reagierte nicht auf seine Blicke. Dann war sie urplötzlich verschwunden. Ein, zwei Tage traf er sie nicht mehr, so oft er sich auch im Treppenhaus herumtrieb. So konnte das nicht weitergehen! Geduld war nicht seine Sache. Er riss beim Portier ein paar Scherze, um dann schnell zur Sache zu kommen: Wer war denn diese Schönheit und wo war sie abgeblieben? Er erfuhr, dass die Schöne das Kindermädchen eines reichen Paares war, das ein Stockwerk unter ihm wohnte. Abgereist waren die keineswegs, sagte ihm der Portier. Er hätte allerdings gehört, dass das Kindermädchen krank sei. Also ging Glanzberg hin und klopfte. Die Tür öffnte sich und vor ihm stand das unschuldige Mädchen und sah ihn aus großen Augen an. »Entschuldigen Sie«, sagte er. »Ich wohne über Ihnen und habe Sie in den letzten Tagen nicht mehr gesehen. Da wollte ich mal nachschauen, ob es Ihnen auch gut geht.« – »Danke schön«, antwortete sie brav. »Meinem Magen geht es nicht so gut. Ich habe wohl zu viele Erdbeeren gegessen.«

Sie hieß Maria Mazurek und war 21 Jahre alt. Sie war auf der Suche nach irgendeiner Arbeit ein Jahr zuvor nach Paris gekommen und war ganz allein dort. Dann hatte sie die Stelle als Kindermädchen angenommen. Wo sie herkam, nannte man sie aber nicht Maria, sondern Marischka. Ihre Familie lebte in einem kleinen Dorf nahe Avignon, aber das hörte Glanzberg ohnehin an jedem Wort, das sie sprach. Marischka? Das war doch ein Name, der nach Osten klang! Und dann musste er lachen, als sie ihm erzählte, dass ihre Familie gar nicht aus Südfrankreich stammte, sondern vor Jahren eingewandert war – und zwar ausgerechnet aus Polen! Marischka war noch in Mierzyce in Polen geboren, aber in Frankreich aufgewachsen. Was für ein Zufall: Da trafen sich weit im Westen zwei aus Polen, eine Katholikin und ein Jude, die beide den Osten nur aus den Erzählungen der Eltern kannten. »Sie war ein einfaches Mädchen, aber das war mir damals nur recht«, erinnerte sich Glanzberg. »Ich hatte genug von all diesen Intelligenzbestien.« Damit waren anspruchsvolle Frauen wie Loula, Lotte und Edith, vor allem aber Elsa gemeint, die seine Launen durchschauten und nicht widerspruchslos hinnahmen. Er wusste genau, dass er ihr viel zu verdanken hatte: Als er sie traf, sprach er zwar bereits sehr gut Französisch, hatte aber natürlich keine Ahnung von der französischen Kultur jenseits des Chansons. Umgeben von hochgebildeten Intellektuellen wie den Laportes, schloss ihn dieses Nichtwissen von vielen interessanten Gesprächen aus. Doch Elsa half ihm. Sie gab ihm die französischen Klassiker zu lesen, sie erzählte ihm von Theaterstücken und philosophischen Strömungen, über die man im Kreise der Laportes und ihrer Freunde leidenschaftlich diskutierte. Glanzberg lernte durch Elsa Frankreich besser verstehen. Doch es gab oft Momente, in denen ihn ihre geistige Wachheit überanstrengte. Sie ließ ihn nicht zur Ruhe kommen, und gleichzeitig reizte sie ihn als Frau zu wenig, als dass er dieses Zusammensein auf Dauer hätte genießen können.

Dagegen wirkte Marischka wie die personifizierte Unschuld: Sie war keine intellektuelle Herausforderung, an der er sich aufrieb. Das wirkte auf ihn irgendwie beruhigend. Nach all den Aufregungen der Flucht, des Versecktseins und der Abhängigkeit hatte er immer häufiger den Wunsch nach einem ruhigen Zuhause verspürt, wo er sich sicher fühlte, wohin er jederzeit zurückkehren konnte, wo er sich in einem Sessel zurücklehnen konnte und wo jemand da war, der sich Tag für Tag vor allem um seine Bedürfnisse kümmerte. Die wunderschöne, unschuldige Marischka war die Erfüllung all dieser Wünsche, das spürte er sofort. Damit verdrehte sie ihm den Kopf. Es dauerte nicht lange, da verliebte sich auch Marischka in ihn, sein unwiderstehlicher Witz und sein Charme hatten wieder einmal gesiegt.

Seinen Eltern erzählte er von dieser Beziehung lange Zeit nichts. Wenn er dachte, dass sie unbemerkt bleiben konnte, hatte er sich jedoch getäuscht. Malka und Samuel Glanzberg machten sich im fernen Amerika natürlich Gedanken. »Und jetzt zu dir, mein Lieber!«, schrieb die Mama im Frühjahr 1951. »Ich freue mich, wenn ich höre, dass du dir Möbel anschaffst. Dann kommt mir der Gedanke: Zum wievielten Mal und für wen? Wenn ich täglich lese: Der Stücke-Schreiber hat die und die Künstlerin geheiratet, die viermal so viel verdient wie ihr Mann, berühmt und hübsch ist, Frauen mit Namen, dann frage ich dich: Ist für dich noch keine dabei?« Und ein Jahr später: »Ich hätte nur zu gerne gewusst, wie es sich bei dir lebt. Ich möchte dich zu gerne glücklich wissen. Du lässt uns von deinen persönlichen Angelegenheiten gänzlich ausgeschaltet. Auf so was habe ich nie gehofft. Wir sind dir ganz fremd geworden. Sehr schmerzlich.«

Dass er seit drei Jahren mit seiner Freundin in der Rue du Général Roguet in Clichy zusammenlebte, dass eine solche Freundin überhaupt existierte, hielt ihr Sohn nicht für berichtenswert. Vielleicht, weil er vermutete, dass ihn die Eltern dann zur Hochzeit drängen würden. Und dazu hatte er überhaupt keine Lust. Zwar machte ihn die Eleganz und die Schönheit seiner Marischka stolz – seit sie ihr Haar auf seinen Wunsch hin blond färbte, sah sie noch atemberaubender aus. Und lieb und häuslich war sie ja tatsächlich, ganz so, wie er es sich immer erträumt hatte. Aber es gab leider viele, viele Momente, in denen ihm die Frau an seiner Seite peinlich war. Nämlich immer dann, wenn sie mitreden wollte. Ihre Unschuld, die ihn anfangs so gerührt hatte, ärgerte ihn nun – was konnte ihm eine intellektuell so einfache Person schon bieten? Außerdem blieben ihm die abschätzigen Blicke seiner Freunde nicht verborgen, die Marischka nicht ernst nahmen. Doch sie wollte natürlich geheiratet werden, was Glanzberg gar nicht passte. Sie setzte sich durch. Am 15. Januar 1952 wurde aus Mademoiselle Mazurek Madame Glanzberg. Als Trauzeuge unterschrieben der Dirigent Henri Leca und seine Frau Rose, mit denen die Glanzbergs oft die Wochenenden verbrachten. Die meisten seiner Freunde konnten es nicht fassen, als sie die Nachricht von der Hochzeit hörten: Dass er seit Jahren mit einer auf den ersten Blick so simpel gestrickten Frau zusammenlebte, konnte man bei ihrem Aussehen vielleicht gerade noch nachvollziehen. Aber dass er sie gleich ehelichen musste?

Der Brief, in dem stand, dass Glanzberg endlich doch noch geheiratet hatte, kam als große Überraschung in den USA an. Die Eltern freuten sich über die neue Schwiegertochter. Malka Glanzberg schrieb: »Wir freuen uns alle auf ein baldiges Wiedersehen mit dir, besonders auf das Kennenlernen und Begegnen mit der lieben Marianne, und wegen einer Wohnung für Euch braucht Ihr keine Sorge haben. Wie heißt das Lied: Wenn du noch eine Mutter hast!«

Warum hatte er seine Frau als »Marianne« vorgestellt? Befürchtete er, dass es unangenehme Bemerkungen geben könnte, weil er eine Katholikin geheiratet hatte? Glaubte er, »Marianne« sei unauffälliger als »Maria«? Was auch immer die alten Glanzbergs gedacht haben mögen: Malka Glanzberg spielte aus der Ferne Schwiegermutter. Knödel, wie ihr Sohn sie gerne aß, riet sie Marischka, seien folgendermaßen zuzubereiten: Drei Eiweiß schaumig schlagen, Eigelb mit drei Löffeln Mehl verquirlen, ein halbes Löffelchen Salz, zwei Löffel kalte Suppe dazu, zuletzt dann das schaumige Eiweiß hinzugeben, das Ganze eine halbe Stunde im Kühlschrank stehen lassen, dann Bällchen daraus kneten und in der kochenden Suppe zwanzig Minuten lang heiss werden lassen. Offenbar ein wunderbarer Tipp, denn bei einem Thema geriet Glanzberg immer hoffnungslos ins Schwärmen: »Meine Frau konnte sehr gut kochen, wirklich sehr gut.«

Seine Eltern machten sich dennoch weiter Sorgen um ihren Sohn. Ihnen war seine Art zu arbeiten nicht ganz geheuer. So von der Meinung und vom Geschmack völlig fremder Leute abzuhängen – wie man leidvoll erfahren hatte, konnte Begeisterung sehr schnell ins Gegenteil umschlagen. Und was dann? »Mein liebes Kind«, schrieb Malka. »Meine Idee ist, dass du dir endlich einen Künstlernamen zulegen sollst, das wird Deine Karriere verbessern. Z. B. Bert Berg.« Das liebe Kind wird spöttisch gelacht haben, als es diesen Brief seiner Mutter las. Warum benahm sie sich so ängstlich? Es lief doch alles glänzend. Sein jüdischer Name war längst kein Nachteil mehr. Und Marischka nahm außerdem sehr resolut Einfluss, sein Leben in geordnete Bahnen zu lenken. Einerseits war sie natürlich froh über das Geld, das er als Klavierbegleiter von seinen Tourneen mit nach Hause in das kleine gemeinsame Appartement am Place de Clichy brachte. Andererseits störte sie, dass er dort viel zu wenig Zeit am Stück verbrachte. Deshalb kamen Marischka die beiden Besucher ganz recht, die im Herbst 1951 überraschend vor der Tür standen.

»Mein Mann Roger und ich waren gerade dabei, ein kleines Cabaret am Boulevard Saint Germain de Près aufzumachen«, erinnert sich Danielle Wasserman. »Diese Cabarets mit amüsanten Varieté-Programmen kamen damals gerade in Mode. In dieser Gegend von Paris gab es sie überall, da dort die Intellektuellen in den Cafés saßen und sich abends amüsieren wollten. Was uns fehlte, war ein sehr guter Pianist. Wir hatten da zwar jemanden im Auge, aber der war zum richtigen Zeitpunkt nicht frei. Also mussten wir weitersuchen, und Charles Trenet empfahl uns Norbert Glanzberg. Wir haben kurz angerufen und sind dann einfach bei ihm zu Hause aufgetaucht, um ihn zu fragen, ob er uns ein, zwei Musikstücke vorspielen könne. Wir haben ihm aber gleich gesagt, dass wir keine Ahnung hätten, ob und wie viel wir ihm zahlen könnten.«

Roger Wasserman hatte eine Gesangsausbildung und war ein sehr musikalischer Mann. Später, als die beiden Freunde wurden, hat ihn Glanzberg oft gerufen, wenn er gerade einen neuen Chanson komponiert hatte, sich aber nicht sicher war, wie das Ganze klang. Roger Wassermann war sein Premierenpublikum. Damals, im Herbst 1951, war es aber an ihm selbst, ein Urteil zu fällen. Was für ein Angebot: In einem neuen kleinen, unbekannten Cabaret spielen, und das auch noch für ein unsicheres Gehalt? Das klang wenig verlockend für jemanden, der es gewohnt war, an der Seite der ganz Großen zu stehen. Aber Marischka lag ihm in den Ohren mit ihren Klagen, dass er ständig weg sei und viel zu wenig Zeit für sie habe. Wenn er es sich außerdem recht überlegte, lebte er von seinen Tantiemen auch ohne Tourneen alles andere als schlecht. Und vor allem war ihm Roger Wasserman, obwohl er 15 Jahre jünger war als er selber, sofort sympathisch. Glanzberg fällte sein Urteil, wie so oft, blitzschnell aus dem Bauch heraus. Er sagte zu.

Im Oktober 1951 eröffnete das Cabaret im ersten Stock eines Hauses am Boulevard Saint Germain des Prés. Die Wassermans hatten winzige, runde Tische gekauft, auf denen man gerade mal ein Wasserglas abstellen konnte. Das Ganze strahlte eine sehr intime Atmosphäre aus, was Glanzberg gefiel. Die Vorstellungen dauerten von zehn Uhr abends bis ein Uhr nachts. Die Wassermans engagierten namhafte Künstler: Catherine Sauvage und

Francis Blanche, aber als Höhepunkt der Vorstellungen gewannen sie Léo Ferré, der alles zu können schien. Er war ein bekannter Sänger und Komponist von Chansons, ein echter Entertainer, ein Publikumsmagnet. Von Anfang an war es ein Erfolg: An den kleinen runden Tischen drängelten sich die Gäste. Glanzberg hatte kurz zuvor begonnen, Autofahren zu lernen: »Ich hatte schon dreißig Stunden genommen, als der Fahrlehrer zu mir sagte: ›Monsieur Glanzberg, in Ihrem eigenen Interesse und im Interesse der anderen lassen Sie es lieber sein!‹« Also fuhr er jeden Abend mit dem Fahrrad zu seinem Cabaret. »Er war als Pianist für uns sehr wichtig«, sagt Danielle. »Er begleitete die Sänger nicht nur fabelhaft, er kannte auch so viele Künstler und war ein so charmanter Mann. Er hat Eddy Constantine zu uns gebracht. Und Yves Montand und Simone Signoret hatten eines ihrer ersten Rendezvous in unserem Cabaret.«

Es war ein Glücksjahr für Glanzberg. Die Sache mit »Padam ... Padam« lief exakt so, wie Edith es vorausgesagt hatte: Das Lied wurde in Frankreich der größte Erfolg der Saison, und Henri Contet, der Textdichter, sollte später sogar urteilen, dass »Padam ... Padam« für ihn persönlich der größte Erfolg überhaupt gewesen sei. Ein Jahr später schaffte das Lied den Sprung über den großen Teich. Glanzbergs Familie drehte nun besonders gern das Radio an und berichtete ihm begeistert. »Samstag, den 21. Januar, habe ich am Radio Songs von dir gehört, ›Padam‹ in verschiedenen Variationen«, schrieb Malka Glanzberg stolz. Und ein halbes Jahr später: »Sehr viele Bekannte haben mit Begeisterung deinen Song gehört.« Aber die Mutter hörte selbst in der Stunde des Triumphes nicht auf, sich Sorgen zu machen: »Es wäre wirklich an der Zeit, dass du herkommst, *my Dear*, du verlierst genug Geld: Die Bande betrügt dich, und du bist zu nachlässig.« Liesel, die drei verschiedene Aufnahmen von »Padam« gekauft hatte, legte nach: »Dein Song ›Padam‹ ist auf dem besten Weg, hier ein Hit zu werden. Hier sagt man: *You have to give it time*. Gestern habe ich es am Radio von einem Orchester gehört, die haben es unerhört gespielt. Wen ich frage, kennt den Song. Ich lege dir hier einen kleinen Ausschnitt aus der *New York Post* bei. Samstagabend werde ich hören, ob es an der Hitparade im *Television* gespielt wird. In dem Textbuch, das am *Newsstand* verkauft wird, ist es auch auf dem Titelbild angezeigt.«

Doch irgendwie schien Glanzberg all den guten Nachrichten nicht zu trauen. Wieder schrieb er nach Amerika, schickte Liesel als Managerin in der »Padam«-Mission los. Im Herbst bekam er von ihr Nachrichten, die ihn alles andere als begeistert haben müssen: »Leider muss ich dir sagen, dein Song wird hier sehr wenig gespielt. Es stimmt, dass er von vielen *Companies* aufgenommen ist, sehr gute Aufnahmen. Ich glaube, er hat die Eigenschaften, ein wirklicher Hit zu werden, aber er ist nicht in den richtigen Händen. Du brauchst *Pluggers*, das sind Leute, die in die Lokale, zu den Grammophongesellschaften usw. gehen, den Leuten Geld geben, dass sie den Song spielen. Ein Song *in order to get well known*, muss in den *Stores* den ganzen Tag gespielt werden, dass er den Leuten in den Ohren klingt.« Solche Belehrungen, gerade wenn sie in Liesels »Dschinglisch« kamen, werden bei ihrem Bruder vor allem eins bewirkt haben: ein paar Tage schlechtester Laune. Die Bitten der Mama, Europa doch endlich zu verlassen und in den USA gemeinsam mit dem Rest der Familie das Glück zu suchen, begünstigten solche Ratschläge kaum. Und auch die Mama griff zu Methoden, die sein im tiefsten Inneren unsicheres Gemüt nicht gerade stärkten.

Als er noch im »Padam«-Himmel schwebte, schrieb sie: »PS: Hast Du schon David Oistrach, den unerhörten Geigenvirtuosen gehört? Er ist einzig, unerhört, unübertroffen. Er hat in Amerika vier Konzerte gegeben, hat bekommen hunderttausend Dollar. Das ist Amerika!!!« Natürlich hatte er David Oistrach gehört. Er hatte ja auch in Paris gespielt. Auch Glanzberg fand ihn unerhört. Noch etwas anderes war aber viel bemerkenswerter. Neben ihm war zwischen den Stuhlreihen des Konzertsaals auf einmal eine alte Frau aufgetaucht und hatte ihn angesprochen: »Sind Sie nicht der Glanzberg-Sohn?« Er war erstaunt. Diese Frau weckte eine verschwommene Erinnerung in ihm. In ihrer Stimme schwang etwas mit, das sein Herz laut pochen ließ. »Kennst du mich denn nicht mehr?«, fragte die Frau gerührt weiter. »Ich bin doch Frau Oistrach aus Würzburg. Der David, das ist mein Neffe!«

Mon manège à moi

Von Yves Montand abgelehnt, von Edith Piaf gekauft

Glanzberg blieb, wo er war – in Paris. Nachdem er 1950 einmal versucht hatte, französischer Staatsbürger zu werden, entschied er sich letzten Ende doch ganz anders: Pole wollte er nicht sein, Deutscher erst recht nicht und Franzose eigentlich auch nicht. »Ich ziehe es vor, staatenlos zu sein. Einer Nation anzugehören ist schon wieder der erste Schritt gegen eine andere Nation.« Das Wort Nation klang in seinen Ohren wie eine Aggression. Man stellte ihm eine Bestätigung aus, dass er in Frankreich wohnhaft war. Wann immer er jetzt reisen wollte, musste er umständliche Formalitäten abwickeln. Dennoch reiste er weiterhin.

In England kündigten ihn große Plakate als »Norbert Glansberg« an, der den »dynamischen französischen Star«, den »singing fool« Charles Trenet begleitete. Daneben ein Bild des lockigen Sängers mit albern aufgerissenen Augen und einem Hütchen, das nach Chevalier aussah und ganz offensichtlich die Botschaft verkünden sollte: Hier kommt ein neuer Weltstar über den Kanal, den man unbedingt gesehen haben muss: »Zum ersten Mal in England – neue Lieder, alte Erfolge – aus seinen Erfolgen in New York und Hollywood – nur zwei Wochen lang«. Im Londoner »Saville Theatre« standen Glanzberg und Charles zwischen dem 14. und 25. November 1950 jeden Abend auf der Bühne, und dann gab es sogar noch zwei Matineen und Radioaufnahmen bei der BBC. Harte Arbeit, die aber für den »singing fool« leider nicht mit dem Maß an Huldigungen belohnt wurde, das er aus Frankreich gewohnt war. Der *Sunday Pictorial* schrieb nämlich am 19. November: »Dieser französische säuselnde Komponist versucht in einer zweistündigen Ein-Mann-Show, einen ›Chevalier‹ zu geben. Aber das zieht nicht, es sei denn, man kann erstklassig Französisch. Trenets namenloser Pianist (ein Herr Glansberg) ist der wahre Held eines ziemlich öden Abends.«

Ähnliches schrieben andere Kritiker an anderen Orten mit etwas vorsichtigeren Worten. Wenn der Mann am Klavier der Hauptperson im Rampenlicht die Schau stiehlt, kann das nicht lange gut gehen. Trenet und Glanzberg gerieten aneinander. Der Star wollte dem Pianisten demonstrieren, wer das Sagen hatte, und der ließ sich das so lautstark nicht gefallen, dass der Ärger bis zur Presse durchsickerte. Da hieß es dann: »Nizza, 13. März: Charles Trenet ist gestern aus Nizza ohne seinen Begleiter Norbert Glanzberg Richtung Griechenland abgereist. Dieser Monsieur Glanzberg, der Charles Trenet bis dahin begleitet hat, hat erklärt, dass sich der Sänger bis zum Moment der Abreise geweigert hat, einen Vertrag mit ihm zu unterzeichnen. Es gab schon bei mehreren früheren Konzerten Schwierigkeiten, weshalb der Pianist sagt, dass es ihm unmöglich ist, seine Mitarbeit ohne Garantieerklärung fortzusetzen.«

Schließlich hatte es Glanzberg nicht mehr nötig, einer zickigen singenden Primadonna hinterherzulaufen, und schon gar nicht, wenn diese ein Mann war. Er kam längst allein zurecht. Als Pianist spielte er sich auf großen Luxuskreuzern wie der »Queen Elizabeth« oder der »Île de France« quer über die Weltmeere. Dort kündigte man Glanzberg als Unterhalter feiner Gala-Abende zugunsten hilfsbedürftiger Seeleute auf eigens gedruckten Programmen an: »Der Komponist Norbert Glanzberg wird seine Werke präsentieren.« Nach ihm sollte eine gewisse Nola Pardi auf die Bühne treten – mit afrikanisch-kubanischen Voodoo-Tänzen. Doch obwohl das Komponieren ein so heikles Geschäft war und obwohl es Marischka nicht passte, schrieb er weiter für Edith Piaf und ihren Kreis. Der Einzige, den Marischka davon wirklich mochte, war ausgerechnet

Charles Trenet. Er sah die schöne junge Frau zum ersten Mal bei einem seiner Konzerte und fühlte sich von ihrer Naivität berührt. Anders als Glanzberg, der sich oft vor seinen Freunden schämte, weil seine Frau zwar viel las, aber nur billige Kriminalromane ohne viel Tiefgang, hörte Trenet Madame Glanzberg gern reden. Ihm gefiel ihr Akzent und ihre Wortwahl, die sein poetisches Bild vom Süden Frankreichs bestätigten. Wann immer er sie sah, lief er mit dem entzückten Ausruf »Ach, meine kleine Kirsche« auf Marischka zu.

Edith Piaf sah das natürlich völlig anders. Sie fand, dass Madame Glanzberg zwar schön, aber auch schön dumm sei. Wann immer sie allein mit Glanzberg war, ließ sie höhnische Bemerkungen fallen. In Gegenwart von Marischka bemühte sie sich, freundlich zu tun. Aber diese Frau reizte Edith Piaf einfach zu derben Scherzen. Eines Abends sagte sie zu Marischka in einem Restaurant: »Schätzchen, komm mal mit, ich brauche deine Hilfe.« Beide Frauen verschwanden auf der Toilette, wo Edith Piaf der nichts ahnenden Marischka eine dünne Schnur in die Hand drückte. Die Hilfe sollte nämlich darin bestehen, dass Marischka mit der Schnur Edith Piafs Arm abband, damit sich die Sängerin leichter eine Spritze setzen konnte. Voller Entsetzen rannte das »Schätzchen« weg. Die Piaf wird laut gelacht haben.

Die Unschuld vom Lande konnte sich nicht mit einer solchen Lebensweise anfreunden und war erleichtert darüber, dass auch Glanzberg kein Partylöwe war. Nach all den Jahren in Gesellschaft exaltierter Stars mischte er immer noch Wein mit Wasser, wenn es um Alkohol ging. Statt wie Edith Piaf die Nächte inmitten eines großen Pulks von echten und geheuchelten Bewunderern durchzumachen und am Tag zu schlafen, traf er sich lieber mit einzelnen Freunden an den Nachmittagen, riss mit ihnen seine Scherze über Kollegen und lästerte über die letzte Opernaufführung, die wieder einmal von einem Stümper sterbenslangweilig dirigiert worden war. Ach, wenn er sich da an Berlin erinnerte, damals, als der alte Kleiber am Pult gestanden hatte! Das war noch Musik gewesen! Überhaupt kam seiner Meinung nach die Musik aus Deutschland, Nazis hin oder her.

Glanzbergs Freunde fanden solche Reden aus dem Mund eines Vertriebenen und Gehetzten befremdlich. Sie spürten, dass seine Tage voller düsterer Stimmungen, an denen ihnen Marischka Leid tat, wenn sie ihren Mann mit hilfloser Stimme am Telefon entschuldigte, mit dem Trauma der Nazis zu tun hatten. Er hatte ihnen die Diagnose gezeigt, die ihm ein Chefarzt der Pariser Universitätsklinik ausgestellt hatte: »Starke neuro-vegetative Dystonie, also Störung des normalen Spannungszustandes der Muskeln und Gefäße, mit ständigem Angstzustand, Schlaflosigkeit, Erregbarkeit und Unbeständigkeit. Alle diese Affektionen führten 1954 und 1957 zu zwei akuten depressiven Zuständen, welche eine Ruhekur bei völliger Isolierung erforderten. Unbestreitbar sind diese Krankheitserscheinungen in ihrer Auslösung unmittelbar auf die Entbehrungen, Misshandlungen sowie seelischen und materiellen Schädigungen infolge der deutschen Besatzung zurückzuführen.«

Wenn Glanzberg trotz allem von der deutschen Musik und Kultur schwärmte, nickten seine Freunde vorsichtshalber schüchtern. Schließlich wusste jeder, dass keiner von ihnen eine so tiefe Verbindung zur Welt der Töne hatte wie er. In diesem Punkt legte man sich besser nicht mit ihm an. Man trank lieber ein Glas Wein, während er sich ein oder zwei Tonic Water bestellte oder aus purer Gefälligkeit einen Campari, um sich dann mit der Metro auf den Heimweg zu machen, sofern abends weder Oper noch Konzert anstanden. Wenn jemand fragte, warum ein so lustiger Mensch wie er keinen Alkohol mochte, erzählte er eine Geschichte aus der Wolfhartsgasse. Da waren seine Eltern einmal zu einem Maskenball ausgegangen, was dem jungen Norbert mit seinen zwölf Jahren ganz recht war. Er hatte nämlich schon lange den Sortimentenkoffer seines Vaters im Auge. Nun öffnete er ihn und trank alle Fläschchen auf einmal aus. Anfangs fand er es herrlich, wie sich alles um ihn herum drehte. Aber dann schaffte er es gerade noch bis ins Badezimmer. Er musste sich übergeben und stöhnte so laut, dass es die Nachbarn hörten und den Arzt riefen. Danach schmeckte ihm Alkohol nicht mehr.

Wenn er sich an den Nachmittagen mit seinen Freunden traf, konnte er seine Frau nicht gebrauchen. Manchmal begehrte Marischka dagegen auf, dass ihr Mann offenbar von vornherein ausschloss, sie mitzunehmen, wenn er ausging. Am meisten ärgerte sie das, wenn er sich für einen abendlichen Empfang zurecht machte. Doch er versuchte dann meistens, Marischkas Beschwerden zu ignorieren – warum jammerte sie auch? Wenn er Lust dazu hätte, könnte er sich jede Nacht auf einer Party um die Ohren schlagen, aber das tat er ja gar nicht, hielt er ihr vor. Und so beruhigte sich Madame Glanzberg wieder. Schließlich kam ihr Mann ja wirklich ihrem Wunsch nach einer Lebensart entgegen, die sich doch in sehr geregelten, ruhigen Bahnen bewegte. Dass sich Glanzberg in den Kreisen, die ihn ernährten, so rar machte, förderte seine Karriere natürlich nicht. Er hätte ein viel berühmterer Künstler werden können, wenn er ein größerer Partylöwe gewesen wäre.

Edith Piaf machte sich einen Spaß aus ihrer alten Vertrautheit. Selten genug tauchte er bei einer ihrer Gesellschaften auf, aber wenn er dann einmal dabei war, dann bildeten die beiden ein berüchtigtes Paar. Er mischte mit seinem sprühenden, überraschenden, aber respektlosen Witz liebend gern die Stehempfänge auf. Wenn er ehrlich war, ging er hauptsächlich deshalb hin. Und wenn er dann auf die Piaf traf, spielten die beiden Pingpong – und niemand, der das schon einmal erlebt hatte, wünschte sich, zwischen die Fronten zu geraten. Dass man Glanzberg gegenüber so wunderbar unverschämt sein konnte, ließ Edith Piaf ihm einiges verzeihen. Denn manchmal fühlte sie noch einen alten, stechenden Schmerz, wenn sie ihn traf. Hatte er nicht damals ihre Liebe verschmäht? Edith Piafs verletzte Eitelkeit heilte langsam, aber sie heilte. Im Juni 1952 heiratete sie im Rathaus des 16. Arrondissements von Paris den Sänger Jacques Pills. Er war einst Ehemann von Lucienne Boyer gewesen, die die Generation der Sängerinnen vor der Piaf ebenso verkörpert hatte wie Lys Gauty. Jacques Pills war ein stattlicher Mann mit dunklen Haaren und einem strahlenden Lachen aus verschmitzten Augen. Wie üblich bei Edith Piafs

Männern wurde Pills von ihr wie ein Schoßhündchen überallhin gezerrt. Eines Tages saßen alle im Studio beisammen und machten Pause. Edith Piaf hielt verliebt Händchen mit ihrem Jacques Pills, der sich gerade angeregt mit seinem anderen Tischnachbarn unterhielt. Glanzberg saß auf der anderen Seite von ihr. Plötzlich beugte sie sich zu ihm hinüber, nickte in Jacques Richtung und flüsterte ihm zu: »Wie findest Du ihn?« Das konnte nur eine Falle sein! Abgesehen davon, dass er über Edith Piafs ständig wechselnde Favoriten nie eine Meinung hatte, außer vielleicht der, dass sie ihm völlig egal waren – auf eine solche Frage wäre jede Antwort falsch. Norbert Glanzberg zog sich elegant aus der Affäre. Er riss die Augen weit auf, hob die Schultern und sah sie mit einem Ausdruck tiefer Ratlosigkeit wortlos an. Sie grinste unverschämt zurück. Und beugte sich wieder zu Glanzberg: »Ich finde, er sieht aus wie ein Idiot, ein Rindvieh!« Dennoch heiratete sie das Rindvieh nicht nur auf dem Standesamt des 16. Arrondissements, sondern drei Monate später auch noch mit viel Brimborium in der Kirche Saint Vincent de Paul in New York. Ironischerweise war es genau diese Kirche gewesen, in der sie in wehmütigem Gedenken an ihren mit dem Flugzeug abgestürzten Liebhaber, den Boxer Marcel Cerdan, immer Kerzen angezündet hatte. Jetzt ließ sie sich neben Jacques Pills dort als glückliche Braut fotografieren, an ihrer Seite Marlene Dietrich als Trauzeugin, die die glamouröse Hochzeit organisiert und mit Edith Piaf auf der Fifth Avenue das fast bodenlange Hochzeitskleid aus hellblauem Seidenjersey ausgesucht hatte.

Dabei hatten die Zeitschriften noch zwei Jahre vorher verkündet: »Die Sängerin wird ihren Partner heiraten: Edith Piaf schließt nicht unbedingt aus, dass Eddie Constantine der Mann ihres Lebens ist.« Bekanntlich kam es anders. Der englisch klingende Name in der langen Liste ihrer Liebhaber wurde von dem »wie ein Rindvieh« aussehenden Jacques Pills abgelöst. Dabei wirkte Eddie Constantine eigentlich viel robuster als der spätere Gatte: Ein breitschultriger Mann mit einem quadratischen Kiefer und tiefen Falten um den breiten Mund. Seine Augen standen weit auseinander, das Haar lichtete sich bereits über der Stirn. Eddie Constantine stammte aus Los Angeles, hatte in Wien klassischen Gesang studiert und in Hollywood im Radio gesungen, bevor er 1948 nach Paris kam. Zwei Jahre später trat der Amerikaner im »Moulin Rouge« auf und am 18. Juli 1950 erstmals gemeinsam mit Edith Piaf. Constantine, die Piaf und Charles Aznavour begannen ihre Tour durch Frankreich, die Schweiz und die Niederlande in Nîmes. Nach dem Auftritt eilte sie zu einem Radio-Interview mit Yves Montand.

Natürlich kam es, wie es kommen musste. Der Amerikaner schlitterte in die klassische Rolle des Geliebten, den Edith Piaf unbedingt zum Star machen wollte. »Kein Mann auf der Welt konnte ihr widerstehen«, würde Eddie Constantine noch Jahre später den Reportern gegenüber schwärmen. »Sie hat viel für mich getan. Sie hat mir beigebracht, mich für meinen Erfolg einzusetzen. Was mir eigentlich ziemlich widerstrebt. Ich habe einfach keinen Ehrgeiz.« Hätte sich Eddie Constantine an Edith Piafs Anweisungen gehalten, wäre aus ihm später vielleicht etwas anderes geworden als der Schauspieler, an den alle Regisseure sofort dachten, wenn sie einen billigen Actionfilm planten und einen Mann zum Draufhauen brauchten. Auch ein Mann wie Eddie ließ sich von Edith Piaf ans Händchen nehmen und hinter sich herschleppen. Glanzberg hatte diesen Effekt so oft erlebt, dass er für ihn vollkommen normal geworden war. Und er wusste auch ganz gut, dass zu der Machtverteilung in Piafs Beziehungen ganz gezielt kleine Gemeinheiten gehörten. Sie wollte anderen und damit sich selbst demonstrieren, dass sie den Menschen an ihrer Seite eigentlich gar nicht brauchte. Eines Tages, als man gerade das Studio verließ, spürte er, dass sie wieder einmal etwas im Schilde führte. Es war die Art, wie sie Eddies Hand hielt, sie dann losließ und ihn mit den anderen ein paar Meter vorausgehen ließ, während sie Glanzberg in ein angeregtes Gespräch über Belanglosigkeiten verstrickte. Und schon legte Edith Piaf los: »Ach, Nono. Weißt du, ich habe unsere gemeinsame Zeit nie vergessen. Schau dir Eddie doch mal an! Höre ihn nur reden! Weißt du, an was ich in letzter Zeit oft denke?« Er wollte in diesem Augenblick nichts weniger, als das erfahren und schwieg. »Ich werde es dir sagen«, verkündete Edith Piaf mit einer Stimme, in der ein feierlicher Ton mitschwang. »Ich hätte gern ein Kind. Und zwar von dir, Nono. Ich liebe deine Intelligenz. Wenn wir ein Kind hätten, dann wäre es klug. Und das wünsche ich mir.« Glanzberg war bei ihr auf einiges vorbereitet. Aber dieser Wunsch, nein diese Forderung, schockierte selbst ihn. Fassungslos fiel ihm nichts Besseres ein als zu sagen: »Aber Edith, das geht nicht. Du weißt doch, ich habe eine Freundin. Du kennst Marischka doch.«

Dieser Verräter, muss Edith Piaf gedacht haben. Selbst damals, als er vollkommen abhängig von ihr gewesen war, hatte er sich ihr entzogen. Sie hatte nie vergessen können, wie sie in ihrer Wohnung im Bordell der Madame Billy gesessen und auf den Postboten gewartet hatte. Immer und immer wieder vergebens, weil ihr Nono einfach nicht schrieb. Anderen konnte sie einfacher nachsehen, wenn sie sich ihr nicht komplett verschrieben. Marcel, der Preisboxer, hatte zum Beispiel Familie, was hätte er da tun sollen? Edith Piaf akzeptierte diese Ausrede, damit waren Marcel und ähnliche Fälle bequem entschuldigt. Glanzberg hatte damals keine solche Ausrede gehabt.

Eddie Constantine war nicht der erste Liebhaber, aus dem die Piaf einen erfolgreichen Sänger zu machen versuchte. Meist bedeutete das für die Männer bedingungslose Unterwerfung unter Edith Piafs strenges Regiment, um am Ende doch von ihr verlassen zu werden. Derjenige, der auf diese Weise aber wirklich Karriere machte, obwohl er angeblich furchtbar unter ihr litt, war Yves Montand. Noch zu Kriegszeiten hatte Glanzberg ihn in Marseille kennen gelernt: »Ich war sein erster Klavierbegleiter, als Yves noch völlig unbekannt war. Ein Konzertagent hatte mich eines Tages zur Probe eines vielversprechenden jungen Künstlers, der noch als Docker arbeitete, eingeladen. Der junge Mann trug eine blonde Perücke, die ihm Ähnlichkeit mit Charles Trenet verleihen sollte, was aber durch sein Pferdegebiss und die etwas zu groß geratene Nase nicht ganz gelang. Er hatte verschmitzte Augen und eine Stimme, die wirklich vielversprechend war. Seine ersten Publikumserfolge erzielte er noch in Marseille, als *Vedette américaine* eines Variété-Theaters, das heißt, dass er im Cowboykostüm auftrat und ein entsprechendes Liedrepertoire vortrug.« Glanzberg fand den jungen Mann äußerst sympathisch. Weniger sympathisch fand er dagegen die Auftritte dieses Jungen: Jemand mit einer so erotischen Stimme hatte es doch nicht nötig, Trenet und Fernandel nachzumachen! Weil Glanzberg ihn am Klavier begleitete, nutzte er den Respekt des Anfängers vor dem Profi, um dem Jungen ein paar Ratschläge zu erteilen: Singen Sie neue Lieder, denken Sie vor allem über einen eigenen Stil nach!

Jetzt, keine zehn Jahre später, erinnerte sich niemand mehr an die blonde Perücke und das peinliche Cowboykostüm. Yves Montand war der blitzartig aufgegangene Stern der fünfziger Jahre, der neue Schwarm der Französinnen, der Marseille längst hinter sich gelassen hatte und inzwischen auch aus dem Schatten seiner Entdeckerin Edith Piaf getreten war. Dafür hatte sie selbst gesorgt. In Edith Piafs Auftrag schrieb Glanzberg seine ersten Lieder für Yves. Schon »Moi j'm'en fous« von 1946 ging als ein Klassiker in Montands Repertoire ein. Doch er beurteilte Yves Montand wie üblich streng nach musikalischen Maßstäben: »Edith war nicht nur eine großartige Sängerin, sondern auch eine großartige Musikerin, obwohl sie Musik nicht lesen konnte. Yves, der ein wundervoller Interpret war, war unmusikalisch. Edith sagte mir einmal: ›Weißt du, Yves hat viel weniger Talent, als man denkt.‹ Diesen Satz werde ich nie vergessen. Denn das stimmte. Yves fing mitten im Takt an, falsch zu singen und merkte es überhaupt nicht. Das ist das Schlimmste – wenn sie es nicht merken.«

Und außerdem habe Yves Montand zwar eine große Nase gehabt, aber keine große Spürnase. Ein Beispiel dafür war »Grands boulevards«, eins der Lieder, deren Melodien Edith Piaf von Glanzberg kannte und die sie sich gemerkt hatte, weil sie sie irgendwann einmal aufnehmen wollte. Als sie aus ihrem Marseiller Cowboy gerade einen Sänger gemacht hatte, fand sie, dass dieser treibende, rollende Rhythmus ideal zu Yves passen würde. Kein halbwegs tanzbegeisterter Mensch würde, gerade wenn Yves das sang, lange still sitzen können. Also spielte ihm Glanzberg auf Piafs Anweisung »Grands boulevards« am Klavier vor, nachdem Jacques Plante den Text dazu geschrieben hatte. Doch der junge Mann mit der großen Nase zeigte sich überhaupt nicht beeindruckt – im Gegenteil: »Yves sagte mir nur mitleidig: ›Also gut, Norbert, ich werde es nehmen, weil du ein Freund bist. Aber ich setze es an den Anfang meiner Show.‹« Dort landeten die schwächeren Titel, weil das Publikum zu diesem Zeitpunkt noch nicht heiß gelaufen war. Da machte ein Flop nicht viel aus. »Mit solchen Titeln konnte man ein Crescendo erzeugen, eine dramaturgische Steigerung, um später Vorhänge zu kriegen. Aber Yves musste ›Grands boulevards‹ schon nach wenigen Wochen ans Ende setzen, weil alles andere dagegen beim Publikum abfiel.«

Und »Grands boulevards« vergaß man nicht so schnell – nirgendwo. In der französischen Hitparade, die damals noch »Börse der Chansons« hieß und in der die Kurse der meistverkauften Lieder bekannt gegeben wurden, stand »Grands boulevards« im April 1952 immerhin noch auf Platz siebzehn – ein Jahr nach der ersten Aufnahme 1951. Als Yves Montand im Dezember 1956 mit Simone Signoret in der Sowjetunion wie ein französischer Zar Einzug hielt, stellte er erfreut fest, dass sich seine Platten hier sogar besser verkauften als die von David Oistrach oder Ivan Petrov. Er konnte in Moskau mit seinem ganz normalen Programm auftreten, denn die Russen sangen auf den Straßen seine Lieder im französischen Original. Glanzberg sah die Jubelmeldung daheim in Paris in der Zeitung, und er wollte schon weiterblättern, als er las: »Es gab nur eine Änderung im Programm. Die Organisatoren haben von Montand verlangt, einen seiner ältesten Erfolge dazu zu nehmen: ›J'aime flâner sur les grands boulevards‹. Mit diesem Lied ist Montand vor sieben Jahren in der UdSSR bekannt geworden. Es ist immer noch ein Hit.«

Überhaupt war Yves Montand kein einfacher Kunde. Nicht einmal zu einer gängigen, klassischen Melodie wie einer Rumba konnte er sich spontan eine Meinung bilden. Yves Montand war eine Diva. Als Glanzberg ihm eine Rumba vorschlug, reagierte er wie üblich abwartend und wollte das Stück zunächst mit Orchester aufgenommen hören. Bei solchen Forderungen sträubten sich Glanzberg die Nackenhaare, denn sie waren für ihn ein weiteres Zeichen von Unmusikalität: »Wenn ein Interpret den fertig arrangierten Song braucht, um sich vorzustellen, dass er gut klingt, wenn mein Vorspielen am Klavier nicht reicht, dann ist das einfach furchtbar!« Aber er wusste: Da war nichts zu machen. Günstigerweise bot sich jedoch eine Gelegenheit, Yves' Forderung ohne großen Aufwand zu erfüllen.

Glanzberg hatte kurz zuvor, im Frühjahr 1956, einen großen Deal gemacht. Natürlich bedeutete es Ruhm und Ehre, einen *tube* zu schreiben, den ganz Frankreich summte. Aber es bedeutete nicht sofort auch einen finanziellen Erfolg, auf den ein professioneller Komponist schließlich angewiesen war. Eine sichere Bezahlung versprachen nur die Filme. Und er hatte gerade einen Vertrag mit Jacques Tati unterzeichnet. Auch Marischka war begeistert: Tati, einer der Größten! Sie sah sich ihrem Wunschtraum ein Stückchen näher gekommen. Ihr Norbert würde zu Hause sein und für gutes Geld komponieren, er würde nicht mit Verrückten wie der Piaf um die halbe Welt reisen, während sie in Paris in ihrem immer noch kleinen Apartment saß, sich langweilte und unangenehme Gedanken wälzte, was er unterwegs wohl alles trieb. Der geplante Film von Jacques Tati hieß »Mon oncle«. Die Rumba, die nicht in Yves' Ohren kitzelte, brachte dieses Filmprojekt durch einen Zufall völlig durcheinander. Eines Tages saß Glanzberg mit dem Regisseur Raymond Belgrin beim Mittagessen und wünschte sich heimlich kilometerweit weg. Der Regisseur stritt nämlich die ganze Zeit mit einer seiner Schauspielerinnen, die ebenfalls am Tisch saß. Es war eine blonde, langbeinige Schöne, deren berühmter Schmollmund an diesem Tag schmollte, ohne dass das im Drehbuch stand. Sie hieß Brigitte Bardot und konnte sich mit Belgrin einfach nicht einigen. Immer und immer wieder kreisten die beiden um die gleichen strittigen Punkte. Glanzberg langweilte sich, als ihn plötzlich ein musikalischer Einfall durchzuckte. Binnen weniger Minuten entstand eine Melodie in seinem Kopf, und er begann, die Noten auf seine Serviette zu schreiben. Hektisch entschuldigte er sich bei den Streitenden, um den Schauplatz dieses albernen Zanks so schnell wie möglich zu verlassen: Er brauchte unbedingt ein Klavier!

Er ging in die nahegelegenen Filmstudios von Victorine, wo er seine neue Melodie am nächsten Klavier ausprobierte. Und tatsächlich: Das klang hervorragend! Er spielte mit Inbrunst, als er plötzlich eine Stimme hinter sich hörte – Jacques Tati. »Was spielen sie denn da? Ganz neu? Aber das passt ja perfekt in ›Mon oncle‹, Monsieur Glanzberg, einfach glänzend.« Und so verkaufte Glanzberg zusätzlich zu den anderen schon fertigen Filmmelodien dieses neue Lied an Jacques Tati und bekam einen Teil der Gage als Vorauszahlung. Er fühlte sich großartig. Dieses Motiv des Films war eine fröhliche, lebenslustige Melodie, ein richtiges Frühlingslied. Als die dazugehörige Szene im Kasten war, rief Tati an: »Norbert, mieten Sie ein Studio und nehmen Sie diese neue Melodie da auf. Ich muss hören, ob das tatsächlich zur Szene passt.«

Glanzberg trommelte ein paar Musiker zusammen und vereinbarte eine Stunde Aufnahmezeit mit dem Toningenieur im Filmstudio Victorine. Er würde natürlich selbst dirigieren, denn mit halben Sachen gab er sich hier nicht zufrieden. Diese Melodie war so gut, das sollte selbst ein Regisseur sofort erkennen können. Doch zu seiner Überraschung gab es diesmal – anders als so oft – keine Schwierigkeiten mit den Musikern. Sie verstanden schnell, wie er seine Musik hören wollte. Die Melodie für Tati, die nach einem Karussell klang, wurde so flott eingespielt, dass Glanzberg zu überlegen begann, ob er den Rest der Zeit nicht für etwas anderes nützen könnte. Schließlich lag noch die Rumba für Yves Montand in seiner Schublade. »Hör mal«, sagte er zu dem Toningenieur. »Wir machen noch schnell was anderes.« Und so wurde auch die Rumba an jenem Tag in Rekordzeit aufgenommen.

Der Toningenieur übergab ihm die dicken, empfindlichen

Platten. »Wo steht denn hier, auf welcher Seite was ist?«, fragte er. »Ach, Entschuldigung«, antwortete der Toningenieur. »Ich habe meinen Stift nicht sofort gefunden. Moment, ich hole ihn und schreibe die Titel auf die Platte.« Über die Melodie für Jacques Tati machte sich Glanzberg auf dem Heimweg keine Gedanken mehr. Ihm ging es darum, Yves Montand endlich seine Rumba präsentieren zu können. Er rief Jean Constantin an: »Ich brauche einen guten Text für Yves Montand. Es ist eine Rumba. Ich lass dir die Platte vorbeibringen. Auf einer Seite ist die Rumba, auf der anderen etwas, das nach einem Karussell klingt. Das ist für einen Film. Beachte es einfach nicht.«

Monatelang hörte er weder etwas von seinem Textdichter noch von Yves Montand. Dann endlich kam ein Päckchen von Jean Constantin, der ihm die ausgeliehenen Materialien schickte – und natürlich auch den brandneuen Text für Yves' Rumba. Doch Constantins kurzer Begleitbrief, klang ziemlich verwirrt: »Hier sind deine Strophen. Ich habe deine Musik aufwühlend gefunden, aber ich finde darin nicht die geringste Spur einer Rumba.« Es dauerte eine Weile, bevor er begriff: Entweder hatte Jean Constantin am Telefon nicht richtig zugehört, oder die Platte war falsch beschriftet gewesen. Jedenfalls hatte er nicht für Yves' Rumba, sondern für Tatis Filmmusik einen Text geschrieben. Glanzberg war verärgert. Ein paar Tage später klingelte mitten in der Nacht das Telefon. Edith Piaf, wer sonst. Nach ein paar einleitenden Sätzen kam sie zur Sache: »Norbert, du weißt, was ich von dir halte.« Was sollte das denn plötzlich? »Du hast als Komponist viel Talent. Aber wenn dir etwas danebengeht …« Lange Kunstpause. »Dann geht es richtig daneben.« Glanzberg war vollkommen verdutzt: »Ja, aber was denn überhaupt?« – »Da ist dieses Lied. Diese Geschichte mit einem Karussell. Jean Constantin hat es mir vorgespielt. Und weißt du, was ich davon halte? Das ist eine Null!« Nun verstand er gar nichts mehr. »Edith, ich weiß nicht, was du willst. Ich komme morgen bei dir vorbei. Wir werden das klären.«

Als er am nächsten Abend in der Rue Lanners ankam, spürte er sofort die unterschwellige Aggression, die von Edith Piaf ausging. Ihr unwiderstehliches Lachen schien sie an diesem Tag vergessen zu haben. Sie formte aus Daumen und Zeigefinger einen Kreis, und das Wort Null knallte ihm um die Ohren. Und dann kam die Wahrheit heraus: Jean Constantin hatte ihr vorgespielt, was zuvor schon Yves Montand nicht gefallen hatte. Der Textdichter hatte, ohne Glanzberg gefragt zu haben, Yves Montand und seiner Frau Simone Signoret den brandneuen Text vorgesungen. Es herrschte tiefe Stille, als die letzte Note verklungen war. Dann hatte sich Montand geräuspert: »Das ist Dreck!« Simone, die mit der für sie typischen langstieligen Zigarette neben ihm saß, hatte ihm zugestimmt. Und Edith Piaf fand, dass die beiden Recht hatten.

Glanzberg nahm Edith Piaf das Textblatt aus der Hand. Er las: »Tu me fais tourner la tête, mon manège à moi, c'est toi ...« Aber das klang doch wunderbar: »Du hast mir den Kopf verdreht, mein Karussell, das bist du ...« Das passte bestens zu Yves Montand, dem Liebling der Französinnen. Wer würde sich nicht gern von einem Yves Montand den Kopf verdrehen lassen? Text und Musik bildeten eine Einheit, dieses Lied war für ihn wie geschaffen. Was konnte daran Dreck sein? Plötzlich handelte es sich um eine Frage der Ehre. In Glanzberg rebellierte es. Er hatte zwar nie geplant, dem gönnerhaften Yves Montand diese Melodie anzubieten, aber das konnte er Edith Piaf jetzt nicht erklären, denn die wollte ganz klar nur eins: die Gelegenheit nutzen, um Ärger zu machen! Den sollte sie haben. Schließlich war das Lied als Filmmusik bereits verkauft, und er brauchte dafür kein Geschäft mit der Piaf. »Nein, Edith, du irrst dich!« Sie schaute ihn herausfordernd an, als wolle sie sagen: Wenn es so gut ist, warum hast du es mir dann nicht gegeben? Das wird schon seinen Grund gehabt haben. Er erriet ihre Gedanken. »Ich habe es dir nicht angeboten, weil es ein lustiges Lied ist. Und du singst doch die dramatischen Sachen. Aber Edith, lass es mich dir jetzt trotzdem vorspielen! Ich sing es auch!«

Das war ein Risiko. Er wusste, dass er alles andere als ein begnadeter Sänger war. Schon im Alter von 13 hatte er ja bei seiner Bar-Mizwa die vollbesetzte Würzburger Synagoge zum Schaudern gebracht. Jean Constantin dagegen besaß eine erstklassige Stimme, denn er war ein professioneller Sänger. Selbst zu singen war also ein Risiko. Er versuchte es trotzdem: »Als ich fertig war, sagte Edith Piaf nur drei Worte: ›Ich will das!‹«

Wenn Edith Piaf etwas haben wollte, dann musste viel passieren, damit sie es nicht bekam. Eine bereits für viel Geld exklusiv an einen berühmten Filmemacher verkaufte Melodie ließ sie keine Sekunde zögern. Wer anderes als sie, die große Edith Piaf, konnte diese Melodie singen? »Wenn du das bereits an Tati verkauft hast, dann werde ich es eben zurückkaufen. Es ist mir egal, wieviel sein Rechtsanwalt verlangt. Ich will dieses Lied!« Jacques Tati konnte schließlich ihrem Angebot nicht widerstehen. Glanzberg wurde nicht einmal gefragt, ob er das überhaupt wollte. Er fügte sich in sein Schicksal. Marischka weinte, und er ärgerte sich darüber. Gut, das wichtigste Lied des Films würde nun nicht eins von ihm sein, aber Tati würde ja immer noch einiges für die anderen Melodien zahlen, die der Komponist für »Mon oncle« geschrieben hatte. Der Film wurde einer der bekanntesten von Tati überhaupt.

Fünfzigtausend Francs gab Edith Piaf an Anwaltskosten aus, bevor auch nur die erste Strophe des ehemaligen Filmsongs am 21. März 1958 unter Glanzbergs Tatkstock im Pariser »Olympia« eingespielt und auf Schallplatte gepresst war. Den Vorschuss, den ihm Tati bereits überwiesen hatte, musste er zurückzahlen, ohne dass ihm Edith Piaf einen Ausgleich anbot. Schließlich war sie überzeugt davon, dass er langfristig auf seine Kosten kommen würde. Ende der Sommerferien schrieben die Zeitungen bereits: »Alle reden davon, dass der beste Chanson bei der Eröffnung der neuen Saison durch Edith Piaf im ›Alhambra‹, ›Tu me fais tourner la tête‹ sein wird.«

Edith Piafs Spürnase war so empfindlich, wie die von Yves Montand verstopft gewesen war: Die musikalische Geschichte mit dem Karussell wurde als »Mon manège à moi« zu einem der unsterblichen Klassiker der Piaf. Neben »Padam« wurde es Glanzberg größter Erfolg. Kaum jemand würde heute den

Namen Yves Montand damit in Verbindung bringen. Obwohl er den schnell zigtausendfach verkauften »Dreck« später ebenfalls aufnahm.

Viele Jahre danach konnte Glanzberg mild und überlegen lächeln: »Es war natürlich Yves' gutes Recht, mein Lied für Dreck zu halten. Aber komisch: Soetwas ist mir mehr als einmal vor allem mit jenen Chansons passiert, die später große Hits wurden. Und ich habe bei ›Mon manège‹ eine kleine musikalische Neuerung für das Genre des Chansons erfunden. Normalerweise besteht ein Lied aus einer Melodie und einer Begleitung. Der Refrain mit den Worten ›Mon manège‹ ist die Melodie. Dann drehe ich die Sache um. Aus der Melodie wird die Begleitung. Das passt zum Thema des Karussells und ist eine geistreiche Art, etwas zu verändern. Der berühmte Komponist Olivier Messiaen hat mir einmal gesagt, das wäre wert, in der klassischen, ernsten Musik vorzukommen.«

Doch leider bekam »Mon manège à moi« Jahrzehnte später Applaus von einer Seite, die er gar nicht mochte. 1993 wurde es von Etienne Daho aufgenommen, einem der bekanntesten französischen Popsänger. Eine leichte, poppige Version mit Synthesizern, die in Frankreich wie schon das Original ein *tube* wurde und die Etienne Daho in das Album seiner größten Erfolge aufnahm. Das ist Dreck, schimpfte jetzt Glanzberg.

Mit Chaplins Gage hätte ich gerade mal den Kopisten bezahlen können

Musik für die grossen Filme der 50er Jahre

»Mon manège à moi« wurde wie »Mon oncle« ein Klassiker in Frankreich. Dass sein Lied nicht durch den Film, sondern durch Edith berühmt gemacht wurde, bereute Glanzberg nie auch nur eine Sekunde lang. Die meisten Filme, für die er komponiert hatte, fanden bei ihm später ohnehin keine Gnade – und das, obwohl der Name Glanzberg in den fünfziger Jahren vor allem für Kinomusik stand. Aber an die Bilder zu diesen Klängen wollte er meist nicht gern erinnert werden: »Ich habe viele Filme gemacht. Aber zufrieden bin ich damit nicht, denn viele davon waren schlecht. Wenn man ein Drehbuch liest und die Namen der Schauspieler, dann hofft man, dass es ein Erfolg wird. Es gibt Regisseure, die nur Techniker sind und welche, die musikalisch sind. Leider hatte ich mit vielen zu tun, die nur Techniker waren.«

Vor allem in den fünfziger Jahren meldete das Fachblatt *Le Film Français* fast ununterbrochen Produktionen mit Glanzberg. Er hat insgesamt für über dreißig Filme, von denen etwa die Hälfte auch in Deutschland gezeigt wurde, geschrieben: zum Beispiel 1953 »Mann meiner Träume« – im Original »Ma petite folie«, der Sexfilm »Zur Liebe verdammt« (»La rage au corps«) mit Françoise Arnoul, oder 1955 »Frauen in Erpresserhänden«, der im Original »Chantage« hieß. 1958 folgte die Literaturverfilmung »Partner des Teufels« (»La moucharde«). Alle diese Filme wollte Glanzberg aber genauso schnell vergessen wie 1953 den Film »Mon frangin du Sénégal«, an dem ihm bestenfalls das Werbeplakat mit einem Löwen und einem grimmigen Großwildjäger gefiel. Auch die neunwöchigen Dreharbeiten zu »C'est arrivé à Paris« im Jahr zuvor hatte er schnellstmöglich aus seinem Gedächtnis gestrichen – obwohl Evelyn Keyes mitspielte.

1956 war ein goldenes Jahr für Glanzberg, was seine Arbeit für das Kino betraf. Nicht nur »Mon oncle« wurde gedreht, sondern auch »La sorcière« (»Die blonde Hexe«), ein Film, den er ebenfalls nicht mochte. Dass diese dramatische Liebesgeschichte für die noch ganz junge Marina Vlady der Start ihrer Karriere werden sollte, änderte an seiner Meinung nichts. Alles Kitsch, fand er. Doch mit seiner Musik war er bei diesem Film ausnahmsweise einmal zufrieden. Ein Ohrwurm, eine Melodie zum Träumen. Das fiel auch anderen auf, so dass die Filmmusik der »blonden Hexe« für den Wettbewerb der Berlinale 1957 vorgeschlagen wurde. Doch sie ging leer aus, was Glanzberg mit dem ihm eigenen Pessimismus interpretierte: »Der Regisseur war nämlich sauer, dass ausgerechnet die Musik nominiert worden war. So etwas wünschte man sich als Regisseur natürlich als Letztes«, sagte er. »Da wurde dann schon im Vorfeld so lange hinter den Kulissen gegen mich gearbeitet, dass aus dem Preis nichts wurde.« Kaum waren die Dreharbeiten zu dem Streifen mit der Vlady vorbei, als Glanzberg schon wieder im Studio von Billancourt verlangt wurde. Dort ging es um eine Romanverfilmung: »Michel Strogoff« nach Jules Verne. Das sollte der einzige Glanzberg-Film sein, der auch in Deutschland gut lief und sogar noch Jahrzehnte später mehrfach im Fernsehen gezeigt wurde. Als Hauptdarsteller hatte man einen der beliebtesten deutschen Schauspieler engagiert: Curd Jürgens. Niemand verkörperte Michel Strogoff, den »Kurier des Zaren« so gut wie er. Die herzzerreißende Geschichte um den tapferen Kurier und seine Liebste, das arme Mädchen Nadia Fedorovna, trieb den deutschen Kinogängerinnen reihenweihe die Tränen in die Augen. Glanzbergs melancholisches, eingängiges Motiv der liebenden Nadia machte die Handlung um den

Helden, der für seine Liebe und seinen Herren kämpfte, noch tragischer.

1955 hatte er mit einem anderen Star gearbeitet, der mindestens so viel Sexappeal ausstrahlte wie Curd Jürgens: Brigitte Bardot. »La lumière en face« wurde deshalb natürlich auch in Deutschland gezeigt, wo der Film »Gier nach Liebe« hieß. Wieder einmal nichts Besonderes, fand Glanzberg. Was hatte er davon, dass in diesem Film Brigitte Bardot mitspielte? »Sie hat mir bei den Dreharbeiten sogar einmal gesagt, dass sie als Schauspielerin eigentlich gar kein Talent hat. Darüber war sie sich völlig im Klaren.« Den Sommer 1956 widmete er trotzdem zum Großteil der Bardot, die natürlich sofort wieder engagiert worden war. Wie passend: Der Film hieß »La mariée est trop belle« – die Braut ist zu schön! Wenigstens drehte man, im August 1956 einen Großteil der Aufnahmen an Originalschauplätzen auf dem Land. Glanzberg komponierte einen schwungvollen Hochzeitsmarsch, der gleich zu Beginn des Films zu hören ist, wenn die Bardot zum ersten Mal im weißen Kleid in der kleinen Dorfkirche als »zu schöne« Braut zu sehen ist. Vier Jahre später dachte er sich, dass dieses Thema auch zu anderen feierlichen Anlässen passen könnte. Tino Rossi sang die Melodie als Weihnachtslied. »Noël c'est l'amour« wurde zu einem Klassiker der französischen Weihnachtslieder.

Das war 1960. In diesem Jahr hatte Glanzberg einen ganz neuen Grund, an Weihnachten zu denken: Am 27. November 1959 war sein Sohn Serge zur Welt gekommen. Der würde schon bald mit staunenden Augen vor den weihnachtlich geschmückten, bunten Schaufenstern der großen Kaufhäuser auf den Grands Boulevards stehen. Lange Jahre hatten sich die Glanzbergs Nachwuchs gewünscht, ohne dass ihr Wunsch erhört worden wäre. Marischka war zunehmend verzweifelt. Sie ging in die Kirche und zündete Kerzen an – und dennoch stellte sich kein Kindersegen ein. Als sie die Hoffnung schon aufgegeben hatte, wurde sie doch noch schwanger. Es schien wie ein Wunder. Glanzberg, der sein Privatleben vor den Verwandten jenseits des großen Teichs normalerweise nur ungern ausbreitete, schrieb seinen alten Eltern sofort. Erwartungsgemäß zeigte sich Malka Glanzberg begeistert: »Meine lieben Norbert und Marianne! Die große Nachricht hat uns angenehm überrascht. Wir wünschen euch viel Glück, wir hoffen, dass die liebe Marianne eine angenehme Schwangerschaft haben wird und zur rechten Zeit Geburt geben wird. Ich bin sicher, dass du unter ärztlicher Aufsicht bist, und es wird alles *allright* sein. Wir freuen uns so sehr, weil wir wissen, dass es euer tiefster Wunsch ist, und eure Freude ist auch unsere.«

Als dann das Baby auf die Welt kam – noch dazu ein Junge, wie Glanzberg es sich gewünscht hatte, konnten die Alten in New York das Wunder kaum fassen und kommentierten begeistert die ersten Bilder aus Paris: »Im Bettchen erinnert er mich an meinen Kleinen. Dieselbe Kopfform, die Haare-Winkel, und ich hoffe, die Gestalt wird auch dieselbe sein. Und Glück und alles, was zu einem glücklichen Leben gehört, soll ihm beschieden werden.« Malka war ganz stolze Großmutter. Sie hatte offenbar keine Probleme damit, dass der Stammhalter nicht nach jüdischem Glaubensgesetz von einer jüdischen Mutter stammte. Schwierig fand sie nur den Namen: »Serch« schrieb sie im ersten Brief. Glanzberg hatte den Namen Serge gewählt, weil er etwas »kurzes, männliches« wollte.

Der winzige, schwarzhaarige Junge, der anfangs viel weinte, öffnete ihm das Tor zu einer ganz neuen Welt. Schon als er die kleine Maiita in Varilhes mit seinem Klavierunterricht und seinen Späßen unterhalten hatte, hatte er ungewohnt zärtliche Gefühle entwickelt. Kindern gegenüber musste er, der sein Innenleben nicht offenbaren wollte und konnte, kein Misstrauen haben. Sie waren immer echt und direkt, und das entspannte ihn und weichte seinen inneren Schutzpanzer auf. Selten wird sich Glanzberg in seinem Leben so wohl gefühlt haben wie in jenen ersten Jahren mit Serge, dem Wunder, an das er nicht mehr zu glauben gewagt hatte. Das erste Lebensjahr des Jungen verbrachte er fast ausschließlich zu Hause. Jeder Tag, an dem er die Entwicklung von Serge begleiten konnte, brachte unerwartete Glücksmomente.

Glanzberg, der zuweilen Zynische, ewig Misstrauische entpuppte sich als liebender, fürsorglicher Vater. Für Serge kaufte er natürlich einen Weihnachtsbaum, und es interessierte ihn wenig, dass dies mit der jüdischen Religion nichts zu tun hatte. Ihn interessierte nur, was die Kinderaugen zum Strahlen brachte. Einmal kam Serges liebster Teddybär abhanden, und der Kleine weinte bitterlich. Glanzberg brach es schier das Herz. Er fuhr mit dem Taxi so lange durch die ganze Stadt, bis er spät in der Nacht noch den Besitzer eines Spielzeuggeschäfts gefunden und dazu bewegt hatte, ihm das exakte Abbild des verlorenen Bären zu verkaufen – obwohl das Geschäft längst geschlossen hatte und er den Mann zu Hause herausklingeln musste. Stolz schob er den Kinderwagen seines kleinen Prinzen und ließ mit ihm im Park Luftballons steigen. »Meine lieben Zwei«, schrieb er 1970 von einer Kur in Salzburg. »Es schneit, aber es ist ein angenehmer Urlaub. Karajan und die Berliner Philharmoniker sind wie immer: Extra. *My little boy*, gleich neben meinem Hotel befindet sich ein Tiergeschäft, es gibt da auch Hamster.« Der kleine und der große Glanzberg verstanden sich prächtig – bis Serge älter wurde und immer mehr die Spannungen zwischen seinen Eltern wahrnahm. Er fühlte instinktiv, dass seine Mutter in der schwächeren Position war. Als Serge zwölf oder dreizehn Jahre alt war, begann er, sie gegen den Vater zu verteidigen. Glanzberg war fassungslos.

Überhaupt zeigte der Junge nicht so viel Begeisterung für die Musik, wie er gehofft hatte. Klavier und klassische Musik reizten ihn gar nicht. Im Gegenteil spürte der Vater, dass Serge die Dauerbeschallung, die aus seinem kleinen Büro neben der Wohnung tagaus, tagein mit ungeheuerer Lautstärke herübertönte, nicht mochte. Dass Glanzbergs Muttersprache Deutsch war, färbte ebenfalls nicht sonderlich auf den Jungen ab. Als Serge im Gymnasium Deutschunterricht bekam, hatte er zwar einen kleinen Vorteil, weil er viele deutsche Sätze schon kannte, doch er hatte ihm die Sprache nie konsequent beigebracht, so dass sein Sohn zwar sehr viel verstand, aber grammatikalisch nicht perfekt war und mit typisch französischem Akzent sprach.

Was das ständige Klavierspiel des Vaters bedeutete, darüber machte sich Serge als Junge keine Gedanken. Wenn er am Schuljahresanfang den Fragebogen der Lehrer auszufüllen hatte, trug er unter dem Beruf der Mutter »Hausfrau« und unter dem des Vaters »Komponist« ein. Was dieses Wort eigentlich genau hieß, wusste er nicht. Es interessierte ihn auch nicht. Glanzberg hätte genauso gut Fabrikarbeiter oder Straßenkehrer sein können. Aber das war ja auch kein Wunder. Er machte sich lange schon keine Mühe mehr, den Jungen für das begeistern zu wollen, was er tat. Serge sah nur jahrelang einen Mann namens Désiré Dondeyne in die Wohnung kommen und beobachtete, wie er lange, angeregt und freundlich mit dem Vater sprach und dann wieder ging mit dicken Packen Papier unter dem Arm. Serge erfuhr, dass Dondeyne dem Papa bei dem half, was er Komponieren nannte. Er schrieb ab, was Glanzberg komponiert hatte. Diesen so genannten Kopisten sah er als seine rechte Hand an. Wenn der eine musikalische Änderung vorschlug, hatte diese Idee sogar gute Chancen, den überkritischen Musiker zu überzeugen.

Was die beiden Erwachsenen ausheckten, kümmerte Serge nicht. Sein Vater nahm ihn nie zu Premieren seiner Filme mit und zeigte nie stolz auf die Reklame der Filme, deren Musik er komponiert hatte, wenn sie zusammen an einem Kino vorübergingen. Nur als Serge ein ganz kleiner Junge war und vor dem Zubettgehen die Serie »Anouk Aimée« sehen durfte, erzählte ihm Glanzberg, dass der Papa das geschrieben habe, was da aus dem Fernseher tönte. »Was das bedeutet habe ich aber gar nicht verstanden«, erinnert sich Serge. Was er als Junge allerdings sehr gut verstand, war die Sache mit Paul Meurisse. Dieser gutaussehende Dunkelhaarige war einer der beliebtesten Schauspieler, einer, der am Ende immer die schönsten Mädchen bekam. Als Serge etwa neun Jahre alt war, durfte er zusammen mit dem Papa einen Film mit Meurisse im Fernsehen anschauen. Glanzberg fragte Serge: »Siehst du, dass seine Nase angebrochen ist?« Serge schaute genau hin – und tatsächlich! Sein Vater sagte stolz: »Das war ich. Ich habe ihn mal auf die Nase gehauen!« Jetzt wollte Serge natürlich mehr wissen: »Ach, das war so eine dumme Geschichte wegen einer Frau.« Mehr war aus dem Vater nicht herauszubekommen.

Erst Jahrzehnte später dämmerte es Serge, dass es bei der »dummen Sache« um Edith Piaf gegangen war, die Glanzberg nichts davon gesagt hatte, dass sich ihr Verhältnis mit ihm rein zeitlich ein klein wenig mit ihrem Verhältnis zu Meurisse überschnitten hatte – was den völlig ahnungslosen Schauspieler natürlich wenig erfreute. Eine Eifersuchtsszene, wie sie Edith Piaf wahrscheinlich in vollen Zügen genossen hatte. Das hielt ihn aber 1961 nicht davon ab, Musik für den mehrteiligen Film »La française et l'amour« zu schreiben – die Liebe und die Französin. Der Teil, für den er komponierte, hieß ausgerechnet »L'adultère« – der Ehebruch. Neben Paul Meurisse spielten darin noch Jean Paul Belmondo und die Kessler-Zwillinge mit.

Glanzberg war als Filmkomponist zwar sehr gefragt, aber zugleich auch gefürchtet. Produzenten sahen Aufnahmetagen mit Glanzberg voller Grauen entgegen. Bei solchen Einspielungen war vor allem eins gefragt: eiserne Disziplin. Man durfte seinen Zeitrahmen im Studio nicht überziehen, weil die Räume stets ausgebucht waren. In den diversen Studios in Paris wurden in den fünfziger Jahren im Schnitt über zwanzig Filme gleichzeitig gedreht. Diese Atmosphäre ständiger Hektik ärgerte ihn, dem es natürlich auch hier nur um eins ging: die Qualität der Musik. Er sah nicht ein, weshalb er sich einem so lächerlichen Diktat unterwerfen sollte. Auch im Studio dirigierte er sein Orchester, als ob es keine Uhr an der Wand gäbe. Und dann regte er sich über die Musiker auf! War so ein Filmorchester nicht oft genug ein Sammelbecken für alle, die sonst kein philharmonisches Orchester haben wollte?

Der Name Glanzberg stand für Skandal: Niemand war davor sicher, mitten in der Aufnahme von diesem perfektionistischen Dirigenten gefeuert zu werden. Und dabei sah er so harmlos aus, wie er da am Pult stand, im weißen Hemd und mit Hosenträgern, zerzausten Haaren und glänzender Laune, wenn tatsächlich gespielt wurde, was er in seinem Innern hörte. Aber wehe, wenn nicht: »Ich höre von da hinten ein B, aber kein C, und wo sind denn hier die Klarinetten, ich höre von denen überhaupt nichts!«, konnte er unvermittelt losbrüllen und abbrechen lassen. Da konnte ihm der Tonmeister noch so oft beschwörend ein Zeichen geben, da konnten ihm die Herren von der Produktion noch so oft drohen – er blieb stur. Er ließ die Techniker das Band zurückspulen, um zu beweisen, dass er im Recht war und alles noch einmal spielen, was ein enormes Risiko bedeutete, weil der Tonmeister damals die parallelen Aufnahmen der wenigen Mikrofonspuren nur live mischen konnte – Nachbearbeiten war nicht möglich.

»Mein Vater hat sich mit dieser Sturheit viel verbaut«, sagt Serge. »So hat er sich selbst um einige seiner besten Chancen gebracht.« Zum Beispiel 1973, als sein Stern längst gesunken war. Da bot ihm der bekannte Regisseur Gérard Oury ein Projekt an, das garantiert ein Erfolg werden würde: »Rabbi Jakob« mit Louis de Funès. Der schmächtige Komiker mit der Glatze und den großen Ohren befand sich auf dem Gipfel seines Ruhmes. Jedes Schulkind in Frankreich kannte und liebte ihn. Glanzberg unterschrieb hocherfreut, als ihm die Sekretärin von Oury seinen Vertrag vorlegte. Eine perfekte Sache: Hier würde er die jüdische Musik endlich so richtig lachen und weinen lassen können.

Da gab es eine zentrale Szene, in der Louis de Funès tanzen und dabei Geige spielen sollte. Doch dann kam heraus, dass der gar nicht Geige spielen konnte. Das kriegen wir hin, sagte Glanzberg und engagierte einen erstklassigen Geiger aus einem bekannten Orchester als Lehrer. Die drei trafen sich eines Vormittags in der Wohnung der Glanzbergs in Neuilly, um zu proben. Serge war natürlich in der Schule, und als er nach Hause kam, waren die Herren bereits gegangen. »Mann, war ich sauer, als Maman mir davon erzählte«, erinnert sich Serge. »Louis de Funès bei uns zu Hause, und ich war nicht dabei!« Leider wurde dem Star schnell klar, dass ihm selbst der beste Lehrer diesen Tanz nicht würde beibringen können. Er sagte das dem Regisseur. Der rief seinen Komponisten an: »Hör mal, kannst du nicht einen etwas leichteren Tanz komponieren, mach doch was Langsames draus, damit Louis das hinbekommt.« Glanzberg ging in die Luft: »Einen langsamen Tanz? So etwas gibt es in der jüdischen Musik doch gar nicht. Nein! Ich schlage was ganz anderes vor: Nimm Louis in dieser Szene doch von hinten auf, dann geht das.«

Wochenlang hörte er nichts von seinem Filmprojekt. Dann traf es ihn mit voller Wucht: Es kam ihm eines Abends im »Fouquets« zu Ohren, dass ein anderer Komponist an »Rabbi Jakob« arbeitete. Er konnte es nicht glauben. Er fragte nach. Und wirklich – es stimmte. Er tobte, pochte auf den Vertrag, der schließlich schon von ihm unterzeichnet war. Doch die Sekretärin zeigte nur mit spitzem Finger auf die andere Unterschrift: Es war ihre eigene, nicht die des Produzenten. Der Vertrag war ungültig. Man hatte ihn hereingelegt.

Wieder gingen Monate ins Land. Die »Brasserie Lorraine« war eins der Restaurants, wo er gern aß. Eines Abends, als er dort zur Tür hereinkam, rief ihm jemand vom anderen Ende des Raumes zu: »Hallo Norbert!« Er traute seinen Augen nicht. Es war Gérard Oury, der da Wiedersehensfreude heuchelte. An seiner Seite saß Michèle Morgan. »Ach, wie schön, Sie wiederzusehen«, säuselte Oury. Es war kaum zu glauben! Da kam Glanzberg blitzartig eine Idee. Mit dem freundlichsten, strahlendsten Lächeln ging er auf den Filmemacher zu und ergriff dessen ausgestreckte Hand. »Wissen sie, warum ich Ihre Hand so gern schüttele? Es soll doch Glück bringen, wenn man Scheiße anfasst!« Das war eine typische Erfahrung. Selbst bei den größten Namen fühlte sich er nie davor sicher, aufs Glatteis geführt zu werden. Dass jemand von der Welt geliebt wurde, hieß nicht, dass er diese Liebe auch wert gewesen wäre.

Eines Morgens, es mag 1957 gewesen sein, klingelte das Telefon bei den Glanzbergs schon um neun Uhr. Was für eine Uhrzeit! Marischka schleppte sich an den Apparat. Am anderen Ende war Madame Salabert, die Witwe des Verlegers. Eine dringende Sache. »Norbert, willst du heute Abend zu uns zum Essen kommen«, sagte sie in ungewöhnlich offiziellem Tonfall.

Glanzberg fühlte sofort, dass da etwas nicht stimmte! Das machte ihn neugierig. Und dann ließ Madame Salabert auch noch ihren Charme spielen: »Norbert, ich kenne doch deinen schlechten Charakter. Sei einmal nett, wenigstens einmal.« Sie geriet in Fahrt und rückte mit der Wahrheit heraus: »Ich weiß, meine Bitte ist ein wenig unverschämt einem Komponisten wie dir gegenüber. Es ist aber sozusagen ein Notfall. Also: Ich bitte dich, anonym für jemanden Musik zu schreiben, dessen Namen ich dir jetzt noch nicht nennen darf. Ich kann dir nur soviel sagen: Es ist ein großer Name!«

Um Himmels Willen: wieder als »Neger« arbeiten! Er hatte sich doch gleich gedacht, dass es hier um eine krumme Sache ging. Aber aus dem Augenwinkel sah er Marischka in der engen Küche mit der Kaffeekanne hantieren. Blitzartig sah er ihr Gesicht vor sich, ihren Ausdruck zwischen Ärger und Untröstlichkeit, jenen Blick, der seine Beschützerinstinkte wach rief. Ach Norbert, ich ertrage diese winzige Wohnung nicht länger, sagte der Blick. Außerdem brannte er mittlerweile vor Neugierde, wer er denn sei, der große Unbekannte. Er überlegte ein paar Minuten, rief dann zurück und sagte zu. Als er am Abend bei Salaberts eintraf, war festlich eingedeckt. Die Salaberts wohnten in der Avenue Montaigne nahe Trocadero, gegenüber dem Eiffelturm. Sie lebten auf großem Fuß. Madame Salabert war eine vornehme Dame, die sich ihres Standes nur zu bewusst war. Ihr Haushalt hatte etwas Aristokratisches. Glanzberg fand das immer wieder amüsant und erstaunlich: Madame Salabert beschäftigte selbstverständlich Diener mit weißen Handschuhen. Und die bekamen zehn Francs Prämie für jeden wertvollen Porzellanteller, den sie nicht zerbrachen. Er betrat also, natürlich glatt rasiert und im besten Anzug, das festliche Esszimmer.

Und da saß er, der Berühmte, der seinen Namen nicht hatte enthüllen wollen, ehe der Komponist angebissen hatte: Charlie Chaplin. »Chaplin war mit seiner Frau gekommen, die kein Wort sprach. Außerdem hatte er eine Assistentin dabei, eine Engländerin, eine tolle Frau.« Die Engländerin führte die Verhandlungen, denn auch Chaplin sprach nicht viel. Er wirkte unendlich schüchtern, ein in Glanzbergs Augen typischer Engländer, so steif, als habe er einen Stock verschluckt. Die Assistentin erklärte, dass es um einen Film ging, in dem Sophia Loren die Hauptrolle spielen sollte. »Ich war geschockt, dass Chaplin sowas machen wollte, um auch als Komponist zu glänzen.« Aber gut. Chaplin taxierte ihn. Irgendwann sagte er schlicht, dass er es begrüßen würde, wenn Herr Glanzberg ein paar Wochen zu ihm nach Lausanne kommen könne. Er habe in seiner Villa ein Klavier und ein Kino. Dort könne Herr Glanzberg arbeiten.

Klang das nicht vielversprechend? Dass die ganze Sache noch immer reichlich schwammig war, verdrängte Glanzberg an jenem Abend. Er sagte zu. Ein paar Wochen später traf er in Lausanne ein. In der Tat hatte ihm Charlie Chaplin nicht zu viel versprochen: An diesem Klavier, in diesem Privatkino, da konnte man tatsächlich arbeiten. Wenn nur Chaplin nicht gewesen wäre. Er startete den Projektor, aber leider hielt er ihn auch ständig an. Beinahe jede Minute. Dann sagte er: »Und nun komponieren Sie!« Mit ratterndem Geräusch spulte die Maschine jedes Mal zurück. So etwas hatte der Komponist noch nicht erlebt. Er war völlig irritiert: »Ich kann so nicht arbeiten! Ich habe hier mein Chronometer, diese Unterbrechungen stören mich. Ich muss sehen, wie der Film läuft. Bitte treiben Sie mich nicht so an.« Aber Chaplin schien gar nicht zuzuhören. Plötzlich begann er auch noch etwas zu singen, was er offenbar für eine Komposition hielt. Glanzberg blieb der Mund offen stehen: Wer sollte denn hier die Musik schreiben?

Aber er erinnerte sich noch gut an Marischkas Blick. Wenn die Umstände schon unmöglich waren, so hielt ihn doch der finanzielle Aspekt in Lausanne. Ein solcher Weltstar würde ordentlich zahlen können. Die Assistentin schlug ihm dann eine Summe vor. Noch ein Schock. Er fühlte wieder einen kurzen Moment lang jenen Schmerz, den er verdrängt hatte, seitdem er »Maria« an Tino Rossi und Luccesi verhökert hatte. »Wissen Sie was«, sagte er zu Chaplins toller Engländerin. »Diese Summe reicht nicht mal, um meinen Kopisten zu bezahlen!« Das gefiel weder der Frau noch ihrem berühmten Meister. »Aber es ist doch eine Ehre, für Charlie Chaplin zu schreiben!« Damit waren die Verhandlungen für ihn beendet. Höflich erklärte er, dass er sich diese Ehre nicht leisten könne. Er verließ Lausanne.

»Die Summe war absolut *ridicule*«, schüttelte er später den Kopf. »Sie haben dann einen armen Russen, einen Kontrabassisten, gefunden, der das gemacht hat. Der Film wurde zu einem Klassiker. Selbst ein schlechter Film von Chaplin ist eben ein Klassiker.«

Und dann kamen leider die Rock-Mädchen

Aus dem Komponisten wird ein Kinobesitzer

»Vielleicht würde Mozart, wenn er heute lebte, auch die Mütze falsch herum tragen und diese unmögliche Musik hören, die gar keine ist, weil ja nicht gesungen, sondern gesprochen wird. Wie heißt das doch gleich? Rap, ja Rap!« Norbert Glanzberg fühlte sich als doppeltes Opfer: Zuerst hatten ihm die Nazis die besten Jahre seines Lebens gestohlen, und später wurde er von einer Welle fortgeschwemmt, die Komponisten der alten Schule, wie er einer war, überflüssig machte. »Und dann kamen die Rock-Mädchen. Man wollte ja gar keine Musik mehr hören, man wollte nur noch schreien und hüpfen.«

Gerade als Glanzberg mit »Mon manège« seine größten Erfolge feierte, begann ein Typ mit viel Pomade im Haar in Amerika Hüften zu schwingen, und seltsam – da summten die Franzosen mit! Auch als ein anderer Amerikaner mit lächerlicher Tolle über der Stirn zur Gitarre »Rock Around the Clock« plärrte. Jeden echten Musiker musste es dabei schaudern. Dagegen waren Tino Rossi, der mitten in die Einleitung hineinsang, und Yves, der einen Hit wie »Manège« als Dreck bezeichnete, geniale Musiker. Doch leider stellte sich dieser ganze Irrsinn als äußerst haltbar heraus. Eine dünne, aber bejubelte Melodie wurde von der nächsten abgelöst. Dann, Anfang der sechziger Jahre, kam das Geplärre plötzlich nicht nur aus Amerika, sondern auch aus England. Sogar englische Jungen, die kaum unter ihren langen Ponyfransen hervorblinzeln konnten, schrieben jetzt eigene so genannte Lieder und versetzten damit die ganze Welt in Hysterie.

Es galt nur noch, was englisch oder amerikanisch war. Glanzberg fühlte sich, als würde ihm schon wieder der Boden unter den Füßen weg gezogen. Wie sollte er jetzt noch im Geschäft bleiben? Es hatte ja doch keinen Sinn, gegen diesen Mob von unmusikalischen Leuten anzukämpfen: »Man musste Tonbandaufnahmen mit einer endgültigen Orchesterfassung vorlegen, weil die Popsänger meist nicht in der Lage waren, eine einfache, nur am Klavier vorgetragene Melodie zu beurteilen.« Doch noch gab er nicht auf. Wozu hatte er über die Jahre hinweg all die weit reichenden Beziehungen aufgebaut? Immerhin war er ja in der Lage, kurzfristig Orchester für Probeaufnahmen zu gewinnen.

Da war zum Beispiel sein guter Bekannter Franck Pourcel. Der leitete ein Varieté-Orchester, das in Paris einen guten Namen hatte. Auch Franck kämpfte mit dem Zeitgeist. Und versuchte, diesen zu überlisten. Er dachte sich für Lieder, die er den neuen Sternchen anbieten wollte, schlicht und einfach englisch klingende Komponistennamen aus. Solange die Tantiemen trotzdem in die richtige Tasche – das heißt seine eigene – flossen, sollte ihm das recht sein. Künstlerische Ansprüche konnte man sich in diesen harten Zeiten nun einmal nicht mehr leisten. Franck hielt also ständig die Ohren weit geöffnet. Er wusste genau: Glanzberg war einer der Komponisten, die immer für eine neue Melodie gut waren. Für Musik, die sofort ins Ohr ging. In regelmäßigen Abständen traf er sich nachmittags mit ihm, um über Musik zu sprechen. Dabei drehte sich das Gespräch immer nur um ein Thema: Wir müssen einen neuen *tube* herausbringen! Nicht irgendein Chanson, sondern einen echten *tube*, einen Hit, den die Radiostationen ständig spielen, etwas, das auch noch in ein paar Jahren bekannt ist, etwas außerdem, das ordentlich Gewinn bringt! Eine von Glanzbergs Angstvorstellungen war, erfolgversprechende Melodien den falschen Interpreten zu überlassen, die den *tube* dann durch ihren Singsang und ihre Ignoranz verdarben.

Eines Tages, es mag im Jahr 1961 gewesen sein, setzte er sich ans Klavier, um Franck eine Melodie vorzuspielen. Bereits nach einer Minute wusste Franck, dass das ein Volltreffer war. Die typische, eingängige, leicht zu erkennende Glanzberg-Melodie, mit einer Begleitung versehen, die komplizierter war als das meiste, was momentan im Radio zu hören war, aber dennoch leicht klang. In dieser Melodie lag eine gewisse Dramatik, in der die gute alte Tradition des Chanson nachklang, aber Glanzberg hatte dem Song den neuen Stil gegeben. Wunderbar! Und was die Sache perfekt machte: Wie erhofft, hatte sich der Komponist überhaupt nicht überlegt, was mit dieser Melodie anzufangen sei. So kannte man ihn – ganz der Künstler und keine Minute Geschäftsmann.

Franck Pourcel unterdrückte nur mühsam seine Begeisterung und sagte beiläufig, dass er ihm die Melodie gern abkaufen würde. Der Komponist runzelte die Stirn. Das kam ihm nicht ungelegen. Wieder einmal hatte ihm Marischka seit Monaten mit einer neuen Wohnung in den Ohren gelegen. Sie wollte – und da hatte sie schließlich nicht Unrecht –, dass der Kleine im Grünen aufwuchs. Serge sollte nicht inmitten des ständigen Lärms und des Gestanks von Autos groß werden. Er sollte, wenn er morgens aufwachte, auf Bäume schauen können und nicht auf die graue Hauswand gegenüber. Serge wurde bald drei, und ein kleiner Junge brauchte Platz zum Toben. Natürlich hatte sich Marischka bereits einige Ecken von Paris angesehen, wo sie diesen Wunsch verwirklichen könnte. Zum Beispiel am Bois de Boulogne, das war eine feine Wohngegend im Westen mit viel Grün. Da wurden gerade jetzt Wohnungen angeboten, die nur durch eine einzige Straße vom Wald getrennt waren. Ideal, wie Marischka fand, und Glanzberg musste ihr Recht geben. Wenn Franck einen ordentlichen Preis machen würde, was spräche dagegen, einzuschlagen? Vielleicht war die Vorstellung, noch einmal aus eigener Kraft und unter eigenem Namen einen *tube* zu landen, ohnehin nur ein Hirngespinst? Vielleicht war er mit über fünfzig Jahren dazu gar nicht mehr in der Lage. Doch es gab einen Punkt, der ihm in der Seele weh tat. Unter einem anderem, einem englischen Namen zu veröffentlichen – was war das anderes, als wieder als »Neger« zu arbeiten? Sein altes Trauma, dem er nie entkommen zu können schien. Doch Franck Pourcel bot ihm eine hohe, eine sehr hohe Summe. Glanzberg tat es in der Seele weh, doch er wollte etwas für seine Familie tun. Dieses Gefühl war stärker. Schließlich: Wer konnte wissen, ob diese neue Melodie unter anderen, künstlerisch befriedigenderen Umständen je Erfolg haben würde? Hier winkte ein zu gutes Geschäft. Er schlug ein. Er bekam den fürstlichen Betrag überwiesen und machte keinerlei Anstrengungen, sich von Pourcel bestätigen zu lassen, dass der Komponist Glanzberg hieß. Für ihn zählte etwas anderes: Er konnte Marischka die Freude machen, ins Grüne zu ziehen, ins feine Neuilly-sur-Seine, in die Traumwohnung direkt am Bois de Boulogne.

Franck Pourcel ging unterdessen ans Werk. Er stellte ein angebliches Autorenteam für das neue Lied zusammen: Jacques Plante war dabei, ein gewisser Del Roma und ein gewisser Stole. Pourcel nahm die Melodie mit seinem Orchester auf und wartete auf eine günstige Gelegenheit. Diese bot sich in Gestalt einer blondierten, kurzhaarigen Engländerin, die für den französischen Markt eine Mischung aus Chanson und softem Rock'n Roll auf Französisch sang, und das mit großem Erfolg. Petula Clark war 1962, als die Beatles gerade ihren Siegeszug antraten, in Frankreich bereits ein Star. Franck Pourcel gelang es, ihrem Management ein Tonband des neuen Liedes vorzuspielen. Was dann geschah, beschrieb Glanzberg später so: »Eines Tages erscheint der Aufnahmeleiter von Petula Clark mit dem Tonband eines ›amerikanischen‹ Orchesters (in Wirklichkeit das französische Orchester von Franck Pourcel) im Studio. Petula Clark, von der Melodie sehr angetan, möchte sich ihren Anteil an dieser hitverdächtigen, angeblich amerikanischen Produktion nicht entgehen lassen.« Der Komponist muss sehr versucht gewesen sein, mit der vollen Wahrheit herauszurücken.

Doch es war ihm schmerzlich bewusst, dass er nicht beweisen konnte, wer hier in Wahrheit komponiert hatte. Also fuhr er lediglich fort: »Sie nimmt sie unter dem Titel ›Chariot‹ auf und erzielt damit überraschend einen Welterfolg.« Welch bittere Niederlage muss es für Glanzberg bedeutet haben, den Aufstieg dieses Liedes, der mit Abstand sein größter Erfolg gewesen wäre, am Radio mitverfolgen zu müssen, ohne je daran teilnehmen zu dürfen? »Chariot« machte nicht nur Petula Clark noch populärer. Unzählige Versionen wurden von verschiedenen Musikern aufgenommen, und noch heute spielen die Sender in aller Welt diesen Evergreen. Natürlich gibt es Übersetzungen ins Deutsche und vor allem ins Englische. Und vor ein paar Jahren schaffte das Lied gar den Sprung in die übernächste Generation. Der Hollywoodstar Whoopie Goldberg drehte im Kostüm einer Nonne einen Film, der auf der ganzen Welt die Kinokassen klingen ließ: »Sister Act«. Whoopie und die anderen fröhlichen Nonnen klatschen Glanzbergs Lied im Takt und singen voller Inbrunst »I Will Follow You«.

Diese Episode stärkte nicht gerade sein Selbstvertrauen, in der neuen Zeit als Komponist Fuß fassen zu können. Die immer größer und immer überheblichere »Bande« von in seinen Augen nur so genannten Künstlern aushalten zu müssen fiel ihm immer schwerer. Er spürte außerdem wie alle seine Freunde, dass er älter wurde. Er hatte das Gefühl, seine Generation werde mit rasender Geschwindigkeit ins Abseits gedrängt. Und dann, am 10. Oktober 1963, starb Edith Piaf. Sie bezahlte nun den rücksichtslosen Umgang mit dem eigenen Körper mit einem Leberleiden und inneren Blutungen. Im Februar 1960 brach sie in New York auf der Bühne des »Waldorf Astoria« zusammen und musste operiert werden. Es war ein Selbstmord auf Raten, aber Edith Piaf hatte das in Kauf genommen – sie konnte nicht anders. Sie wurde zwei Tage nach ihrem Tod, an Glanzbergs 53. Geburtstag, auf dem berühmten Pariser Friedhof Père Lachaise begraben, ganz in der Nähe von Oscar Wilde und Modigliani. In der riesigen Menschenmenge herrschte bei der Beerdigung heilloses Chaos. Bruno Coquatrix, Chef des berühmten »Olympia«-Revuepalastes, wurde von den nachdrängenden Trauernden ins offene Grab gestoßen. Sogar Marlene Dietrich war gekommen. Das *Time Life*-Magazin gab eine

Sondernummer zu Ehren der kleinen überlebensgroßen Sängerin heraus. Auch Glanzberg wurde von Reportern befragt, was ihm Edith Piaf bedeutet hatte. Er verglich sie mit einem indischen Fakir, der die Kraft gehabt hatte, andere glauben zu machen, sie hätten ein Seil vor Augen – das eigentlich gar nicht existierte. Damit wollte er ausdrücken, dass sie die unglaubliche Kraft besessen hatte, selbst eine mittelmäßige Melodie in den Rang eines Meisterwerks zu singen.

Ihm muss bewusst gewesen sein, dass mit Edith Piaf die große Zeit des Chansons gegangen war, die auch er geprägt hatte. Er hatte zwar schon längere Zeit nichts mehr für sie komponiert, aber sie waren dennoch in loser Verbindung geblieben. Er wollte Ediths Lebensstil einfach nicht mitmachen, und je schlechter ihr Gesundheitszustand wurde, desto mehr entfernte sie sich von ihm, weil sie immer abhängiger vom Tross ihrer bedingungslosen Anbeter wurde, die sie kaum eine Minute aus den Augen ließen und natürlich nie ein Wort der Widerrede gaben. Auf die Dauer langweilten solche Menschen Edith Piaf jedoch. Da war zum Beispiel ein fetter, aufdringlicher Komponist namens Charles Dumont, der mehrere Chanson-Wettbewerbe gewonnen hatte, darunter sogar den »Prix Edith Piaf«. Schon allein deshalb konnte sich die Diva für diesen Kerl nicht interessieren: Preisgekrönte Lieder – warum sollte sie etwas singen, was andere zum *tube* gemacht hatten? Die *tubes* machte sie selbst! Doch eines Tages ließ sie ihn in Gottes Namen sein neuestes, noch unbekanntes Lied vorspielen – und sprang wie elektrisiert auf. Das will ich, rief sie, wie drei Jahre zuvor bei »Mon manège à moi«. Die Melodie war tragisch und der Text ihr wie auf den Leib geschrieben. »Non, je ne regrette rien«. Eine Piaf bereute natürlich keine Sekunde! Hier hatte sie ihre Hymne! Es war das Meisterwerk des Textdichters Michel Vaucaire, der 1937 zusammen mit Glanzberg für Lys Gauty geschrieben hatte. Natürlich stieg Charles Dumont wie eine Rakete ins Zentrum des Lebens von Edith Piaf auf. Stets musste er nun in ihrer Nähe sein, schier ununterbrochen hatte er zu komponieren, was aber nicht bedeutete, dass Edith Piaf ihren neuen Stern pfleglich behandelte.

Eines Nachts, es mag vielleicht gegen drei Uhr gewesen sein, schrillte in der Wohnung der Glanzbergs am Bois de Boulogne das Telefon. Glanzberg antwortete im Halbschlaf, denn er wusste, wer das sein musste. Wenn nur der Junge nicht aufwachte! »Hallo Nono«, hörte er Edith Piaf am anderen Ende säuseln. »Ich brauche deinen Rat. Mir wurde da so ein Lied angeboten, bei dem ich mir nicht so sicher bin.« – »Na gut, sing es mir vor, aber mach schnell. Ich will nicht, dass Serge aufwacht.« Edith Piaf begann zu singen. Glanzberg, immer noch im Halbschlaf, hörte lauter falsche Töne, und eigentlich interessierte ihn Ediths Problem mit dieser Melodie auch überhaupt nicht. »Stop, stop, stop«, unterbrach er sie unwirsch. »Das wirst du nicht singen, verstehst du? Das ist Dreck!«

»Ach so, du findest, dass das Dreck ist? Weißt du, wer das komponiert hat?« Kunstpause. »Charles Dumont.« – »Aber Edith, dann wundert mich nichts. Dieser Typ kann nichts. Von dem halte ich nichts. Und das weißt du auch. Warum rufst du mich also an?« In ihrer Stimme am anderen Ende schwang plötzlich wieder jene bissige Hinterhältigkeit mit, die ihn immer abgestoßen hatte. »Das würde ihn sicher interessieren. Soll ich ihn ans Telefon holen? Charles sitzt hier neben mir.« Und damit legte sie auf. Sie hatte einfach eingehängt und zwei Fliegen mit einer Klappe geschlagen: Glanzberg war verunsichert, und Charles würde sein Fett sicher sofort abbekommen. »Sie hat danach ein ganzes Jahr lang nicht mehr mit mir gesprochen«, erinnerte er sich später. »Und dann rief sie wieder mitten in der Nacht an und sagte nur einen Satz: ›Du hattest Recht damals mit Dumont!‹«

Doch vorher kam es noch zu einem saftigen kleinen Skandal. Nicht lange nach jenem nächtlichen Anruf war nämlich in einer großen Zeitung, die ihre Klatschspalte ausgerechnet »Vertraulich« nannte, folgende Überschrift erschienen: »Der Komponist Glanzberg klagt an: Piaf organisiert ›Denunziations-Partys‹.« Genüsslich schildert dort der Redakteur, wie ein vor Zorn bebender Glanzberg in sein Büro gepoltert war, in der Hand die letzte Ausgabe der Zeitung. Ebenfalls in der Kolumne »Vertraulich« hatte ihm jener dicke, verachtete, aber leider doch erfolgreiche Komponist namens Charles Dumont Schläge angedroht – er hatte sich noch immer nicht von Glanzbergs Auftritt am Telefon erholt. Und jetzt ließ Glanzberg in der Zeitung zurückschießen: »Es ist mein Recht, nochmals zu bekräftigen, dass mir die Musik von Dumont nicht gefällt. Wenn er mich treffen will, ist es leicht, mich zu finden: Ich wohne am Boulevard Maurice-Barrès 56, zwei Schritte von der Villa des Ali Khan entfernt. Jeder weiß doch, dass es die größte Freude der Piaf ist, ›Denunziations-Partys‹ zu organisieren. Und zwar lädt sie Leute zu sich nach Hause ein, deren größte Feinde sie dann in ihrer Gegenwart anruft. Wenn sie sicher ist, dass sie ihre Opfer endgültig miteinander verfeindet hat, hängt sie wieder ein – mit einem Seufzer der Zufriedenheit.«

Da waren ihm vergleichsweise unkomplizierte, geradlinige Freunde wie Roger und Danielle Wasserman wesentlich lieber. »Er war natürlich ein Teil dieser Welt der großen Namen«, erinnert sich Danielle. »Aber ehrlich gesagt: Echte Freundschaften konnte er dort kaum schließen. Diese Leute belauerten sich ständig, es war eine Atmosphäre der Konkurrenz.« Die Zeit, in der Glanzberg auf dem Fahrrad zu deren Cabaret gefahren war, um Klavier zu spielen, war lang vorbei. Schon wenige Monate nach der Eröffnung waren die beiden wohlhabenden Möbelhändler aus dem Geschäft mit dem Cabaret wieder ausgestiegen.

Die Verbindung zu ihrem alten Freund brach jedoch nicht ab. Irgendwie gefiel ihm die Stetigkeit der Arbeit mit Danielle und Roger. Und irgendwie gefiel ihm auch die Vorstellung, selbst Unternehmer zu sein. Er hatte auch schon eine Idee, wie das gehen könnte: gemeinsam ein Café aufmachen! Doch Danielle und Roger bissen nicht an. Wäre ein Kino nicht viel besser? Aber wo? Keiner der drei hatte auch nur den blassesten Schimmer, wie man zum Kinobesitzer wurde. Eines schönen Sonntagmorgens, als sie bei den Glanzbergs gemeinsam die Anzeigen der Zeitungen lasen, stach ihnen eine ins Auge: Da wollte doch tatsächlich jemand ein Kino verkaufen. Die Freunde mitsamt den drei Kindern der Wassermans fuhren noch am selben Nachmittag zu der Adresse im Quartier Latin. Das Kino hieß »Studio Bertrand«. Der Besitzer wollte es verkaufen, weil es nicht genug einbrachte. Er war froh, es los zu sein und verlangte keinen teuren Preis. Ein paar Tage später war der Vertrag bereits unterzeichnet. Diesmal spielte Norbert nicht den Part des Entertainers, sondern den des Geldgebers.«

Es stiegen lange verdrängte, wehmütige Erinnerungen an das Würzburger »Lu-Li« und an den Berliner »Gloria-Palast« in ihm hoch, als er mit Roger den Kaufvertrag über das kleine »Studio Bertrand« unterzeichnete und später weitere über die Kinos »Les Acacias« und »Saint Severin«. Voller Stolz stand er vor den Lichtreklamen, die ihm gehörten – ein äußerst beruhigendes und gleichzeitig aufregendes Gefühl, denn so ein Kino war ja nicht irgendein langweiliges Wohnhaus. Auch in dem Artikel, in dem er seinem Rivalen Dumont mehr oder weniger offen Prügel androhte, vergaß er nicht zu erwähnen: »Wenn ich nicht zu Hause bin, dann kann er mich ohne weiteres in dem Kino ›Les Acacias‹ erreichen, das ich kürzlich mit einem winzigen Teil des Geldes gekauft habe, das mir die Rechte von ›Mon manège à moi‹ einbringen.« Eine andere Zeitung meldete in ihrer Klatschspalte: »Der Komponist Norbert Glanzberg sammelt Kinos: Jedes Mal, wenn eins seiner Chansons Erfolg hat, kauft er ein Lichtspielhaus. ›Padam ... Padam‹ brachte ihm das ›Studio Bertrand‹ ein, und ›Grands boulevards‹ machte aus Glanzberg den Eigentümer von ›Acacias‹.«

Und nun, nach »Manège«, folge »Saint Severin«. Er freute sich über seinen neuen Status als Kinobesitzer, wobei er sich aber nicht von einem Tag auf den anderen in einen schlauen Manager verwandelte. Das geschickte Jonglieren mit Zahlen, das gewissenhafte Ordnen von Korrespondenz und die geschäftsmäßigen, nüchternen Telefonate lagen ihm noch immer nicht. Das besorgte in erster Linie Danielle Wasserman, während Roger bei den Verhandlungen über die Ausstrahlungsrechte sehr geschickt war. Denn man wollte ja nicht jeden Mist zeigen. Wenn schon nicht bei der Auswahl der Filmprojekte, die er hatte vertonen sollen, so hatte Glanzberg hier doch endlich Kontrolle über das, was auf der Leinwand erschien. Es machte ihm viel Spaß, gemeinsam mit seinem Freund nur die künstlerisch wertvollen Filme auszusuchen. Etwas anderes kam ihm nicht ins Haus.

Schön fand er auch die Nachmittage und Abende, an denen er aufgeregt von Danielle angerufen wurde, weil er als der Herr Besitzer so schnell wie möglich kommen sollte, um »nach dem Rechten zu sehen«. Er ließ dann seinen Charme spielen, wenn etwas schief gegangen war, wenn Filmrollen gerissen oder die falschen angekommen waren und er ein verärgertes Publikum davon überzeugen musste, dass es besser war, eine andere Vorstellung zu besuchen als das Geld an der Kasse zurückzufordern.

Eines Abends stand er vor dem Eingang des »Saint Severin« und tat, was er am liebsten tat: Er flirtete abwechselnd mit den Mädchen, die die Karten verkauften und mit den Mädchen, die die Karten kauften. Da fiel ihm ein Mann in der Schlange auf: ein Dicker mit Glatze. Jetzt fehlt nur noch die Zigarre, dann sieht er aus wie Alfred Hitchcock, dachte er. Und schaute ein zweites Mal hin. Kein Zweifel: Das war tatsächlich Alfred Hitchcock! Aufgeregt ließ Glanzberg die anderen Wartenden stehen und führte den Meister des Nervenkitzels aus der Schlange und direkt zum Eingang. Ein Hitchcock kauft bei mir eine Kinokarte? Unglaublich, dachte Norbert.

Suite Jiddisch

Die Rückkehr zu den Wurzeln

Norbert Glanzberg war ein Mann, der sich nirgendwo zu Hause fühlte. Sein Sohn Serge sagt, sein Vater sei ein Mensch mit multipler Identität gewesen. Tief in seinem Innern fühlte er immer ein nagendes Gefühl der Unzufriedenheit mit sich und der Welt. So erkannte er erst Jahrzehnte nach Edith Piafs Tod, als alle Welt nicht aufhörte, sie zu verehren, widerwillig ihr Genie an. Eigentlich sah er nämlich auf das herab, was ihm selbst die größte Anerkennung im Leben gebracht hatte: seine Chansons. Irgendwie hörte er nie auf, etwas anderes zu wollen. Dieser Drang trat vor allem dann an die Oberfläche, wenn er seine Schwester in den USA besuchte. Liesel konnte nämlich nicht aufhören, von Erfolg, Geld und Edith Piaf zu reden, was Glanzberg hasste. Ihn interessierten solche Dinge nicht. Er wollte nicht ständig als Songwriter gesehen werden. Er hatte in den Wochen in New York ganz andere Dinge im Kopf: möglichst tief in die glamouröse Welt des Broadway eintauchen, die Magie des Jazz spüren und grandiose und opulente Inszenierungen und Konzerte in Häusern wie der »Carnegie Hall« und der »Metropolitan Opera« erleben.

In gewisser Weise hatte er nie aufgehört, Mama Malkas Traum von der großen, anspruchsvollen Musik zu träumen. Und hier in Amerika, wo Malka und Samuel Glanzberg in den sechziger Jahren hochbetagt gestorben waren, fühlte er sich diesem Traum näher als in Frankreich, wo er zwar ein bekannter, wohlhabender Komponist mit weit reichenden Verbindungen war, wo ihm aber die Qualität der ernsten Musik doch nie gut genug gewesen war. Andererseits hatte er sich weder in Frankreich noch irgendwo sonst ernsthaft darum bemüht, als Dirigent eines Symphonieorchsters Fuß zu fassen. Eine Vertretung im Mai 1950, als im »Theatre de Paris« die »Csárdásfürstin« gegeben wurde – mit den Größen Jan Kiepura und Marta Eggerth –, blieb ein einmaliges Gastspiel. Zuvor hatte er das Stück »Fallen Angels« von Noel Coward vertont, aber sein ehrgeiziges Projekt, die Operette zu revolutionieren, setzte er nie um.

Erst als die »Rock-Mädchen« gekommen waren und Glanzberg plötzlich von jüngeren, eigentlich ziemlich unbedeutenden Textdichtern in ihrer Höflichkeit besonders verletzende Absagebriefe bekam, in denen seine Musik mit einem guten Wein verglichen wurde, der zu alt geworden sei, als diese Typen sogar die Frechheit besaßen, ihn an die peinlichen Auftritte von Charles Trenet zu erinnern, der einfach nicht akzeptieren wollte, dass seine Zeit auf der Bühne vorbei war, löste er sich von seiner Identität des Chansonniers.

1976 gipfelten die ständigen Streitereien mit Marischka darin, dass sie ihn verließ. Eine unerhörte Sache: Sie, die emotional doch immer in der abhängigen Position gewesen war, verließ ihn – nicht umgekehrt! Serge wohnte nun abwechselnd bei seiner Mutter und seinem Vater. Glanzberg war in der großen Wohnung in Neuilly-sur-Seine immer öfter allein. Als Serge noch nicht einmal zwanzig Jahre alt war, zog er nach England. Die Geschichte wiederholte sich: Sein eigener Sohn wollte auch nicht das tun, was der Vater von ihm erwartete – so wie einst er selbst. Serge brach sein Wirtschaftsstudium schon nach kürzester Zeit ab. Was ihn faszinierte, war die Musik – aber nicht die Musik seines Vaters. Serge hasste die Oper und hatte Glanzberg, der ihm eine Zeit lang Klavierunterricht gegeben hatte, durch zähes Desinteresse beim Üben irgendwann entnervt und zum Aufgeben gezwungen. Was Serge begeisterte, war jene Musik, die sein Vater so hasste: Rock. Glanzberg war verzweifelt: Was sollte aus dem Sohn werden? Serge ließ sich die Haare lang wachsen und von seinem Vater spätestens dann nichts mehr sagen, als er mit dem Gewichtheben anfing. Aus dem schmächtigen Jungen wurde ein Champion seiner Pariser Vorortmannschaft. Das hatte Glanzberg nicht gewollt, als er Serge im Alter von 16 Jahren gepackt und in den stinkenden Kraftraum geschleppt hatte, wo aus dem Jungen ein Mann gemacht werden sollte. Den deftigen Slang seiner grobschlächtigen Trainer brachte Serge mit nach Hause ins feine Neuilly, was ihn bei seinen Klassenkameraden noch eine Spur seltsamer wirken ließ. Die hatten den Glanzberg ohnehin schon immer komisch gefunden. Allein deshalb, weil er zum achtzehnten Geburtstag kein Auto bekam, wie die meisten seiner Klassenkameraden. Sein Vater hielt einen solchen Luxus, den man sich nicht selbst erarbeitet hatte, für schädlich. Die Jungen fanden das genauso albern wie den Akzent, mit dem Serges Vater sprach: »Das hört sich ja an wie in den Filmen von Louis de Funès! Da sind doch immer diese deutsche Soldaten, die den Weg zu ihrer Einheit nicht mehr finden!«

Wenn Serge jetzt Musik meinte, dann hieß das: »Rolling Stones«, David Bowie, Jimi Hendrix. Er kaufte sich eine elektrische Gitarre und entwickelte eine völlig neue Hartnäckigkeit, sie spielen zu lernen. Sein Vater schüttelte nur den Kopf: Für ihn war die Gitarre kein Musikinstrument. Aber Serges anhaltender Enthusiasmus machte ihn zugleich auch neugierig. Als der Sohn seine Helden live hören wollte, kam Glanzberg zu den gigantischen, fürchterlich lauten Rockkonzerten mit. Und obwohl er das später nicht mehr zugeben wollte – im ersten Moment war er doch von der Kraft, mit der diese neuen Musiker ihre Anhänger fesselten, fasziniert gewesen. Dann zog Serge also nach England. Er hatte in Paris in einem großen Musikgeschäft gearbeitet und wollte nun professioneller Toningenieur werden. Dafür war nicht Paris der passende Ort, sondern London. Er wurde dort von einem großen Studio engagiert und arbeitete für die Gitarristen der »Rolling Stones«.

Frau weg, Sohn weg – Glanzberg kam sich zunehmend überflüssig vor. Er besuchte fast jeden Abend mit seinem Freund, dem Musikkritiker Clim, Konzerte und Opern. Trotzdem fühlte er sich einsam und wusste nicht, was er mit sich anfangen sollte. Da entdeckte er eines Tages, dass das Goethe-Institut in

Paris eine große Bibliothek hatte und dass es dort ein paar freundliche Leute gab, mit denen er auf Deutsch Witze reißen konnte. Wie lange hatte er das nicht mehr getan? Er freundete sich mit Georg Lechner an, dem Direktor des Instituts.

Eines Tages fand Glanzberg in der Bibliothek die berühmte Anthologie »Der Tod ist ein Meister aus Deutschland«. Er war tief bewegt: Diese Gedichte hatten Menschen geschrieben, die wie er selbst von den Nazis mit dem Tod bedroht gewesen waren. Doch im Gegensatz zu ihm hatten die meisten von ihnen nicht überlebt. Da war zum Beispiel Johanna Kirchner aus Frankfurt. 1944, als er das Schlimmste bereits überstanden hatte, hatte diese Widerstandskämpferin in ihrer Todeszelle kurz vor der Hinrichtung »Im Gefängnis« geschrieben. Wie hatte sie so etwas schreiben können, fragte er sich immer wieder, als er las: »Allen Menschen, die da leiden, möcht ich milde Sterne zeigen, die sich aus der Wolken Dunkel Trost verkündend niederneigen. Und den Menschen, die ich liebe, möcht ich alles, alles geben, was mit lichtem, holdem Zauber schmücken kann ein Menschenleben. Dass die Schatten trüber Stunden ihnen fern vorübergleiten, dass sie auf umsonnten Pfaden hohem Ziel entgegenschreiten.« Viele andere Gedichte waren ebenso lebensbejahend, obwohl sie doch eigentlich von tiefer Verbitterung und Verzweiflung hätten zeugen müssen.

Glanzberg war erschüttert. Er kaufte sich ein Exemplar von »Der Tod ist ein Meister aus Deutschland«. Und dann hörte er plötzlich wieder, wie die Musik in seinem Innern zu spielen begann. Er fing an zu komponieren. Und seltsam: Auf einmal meldeten sich jetzt, Mitte der achtziger Jahre, die beiden musikalischen Seelen in seiner Brust gleichzeitig zu Wort. »Im Gefängnis«, »Alter Baum« von Chris Hornbogen, »Versprich mir eins« von Ernst Munzinger, »Greta« von Adam Kuckhoff, »Abschied« von Hubert Gsur und »Ule«, das Kuckhoff für seinen kleinen Sohn geschrieben hatte, vertonte er nun in der Tradition des romantischen Kunstlieds. Er kehrte musikalisch zu seinen Wurzeln zurück, in die Zeit, als er in Geheimrat Zilchers Klasse gesessen hatte.

Andere Texte wie »Der Ofen von Lublin« von Theodor Kramer, »Die letzte Epiphanie« und »An die Völker der Erde« von Werner Bergengruen klangen bei Glanzberg in ihrer Härte wie Weltuntergangsszenen aus Filmen. Wieder andere – »So war es« und »Transport« von Gerty Spies, »Ausflug machen« von Rainer Kirsch, »Die Letzte« von Gerson Stern, oder »Ein Koffer spricht« von Ilse Weber – vertonte er mit schneidender Ironie und in chansonartiger Tonsprache. In Franz Werfels »Der gute Ort zu Wien« heißt es: »Volksgarten, Stadt- und Rathauspark, ihr Frühling war noch nie so stark, den Juden Wiens ist er verboten, ihr einz'ges Grün wächst bei den Toten.« Glanzberg komponierte auf die traurige Geschichte von den Juden, die nur noch auf dem Friedhof spazieren gehen dürfen, eine süßliche, echt wienerische Walzermelodie. Absichtlich. Der Gegensatz sollte dem Zuhörer durch Mark und Bein gehen.

Nachdem er seine Scheu durch den Zuspruch der freundlichen Mitarbeiter des Goethe-Instituts etwas abgebaut hatte, wurde er mutiger. Jetzt, da er diese Lieder geschrieben hatte, war er gezwungen, Kontakt zu deutschen Künstlern aufzunehmen – andernfalls würden seine neuen Werke nie gesungen werden. Ein paar Jahre später lernte er in Paris Gisela May kennen, die seit langem bekannteste Interpretin Bertolt Brechts. Dass sie eine Sängerin aus der DDR war, störte Glanzberg, der seit Jahren in Westdeutschland mit seiner kleinen Wiedergutmachungsrente regelmäßig Kuren machte, keineswegs. Er fand, dass die May gut sang, und nur darauf kam es ihm an. Warum sollte ihn die Politik auf einmal etwas angehen? Außerdem war diese Frau einfach nett, sie hatte das Herz am rechten Fleck und strahlte Wärme aus. Er bot ihr seine Lieder an. Gisela May war interessiert. Doch als sie seine Partitur von Brechts »Ballade von der Judenhure« las, war sie schockiert: »Mein Meister Hanns Eisler hatte das doch auch schon vertont! Wie könnte ich es also wagen, dasselbe Lied von einem anderen Komponisten zu singen?« Aber als Gisela May sich die Komposition genauer ansah, konnte sie nicht widerstehen: »Norbert hat das Kunststück fertig gebracht, diese Geschichte abwechselnd aus der

Perspektive des Opfers und der der Täter zu erzählen. Wenn es heißt: ›Das Fleisch schlägt auf in den Vorstädten, die Trommeln schlagen mit Macht‹, dann glaubt man, die Trommeln der Nazis zu hören. Und dann plötzlich wieder die Angst dieses Mädchens, das verfolgt wird, weil es einen Juden liebt.« Gisela May war 1991 die Erste, die seine Lieder in Deutschland sang – in Berlin, wo seine gestohlenen Jahre begonnen hatten.

Damals fuhren Norbert Glanzberg und sein Sohn gemeinsam zum Konzert, standen gemeinsam an den Überresten der Berliner Mauer. Für Gisela May war es ein großartiges Konzert – aber auch ein schwieriges: »Es war nicht leicht, mit Norbert zu arbeiten. Er bestand darauf, dass alles exakt so gesungen und gespielt wurde, wie er es geschrieben hatte. Ein Perfektionist. Ich habe ihm immer gesagt: Norbert, solche Kleinigkeiten hört das Publikum doch gar nicht! Aber er sagte nur: Wenn ich für jede falsche Note eine Mark zahlen müsste, wäre ich ein armer Mann!« Von dem ganz realen Hintergrund, den diese Lieder gerade in Berlin für ihn hatten, erzählte Glanzberg Serge bei dieser Konzertreise kein einziges Wort.

Damals in Berlin präsentierte er am Klavier auch sein zweites großes klassisches Werk, das er fast zur gleichen Zeit wie die Lieder geschrieben hatte. Diese Komposition führte ihn noch weiter zu seinen musikalischen Wurzeln zurück. Obwohl er in vielem so fränkisch war wie nur irgendwer in Würzburg, hatte er doch auch Wurzeln in einer weit entfernten Welt, die er nur aus den Erzählungen und Liedern seiner Mutter kannte. Die Welt der Juden aus dem Osten, eine Welt, in der Jiddisch gesprochen und gesungen wurde. Er hatte diese Melodien Osteuropas auch damals gefühlt, als er in Frankreich an nicht viel mehr als den nächsten Film gedacht hatte. Im Jahr 1959 kam »Les bateliers de Volga« heraus – »Wolgaschiffer«, ein Abenteuerfilm von Viktor Tourjansky, in dem Gert Fröbe, John Derek und Wolfgang Preiss spielten. Auf die Musik zu diesem Film war Glanzberg später sogar ein bisschen stolz. Er spielte viel später seiner Haushälterin Jolantha die Platte von »Les bateliers de Volga« vor. Russische Gesänge und Melodien, die eine

Weite erahnen lassen, die den Menschen schier erschlagen kann. Nachdem die Platte zu Ende war, fragte er Jolantha gespannt: »Und, wie klingt das?« Sie lächelte ihn warm und ein wenig ergriffen an und sagte: »Wirklich russisch.« Da blitzte sein glückliches Lächeln kurz auf. Der kleine Junge mit fast neunzig Jahren. Jolantha stammte aus Polen.

Als er in den achtziger Jahren in der Bibliothek des Goethe-Instituts stöberte, stieß er auf Bücher, die ihn an diese Melodie erinnerten. Es waren die Werke von Isaac Bashevis Singer. Fasziniert las er die tragikomische Geschichte eines Zauberkünstlers, der in Lublin beinahe alle Frauen beglückte. Wenn dieser Mann immer wieder zu seiner Gattin zurückkehrte, dann fühlte sich Glanzberg in Malkas Erzählungen zurückversetzt. Denn diese Frau lebte in der traditionellen ostjüdischen Welt des Schtetl. Wieder hörte er die Musik in sich spielen. Diesmal schrieb er ein Werk für zwei Klaviere und nannte es »Suite Jiddisch«. In sieben Sätzen entfaltete sich der Alltag im Schtetl, in einer Umgebung, wie er sich das Rohatyn seiner Eltern vorstellte. Die Suite beginnt mit einem »Markttag im kleinen Dorf«, wo man sich lebhaft unterhält und die Worte mit blumigen Gesten unterstreicht. Dann: »Die Großmutter erinnert sich«. Glanzberg hörte noch seine Mutter, wie sie alt und runzlig geworden von ihrem ersten Ball mit 16 Jahren erzählte – wehmütig natürlich. Denn Malka Glanzberg war ein schönes Mädchen gewesen, das bei den jungen Männern begehrt war und es sich hatte aussuchen können, mit wem sie Walzer tanzen wollte. »Die jüdische Musik lacht und weint ja immer gleichzeitig«, sagte der Komponist, wenn er von seiner Suite, und besonders von diesem zweiten Satz erzählte. »Auch hier geht's lustig zu, denn es ist ja ein Ball. Aber ...« Und er schlug einen Ton am Klavier an. »Selbst ein lustiges Motiv wird in der ostjüdischen Musik in Moll gespielt.«

Nach einem »Wiegenlied« entführte er sein Publikum zu »Jossele und Jankele auf Kutschfahrt«. Er schrieb dazu: »Zwei ausgelassene Jungs toben fröhlich. Sie fahren Kutsche, machen Späße und lassen die Peitsche knallen.« All das macht Glanzberg hörbar: das ausgelassene Lachen, die Pferdehufe, die ratternden Wagenräder über den holprigen Wegen, das Knallen der Peitsche. Dass er in diesem vierten Satz bei sich selbst Anleihen gemacht hatte, erwähnte er natürlich nicht – die »Kutschfahrt« stammte aus seiner Filmmusik für den »Kurier des Zaren«, der bereits 1956 zu dieser Melodie durch die Weiten des Osten gejagt war. Wann immer das später jemandem auffiel, grinste er nur spitzbübisch: »Ach, sag bloß, das hast du gemerkt?«

Es folgte ein ausgelassenes »Fest im Dorf«, das in einen wilden, euphorischen Tanz mündet: »Jungen und Mädchen schließen nach alter Sitte unter dem wachsamen Auge ›jiddischer Mammes‹ scheu Bekanntschaft. Jeder hält den Zipfel eines Taschentuchs, denn berühren dürfen sie sich nicht. Das wäre Sünde! Mit zunehmender Trunkenheit und Erregung der Tänzer finden die Hände bald aber doch zueinander. Die Körper kommen sich gefährlich nahe ... und das Taschentuch hat schnell ausgedient.«

Umso größer der Schock, den Glanzberg auf dieses Symbol des Lebens folgen lässt: »Pogrom und Kaddisch«. Kosaken fallen über das Dorf her. Sie brennen alles nieder. Spielen die Pianisten gut, hört das Publikum die Flammen prasseln. Der sechste Teil mündet ins Kaddisch, das traditionelle jüdische Totengebet. Aber er wollte das Weinen nicht am Schluss stehen lassen. Er komponierte einen siebten Satz: »Auf die Beschwörung von Tod und Verwüstung folgt ein sehr rhythmisches Thema mit jiddisch-zigeunerhaften Einschlägen. Glaube, Hoffnung und Lebensfreude haben das jüdische Volk nämlich nie verlassen!« Er nannte ihn »Und trotzdem!«

Vielleicht könnte Hanna Schygulla singen

Späte Genugtuung in Würzburg

Es war der 3. April 1997. Ich war gerade zwei Monate Radioreporterin beim Bayerischen Rundfunk und saß an einer Geschichte, der, wie man so gerne sagt, das Fleisch an den Rippen fehlte. Es fand gerade eine Ausstellung auf der Würzburger Festung über deutsche Emigranten in Frankreich statt. Und auch wir Würzburger hätten einen gehabt, einen jüdischen Emigranten, aber was aus dem geworden sei, wisse man nicht so recht. Jedenfalls hätten auch seine Freunde schon lange nichts mehr von dem Mann gehört, diesem Norbert Glanzberg, über den es einen Eintrag im biographischen Handbuch der Würzburger Juden gab. Da stand: »Geboren 1910, 1982 wohnhaft in Neuilly-sur-Seine.« Das war jedoch lang her.

Ich wählte also die Auslandsauskunft und verlangte die Nummer jenes verschollenen Norbert Glanzberg in Neuilly-sur-Seine, Frankreich. »Die Nummer kommt gleich«, sagte die Frau am anderen Ende routinemäßig. In mir machte sich ungläubiges Staunen breit. Mit dem Bleistift notierte ich auf einem großen Zettel die Nummer und legte auf. Wenn es ihn wirklich noch dort gab, war der Mann bestimmt entweder geistig verwirrt, taub und wollte nach allem, was er erlebt hatte, sicher kein Deutsch mehr sprechen oder konnte das vielleicht auch gar nicht mehr. Oder?

Freizeichen. Am anderen Ende wurde abgenommen, eine Frau meldete sich auf Französisch. Ich verlangte nach Monsieur

Glanzberg. Ich verstand, dass er nicht an den Apparat kommen könne: Im Bad ist er, versuchen Sie es in zehn Minuten nochmal. Unglaublich! Warum hatte das niemand früher versucht! Ich rannte ins Büro meines Chefs Eberhard Schellenberger, in der Hand den Zettel mit der Nummer: »Glanzberg lebt!« Ein pfiffiges Lächeln breitete sich auf seinem Gesicht aus: »Mach ein Telefon-Interview.« Zehn Minuten Warten.

So schnell, wie dann der Sturm losbrach, konnte Technikchef Werner Raithel sein Tonband kaum starten. »Hallo, hier ist der Bayerische Rundfunk in Würzburg«, wollte ich sagen. »Würzburg!« Der Mann am anderen Ende der Leitung brach in hemmungsloses Weinen aus. Werner und ich sahen uns fassungslos an. Keiner wusste, was zu tun war. Wir taten nichts. Und nichts anderes brauchte Glanzberg. Denn plötzlich begann er zu erzählen. »Würzburg, da bin ich aufgewachsen. Die Wolfhartsgasse, kennen Sie die Wolfhartsgasse? Ist der Paradeplatz noch da? Da ging ich ins Konservatorium. Und das Theater? Wo steht das Theater heute?« Stockend kamen die Worte, dann immer schneller, in einem Deutsch, das er mit geistreichen Wortspielen spickte, in einem Deutsch, das fesselte. In zwanzig Minuten entfaltete er vor mir ein ganzes Jahrhundert, der Jammer eines ganzen Jahrhunderts, die Wehmut, mit der er seine behütete Kinderzeit im braven Würzburg bis heute mitgeschleppt hatte, immer begleitet von der bitteren Frage, was gewesen wäre, wenn nicht …

»Und trotzdem!« So hat er den letzten Teil seiner »Suite Jiddisch« überschrieben, und das war schon in diesen ersten Minuten seine Botschaft, seine ausgestreckte Hand: »Wie alt sind Sie?« – »28.« – »Sind sie eine schöne Würzburgerin?« Werner lachte hinter der Glasscheibe zwischen Sprecher- und Technikraum in seinen Bart hinein. »Na klar«, sagte ich. Auch Glanzberg lächelte, das konnte man hören: »Schön. Ich würde Würzburg nämlich gern mal wiedersehen. Bei einem Konzert meiner Werke natürlich. Ich hab da ein Stück für zwei Klaviere geschrieben, das dauert 27 Minuten. Und Lieder. Dafür müsste man Musiker finden und eine gute Sängerin. Vielleicht Hanna Schygulla?«

Ich zitterte, als ich auflegte. Und die Nacht vom 3. auf den 4. April 1997 war eine schlaflose. Am Tag danach lief mein erster Radiobeitrag über Norbert Glanzberg. Die Erschütterung der Stimme am anderen Ende der Leitung hatte bedingungslosen Einsatz verlangt, ohne dass ich hätte sagen können, warum das so war. Die Plötzlichkeit, mit der Norbert Glanzberg in mein Leben getreten war, sollte keine Momentaufnahme bleiben. Wie so viele andere Menschen, die er in den Jahren danach in Würzburg traf, ließ ich mich vom ersten Moment an verzaubern von seinem Talent, seine Geschichte gleichzeitig in Dur und Moll zu erzählen.

An jenem 4. April 1997 mischte sich der Jubel zunächst aber mit Wut. Mein Text fürs Radio wurde zu einer Attacke, und sie traf ihr Ziel. Im Rathaus war man wenig begeistert davon, nicht selbst bei der Auslandsauskunft angerufen zu haben. Doch das hatte auch sein Gutes. Der städtische Kulturamtsleiter Paul Pagel, der seit langem mit Glanzbergs Jugendfreund Kurt Frank in Schweden befreundet war, stampfte ein Wunschkonzert aus dem Boden, ohne eine Sekunde zu zögern.

Meine Mutter erzählte meinem Großvater von dieser verrückten Geschichte. »Glanzberg?« Er winkte ab. »Der war bei mir in der Klasse. Der saß immer ganz hinten.« Da mein Opa an Alzheimer litt, glaubten wir ihm zunächst nicht. Schließlich besorgten wir uns aber noch eine Klassenliste des Realgymnasiums. Da stand: »Glanzberg, Norbert«. Ein paar Zeilen darunter: »Vogel, Martin«. Das Gesicht des rothaarigen Hinterbänklers war selbst durch den Nebel im Kopf meines Großvaters all die Jahre hindurch sichtbar geblieben. Viel später suchte der Stadtgrafiker aus seinem Fundus ein Bild heraus, das die beiden zeigte – sie saßen tatsächlich genau hintereinander.

Dieses Foto haben die beiden, die einst auf dem Reservistenplatz dem ledernen Fußball des reichen Jungen Oestreicher hinterher gejagt waren, als alte Männer nicht mehr gesehen. Aber sie sahen sich noch einmal wieder. Einige Tage vor dem Würzburger Konzert kamen mich Serge und sein Vater besuchen. Als ich die Haustür öffnete, kam mein Opa aus seiner Wohnung heraus und lachte Glanzberg strahlend an. Die beiden gaben sich die Hand: »Martin Vogel, ja, ich erinnere mich an dich, ans Fußballspielen.« »Wie geht es Dir, Norbert?«

Ich habe ihm nie erzählt, wie ich das kleine Fotoalbum fand, das mein Opa, sein Klassenkamerad Martin Vogel, einst aus Paris mitgebracht hatte. Kleine Schwarzweiß-Aufnahmen mit gezacktem Rand: Die Souvenir-Sammlung der deutschen Wehrmacht, Soldaten in Kolonnen vor dem Arc de Triomphe, beim Einmarsch in Paris.

Serge hat besser als irgendwer sonst erfasst, was die Rückkehr seines Vaters vor allem bedeutete: Es war seine noble Geste, die Hand auszustrecken. Eine, die man nicht erzwingen, eine, die man nur geschenkt bekommen kann, die wir geschenkt bekamen. Aber vor allem wollte er den Kreis schließen, und das ganz besonders für Serge – um seinem Sohn mit möglichst wenig Worten zeigen zu können, woher er stammte. Vielleicht auch in der Hoffnung, durch die Konfrontation mit den Orten der Wehmut und der bitteren Erinnerungen den Krieg in seinem Innern weniger laut zu hören. Glanzbergs zweite Würzburger Geschichte, die einige Würzburger, daneben auch ich, das Glück hatten begleiten zu dürfen, begann eher zufällig. Durch ebenjene Ausstellung, die uns auf seine Spur führen sollte. Aber das war nur der Anfang.

Der Höhepunkt war Hanna Schygullas Auftritt bei seinem Konzert. Eine Tournee durch Südamerika hatte sie verschoben, um für ihn singen zu können. Die Verbrechen der Nazi-Zeit, die Vertriebenen und Heimatlosen waren und sind ein zentrales Thema im Leben der großen Schauspielerin und Sängerin. Ihre Mutter hatte die Kolonnen der Leidenden sich bei Auschwitz durch den Schnee schleppen gesehen. Hanna selbst hatte Hitlers Vertriebene als junges Au-Pair-Mädchen in Paris kennen gelernt: »Die deutschen Juden scheinen mir trotz allem immer Heimweh zu haben. Dieser Abend für Norbert Glanzberg ist mehr als nur ein Konzert für mich. Es ist ein geschichtliches Ereignis.«

Weil die Schygulla kam, wurde dieser Abend zum Großereignis für Würzburg. Der größte Konzertsaal der Stadt in der Musikhochschule war voll. Nur das Tor hatte man nach der verheerenden Bombennacht vom 16. März 1945 aus jenem alten Gebäude retten können, in das Norbert einst als fauler Konservatoriumsschüler zu Professor Niebauer gegangen war und wo ihn Geheimrat Zilcher entdeckt hatte. Nun sah er es wieder, als Teil eines Neubaus. Aber er hatte keine Zeit für Sentimentalitäten. Wenn er an sein Konzert dachte, vergaß er sogar das ganz normale Jammern über die Beschwerden des Alters. Er hatte nur eins im Kopf, und das war der unbedingte Wille hier an dieser Stelle noch einmal zu zeigen, was er in seinem Leben geleistet hatte. Und da wollte er, der Perfektionist, natürlich nichts dem Zufall überlassen. Er reiste mit Serge bereits Tage vor dem Konzert an, um die letzten Proben überwachen zu können. Stundenlang konnte er vor den Musikern sitzen, dann plötzlich aufstehen, seinen Stock packen und damit unzufrieden auf die Streicherinnen deuten. Die eine, eine Bulgarin, verstand glücklicherweise kein Wort von dem, was ihr der Komponist zurief: »Sind Sie mit den Männern auch so schüchtern, wie Sie hier Cello spielen?«

Das sollte an Glanzbergs Konzertabend jedoch keine Rolle spielen. Die Suite wurde vor ausverkauftem Haus aufgeführt, danach kamen die Lieder. Großer Applaus. Alle klatschten ihm respektvoll zu, als er, am Arm von Hanna Schygulla, nach der letzten Zugabe auf die Bühne kam. Er konnte kein Wort sagen. Er winkte bloß kurz, setzte sich an den Flügel und spielte als Zugabe seine großen Erfolge. Die achthundert Menschen erkannten die Melodien, viele verstanden erst jetzt, wer sie komponiert hatte. Er eroberte ihre Herzen im Sturm: Nur in den Klängen seines Spiels konnte er seine Seele sprechen lassen. Einige fingen an, bei »Padam« und »Chariot« mitzuklatschen. Niemanden hielt es mehr auf den Sitzen. Der Jubel toste minutenlang und ohrenbetäubend. Glanzberg hatte sie alle verzaubert. An diesem Abend fühlte jeder instinktiv, wie es ist, wenn die Musik lacht und weint.

Es war ein Triumph ohnegleichen. »Das hat dem alten Herrn sehr gut getan«, sagte Hanna Schygulla hinterher. »Zu erleben, dass die Menschen aufgestanden sind vor ihm. Es war ja eine Standing Ovation. Und es war ihm wichtig, dass sein Sohn das gesehen hat.«

Und dabei war er voller Angst angereist, hatte mich gefragt, wie er wohl aufgenommen werden würde? Ob man eine »Suite Jiddisch« und Lieder von Nazi-Opfern in Deutschland überhaupt hören wolle? Ob er dort überhaupt sicher sei? Was mag er dann gefühlt haben, als er die ersten Plakate sah, mit denen die Würzburger Innenstadt gepflastert war: »Norbert-Glanzberg-Abend«. Als er die Hochachtung und die Hochspannung spürte, mit der die Journalisten atemlos mehr als eine Stunde lang seiner Lebensgeschichte zuhörten, als er die gestohlenen Jahre richtiggehend aus sich herausschleuderte. Bei den Pressekonferenzen seiner späteren Besuche wollte er davon nicht mehr sprechen. Es war alles gesagt, es war alles festgehalten, das reichte ihm. Es sollte nicht erneut in seiner Vergangenheit gewühlt werden: »Ich hab das heutige Würzburg lieber als das von damals.« Das war seine Botschaft, die sich auf die innere Verbindung, auf seine herzliche Aufnahme im heutigen Würzburg bezog.

Hellwach beobachtete er auch seine neuen Würzburger Bekannten: das erste offizielle Empfangskomitee am Bahnhof, das mit einer steifen halben Verbeugung »die Grüße des Oberbürgermeisters« überbrachte – skurril und sympathisch fand er das. Wie seine neuen Bekannten weitere Bekannte mitbrachten, die ihn immer wieder anstachelten, den Charme seiner Geschichten zu versprühen, Klavier zu spielen, stundenlang, Abende lang. Alle fühlten: Was für ein Geschenk!

Peter Schäfer von der Gesellschaft für deutsch-französische Freundschaft entschloss sich, am Haus Wolfhartsgasse 6 eine Gedenktafel anzubringen, Französischlehrer Wolfgang Schubert fotografierte beim Konzert, Rosa Grimm von der Gesellschaft für christlich-jüdische Zusammenarbeit sandte Rosen. Im BR-Studio kamen wir später auf die Idee, als Geschenk zu seinem 88. Geburtstag ein Trikot vom Fußballclub »Würzburger Kickers« zu schicken. Wir ließen »1« und »Glanzberg« aufdrucken. Glanzberg hat es im Sommer oft durch Neuilly getragen.

Der Historiker Hans Steidle überschlug sich darin, ihm alte Dokumente über Würzburg zusammenzutragen. Vom Hause des Kulturamtsleiter Paul Pagel aus telefonierte er mit seinem Jugendfreund Kurt Frank in Schweden, den er schon ein halbes Jahrhundert nicht mehr gesehen hatte. Beide weinten wie damals 1947 bei dem Tino-Rossi-Konzert in Schweden vor Rührung. Willy Zehner, den letzten aus der alten Theater-Ära, traf er bei einem Spaziergang. Die Klassenkameradinnen Rita Hartig und Marianne Löffler, letztere die Tochter des 1933 abgesetzten Oberbürgermeisters, besuchten ihn im Hotel. Beide waren Ehrengäste des Konzerts, und Marianne reiste deshalb eigens aus München an und auch andere Bekannte aus Kinderzeiten riefen an. Bei einer Nachbarstochter aus der Wolfhartsgasse musste ich Spion spielen, und erst einmal hören, ob die betreffende Dame überhaupt noch – er machte kreisende Bewegungen vor der Stirn. Ja, da oben war die Dame noch klar. Glanzberg nahm also den Hörer: »Warst du nicht die Tilly, die jeden Abend von einem anderen Kavalier heimgebracht wurde?« Überraschtes Schweigen am anderen Ende der Leitung. »Meine Schwester und ich haben das vom Wohnzimmerfenster aus beobachtet.«

Und als er erstmals die Tochter seines Entdeckers, des Geheimrats Professor Hermann Zilcher traf, vor dem er als junger Klavierschüler im Konservatorium einst ehrfürchtig stillgestanden hatte, da war er selbst wieder ganz der charmante Kavalier. Die Eleganz dieser Dame verdrehte ihm den Kopf: »Es freut mich, eine so schöne Frau kennen zu lernen. Sind Sie verheiratet?« Wenn er jünger gewesen wäre, so Glanzberg nach dieser Begegnung, hätte er Helga Zilcher ganz gern geheiratet.

Das war also sein neues Würzburg. Hier war er plötzlich wieder eine Art Star, den man sogar auf der Straße erkannte. Aber tatsächlich gab es die Stadt seiner Kindheit nach dem

Bombenangriff des 16. März 1945 nicht mehr. Er sah es bei jedem seiner Spaziergänge, weil die Wolfhartsgasse jetzt viel zu breit war und das heutige Haus Nummer sechs lange nach dem Krieg gebaut worden war. Weil keine Droschken mehr am Vierröhrenbrunnen standen. Weil auf der Domstraße das »Lu-Li«-Kino fehlte. Das alles hätte er schon gern wieder gesehen. Aber diese völlige Veränderung milderte auch die Angst vor der Erinnerung. Die Gespenster der Uniformen verfolgten ihn nicht bis hierher, jetzt lebte er in einer anderen, einer sorgloseren Zeit.

Eigentlich hatte Glanzberg sofort nach dem Konzert abreisen wollen. Aber dann begann er auf einmal, die Rückfahrt aus angeblich unumstößlichen Gründen um einen Tag hinauszuschieben, und dann um noch einen und noch einen, bis daraus eine ganze Woche geworden war: »Du weißt doch, mir geht es so schlecht. Ich glaube, wir können heute unmöglich fahren. Außerdem hat Serge ja noch gar nicht gepackt.« Dass er sich in Würzburg einfach nur wohl fühlte, hätte er nie zugegeben.

Und Serge hatte tatsächlich nicht gepackt. Nicht bei jener ersten Reise und auch nicht bei allen späteren. Vielmehr war er dem Vater ständig mit Jürgen Schultheis, einem Würzburger Filmemacher, auf den Fersen, der die Kamera bediente. Glanzberg wollte offiziell davon nichts wissen, obwohl er natürlich genau bemerkte, was vor sich ging: »Ihr macht das alles hinter meinem Rücken«, schimpfte er. »Ihr seid Verräter! So ein Quatsch! Wer würde schon einen Film über mich sehen wollen?« Er wollte auf keinen Fall zugeben, wie gerührt er war. Ein wirklich wütender Glanzberg wäre aber natürlich nicht zu filmen gewesen. Serge schob ihm den Empfänger des Kragen-Mikrofons in die Manteltasche und flüsterte: »Psst, das ist eine Bombe!« Breites Grinsen, Kopfschütteln. Damit war bis zur nächsten vorgeblichen Empörung alles in Ordnung.

Später in Paris war er dann eines Abends so gut gelaunt, dass Serge es wagte, ihm die Urfassung des Films zu zeigen. Das war ein enormes Risiko. Würde er toben? Ihm androhen, dieses Machwerk zu verbieten? Doch sein Vater sagte am Ende des Films einfach nur: »Gut gemacht, Serge.« Wir konnten es kaum glauben. Es war einer der seltenen Augenblicke, in denen Glanzberg ein Zeichen gab, dass er das Leben zumindest manchmal immer noch liebte.

Kämpferisch blieb er dagegen bis zum Schluss. So sehr, dass es Serge mit der Angst zu tun bekam. Die Historiker begannen Ende der neunziger Jahre, die weißen Westen von Deutschlands Nachbarn auf verblichene Flecken aus dem Dritten Reich abzusuchen. Auch Frankreichs Weste war befleckt, und nicht nur wegen seiner Politiker. Auch wegen der Künstler und derjenigen, die die Künstler zu Stars gemacht hatten. Die französische Autorengesellschaft SACEM geriet in den Verdacht, Juden um ihre Tantiemen betrogen zu haben. Journalisten riefen bei Glanzberg an, und der erinnerte sich an die schweren ersten Jahre nach seiner Ankunft in Frankreich. »Ich wurde nicht in die SACEM aufgenommen und musste in die italienische Autorengesellschaft eintreten, weil ich sonst keine Chance auf nur einen Franc an Tantiemen gehabt hätte!« Er redete sich vor den Fernsehkameras daheim in Neuilly in Rage, und ganz Frankreich sah zu. Der SACEM-Skandal mit Norbert Glanzberg als Kronzeugen – für Serge war das ein Albtraum. Ständig musste er befürchten, dass der Vater von den Verantwortlichen der SACEM verklagt werden würde. Doch diese Angst war Glanzberg völlig egal. Man hatte ihm Unrecht getan, daran war nicht zu rütteln. Und endlich durfte er das auch sagen! Mit jedem neuen Kamerateam geriet er mehr in Fahrt. Es kam keine Anzeige, obwohl die SACEM Serge zu verstehen gab, dass hier Gnade vor Recht erging, weil sein Vater so alt war. Generell sei man von seiner Geschichte aber nicht überzeugt. Doch er konnte sie mit seinen Papieren beweisen:

Nachdem er das übliche Examen für Komponisten abgelegt hatte, wurde er am 26. Januar 1945 in die *Société d'Auteurs, Compositeurs et Editeurs de Musique*, kurz SACEM, aufgenommen. Das war das Ende einer beschämenden Reihe von Bittgängen. Kaum entlassen aus der Armee, mitten im Krieg, hatte er noch im November 1940 einen solchen Antrag gestellt – ohne Erfolg natürlich.

Als die Deutschen endlich geschlagen waren, versuchte er es sofort erneut und schrieb am 29. November 1944 an den Präsidenten der SACEM: »Während des ersten Jahres meines Aufenthalts habe ich zahlreiche Bemühungen angestellt, die alle nicht fruchteten, weil die SACEM keine Ausländer mehr aufnahm. 1934 bin ich in Rom, 36 Via Valadier, in die SIAE eingetreten.« Über die italienische Autorengesellschaft verdiente Norbert in den folgenden sechs Jahren nur mühsam sein Geld. Und dann: »1939 in die polnische Armee in Frankreich eingezogen, entwickelte sich die Situation für mich schnell in eine Richtung, die mir weitere Bemühungen nicht erlaubte: Der Waffenstillstand und seine Strenge gegen die Israeliten waren der Grund dafür.«

Welche Ironie: Das Land, in das er sich gerettet hatte, verweigerte ihm hartnäckig, seinen Lebensunterhalt verdienen zu dürfen. Dagegen war das im faschistischen Italien alles plötzlich kein Problem – Ausländer hin oder her, Jude hin oder her, es interessierte nicht einmal, dass er in Frankreich und nicht in Italien lebte. Diese Erinnerungen und der späte Skandal in der französischen und auch deutschen Presse passte so recht in das negative Bild, das Glanzberg von Musikverlagen und Autorengesellschaften hatte und für die er tiefste Verachtung empfand.

Und das, obwohl sich die Medien langsam wieder für ihn zu interessieren begannen.

»Schießen sie auf den Pianisten!«, stand über dem Artikel, den mein Kollege Wolfram Hanke 1999 im Musikmagazin *Rolling Stone* über ihn schrieb. Das las Filmemacher Roger Willemsen und rückte mit einem Kamerateam bei Glanzberg an. Der hatte zwar wenig Lust, schon wieder seine Geschichte zu erzählen, aber was er sagte, reichte Willemsen, um ihn überlebensgroß auf einer Riesenleinwand bei der Weltausstellung in Hannover erscheinen zu lassen. Natürlich wurde er dazu eingeladen. Aber er hatte keine Lust hinzufahren. Obwohl das einfach gewesen wäre, denn er hielt sich zu dieser Zeit gerade in Würzburg auf. »Ach, alles Quatsch! Was soll ich denn da?«

Würzburg sollte zu einem festen Bestandteil seiner letzten Jahre werden. Ein Jahr nach dem Konzert mit Hanna Schygulla fing er in Neuilly in seinem türkisblauen Zimmer auf einmal wieder mit dem Klaiverspiel an. Eigentlich weigerte er sich nämlich schon seit langem, weil ihm seine Hände nicht mehr so gehorchten, wie er wollte. Aber jetzt heckte er einen Plan aus: »Hör mal, das hier hat vor vierzig Jahren Tino Rossi gesungen. Dann hat es Luis Mariano gesungen und dann ein französischer Kinderchor. Übrigens waren sie alle nicht besonders. Du weißt ja, Tino war furchtbar unmusikalisch. Hier in der Mitte ist eine Stelle, die musste ich wegen ihm ändern. Ich habe sie leichter gemacht. Eigentlich muss das so klingen ...«

Glanzberg brummelte beim Spielen: »Noël c'est l'amour«. Und er hatte eine ganz klare Vorstellung, was damit geschehen sollte. »Das war ein erfolgreiches Weihnachtslied in Frankreich. Ich hätte gern, dass das zu Weihnachten von einem guten Kinderchor gesungen wird. Am besten im Würzburger Dom.« Serge hat diese Idee richtig interpretiert: Für seinen Vater war das ein Witz der Geschichte. Sein Weihnachtslied, das französische Lied des verjagten Juden aus Würzburg, gesungen im Dom der Stadt seiner Kindheit! Wo er als Junge schüchtern hinten gestanden hatte, als man ein Requiem für seinen Klavierlehrer Professor Niebauer spielte, der bei einer Bergtour abgestürzt war.

Keine Woche nachdem er diese Idee in die Welt gesetzt hatte, stand »Noël c'est l'amour« auf dem weihnachtlichen Konzertprogramm der »Domsingknaben«. Dem Domkapellmeister Siegfried Koesler hatten ein kurzer Blick auf die Noten und eine Aufnahme von Norbert am Klavier genügt, um sich zu entscheiden: »Ein sehr schönes Lied. Wir machen das. Es kommt auch auf unsere neue CD!« Und Glanzberg hatte einen neuen Vorwand, um wieder nach Würzburg zu reisen – eine Geschäftsreise natürlich! Kinder singen zu hören rührte ihn ungeheuer. Außerdem gab es da noch eine vage zweite Idee, mit der er spielte: »Sag mal, kennst du den Bischof? Was ist das denn für ein Typ?« Also wurde ein Treffen mit dem Bischof arrangiert. Er lud den Komponisten zu sich in seinen Domherrenhof aus der Renaissance ein, der für einen einzelnen Bewohner auf erdrückende Weise zu groß ist. Eine solche Einladung war gar nicht selbstverständlich, denn Bischof Paul-Werner Scheele galt als freundlicher Mann, der aber gern allein mit seinen theologischen Büchern blieb.

Die beiden hatten kein Problem, ein gemeinsames Thema zu finden: Sie liebten beide Musik. Zusammen gingen sie ins Wohnzimmer des Kirchenmannes, setzten sich ans Klavier und spielten zuerst Mozart und Bach, bevor Glanzberg fragte: »Kennen Sie das hier?« – »Suite Jiddisch«. Er erzählte von seiner Kindheit, vom Requiem für Niebauer, von seiner Flucht, seinem Überleben. Der Bischof hörte genau zu. »Ich bin froh, dass Sie hergekommen sind«, sagte er leise. »Dass Sie uns das alles nicht nachtragen.« Der Bischof war Glanzberg sympathisch. Er empfand seinen Besuch als Triumph. In der Zeitung erschien ein Bild der beiden am Klavier: »Das müssen wir meiner Schwester nach Amerika schicken!« Am Abend rief er Liesel sofort an. Und nochmals, nachdem »Noël c'est l'amour« als festliches Finale des Weihnachtskonzertes im Dom gleich zweimal gespielt wurde – der riesige Applaus verlangte das. »Sie sind Herr Glanzberg«, bestürmte man ihn. »Mein Sohn singt im Chor. Ihr Lied findet er so schön, wir hören zu Hause seit Wochen nur noch dieses Lied. Dabei kann unser Sohn gar kein Französisch.«

Damals wurde bereits an einem neuen Kapitel der musikalischen Glanzberg-Story geschrieben: an der »Suite Jiddisch« als Orchesterwerk. »Als ich jünger war, hätte ich das selbst machen können«, sagte Glanzberg. »Aber ich dachte immer: Welches Orchester würde sich für so was interessieren? Da habe ich es gelassen und es nur für zwei Klaviere geschrieben, damit es überhaupt aufgeführt wird.« Und mit beinahe neunzig Jahren fühlte er sich zu alt für ein solches Projekt. Es war sein Freund Fred Chaslin, der nur ein paar Meter weiter in Neuilly wohnte und einfach anfing, die Klavierpartitur für Orchester zu arrangieren. Fred war ein Dirigent wie er im Buche steht: Kaum zwei Tage am selben Ort, dirigiert er an einem Tag die Wiener Staatsoper und am nächsten das Philharmonische Orchester in Jerusalem, und schwärmte wie ein Seemann von seinen angeblich unzähligen Geliebten in aller Welt. Allein das verband ihn sehr mit Glanzberg.

Eines Tages brachte Fred ihm die ersten drei Sätze der neuen Orchesterfassung der Suite. Glanzberg rief mich an und bebte vor Wut: »Das hat er hinter meinem Rücken gemacht! Das ist sehr riskant! Wie kann er wissen, ob ich das gut finde, was er da macht?« – »Und findest du es gut?« – »Im Großen und Ganzen schon, aber riskant ist es trotzdem. Fred ist ein Freund. Was mache ich nun, wenn mir der Rest nicht gefällt? Wie könnte ich ihm das sagen? Es wird einen Riesenkrach geben.« Tatsächlich spielten sich bis zur Uraufführung, die Fred nach Metz vergeben hatte, dramatische Szenen ab. Der Termin rückte unerbittlich näher, doch der viel beschäftigte Dirigent schien noch lange nicht fertig zu sein. Glanzbergs Sinn für bevorstehende Tragödien lieferte dies Nahrung: »Ich verstehe Freds Verhalten einfach nicht!« Erst wenige Wochen vor der Aufführung schien endlich Bewegung in die Sache zu kommen.

Serge ließ den Arrangeur seines Vaters, Stefan Walter, kommen, um Freds Handschrift am Computer zu erfassen. Doch die Zeit rannte davon. Eine Fassung löste die nächste ab. Und Glanzbergs explosives Temperament entlud sich in Blitze und Donner. Just am Tag der Abreise nach Metz wurde dann doch noch alles fertig. Stefan Walter brachte Serge und seinen Vater zum Zug, nachdem man es gerade noch geschafft hatte, alle Noten zu kopieren. Als der Zug anfuhr und sich die Türen hinter den im letzten Moment zugestiegenen Glanzbergs schlossen, hatte Stefan Walter auf einmal das Gefühl, dass ihm die Knie nachgaben: »Ich glaube, ich war einem Nervenzusammenbruch nahe.«

Doch Fred Chaslin hatte gezaubert. Die Orchesterfassung

der Suite war gut. Sehr gut. Für Glanzberg war das ein wichtiger Testlauf, denn er sah die Suite als sein eigentliches Hauptwerk an. Sie sollte nach seinem Willen einen Siegeszug durch die großen Konzertsäle der Welt antreten – und wenn er groß sagte, dann hieß das ganz groß. Sein Wunsch war, dass sie eines Tages von einem Orchester wie den Berliner Philharmonikern gespielt würde. So, wie es fast schon einmal geschehen war. Ein paar Jahre, nachdem er die Suite geschrieben hatte, traf er in England Leonard Bernstein, der für ihn neben Carlos Kleiber der Größte am Dirigentenpult war. »Ich habe ihm meine Suite gezeigt«, erinnerte sich Glanzberg. »Dann packte er mich an der Schulter und sagte: ›Ich spiel sie dir, deine Suite!‹ Er dachte an Yefim Bronfman als zweiten Pianisten.« Seine Zuhörer fragten dann atemlos: »Und was ist dann passiert? Warum hat Bernstein die Suite nicht gespielt?« – »Er ist gestorben.«

Der Logik des Gefühls nach musste auf die Uraufführung in Frankreich eine deutsche Erstaufführung folgen. »Sag mal, kennst du den neuen Generalmusikdirektor von Würzburg? Was ist denn das für ein Typ?« Es war Glanzberg ein dringendes Anliegen. Schon wenige Tage später hatte ich einen dicken Umschlag mit dem Klavierauszug im Briefkasten. Ich ließ mir einen Termin bei dem neuen Generalmusikdirektor geben und fuhr zum Mainfrankentheater. Der neue Dirigent war ein Schweizer namens Daniel Klajner, wie Fred war er 37 Jahre alt und ihm auch sonst recht ähnlich. Ich hatte das Gefühl, keine Zeit verlieren zu dürfen. »Es dreht sich darum«, sagte ich und ließ den Umschlag auf den Tisch fallen. Der Dirigent hörte sich Glanzbergs Geschichte an und dachte nach: »Was glauben Sie, bei wie viel Prozent der Würzburger Glanzberg bekannt ist?« – »Für einen vollen Konzertsaal reicht es allemal.«

Klajner war zufrieden: »Für die kommende Spielzeit sind Sie zu spät dran. Aber in anderthalb Jahren wäre es wieder ...« Nein! In mir sträubte sich alles! »Der Mann wird in diesem Jahr neunzig! Am 12. Oktober!« Er begriff: »Oh, genau an dem Tag ist mein erstes Sinfoniekonzert! Doch das ist schon verplant. Musik aus Frankreich zum Thema Zigeuner.« – »Na wunderbar! Ist Glanzberg etwa kein französischer Komponist? Schmeißen Sie doch einfach einen Programmpunkt raus und nehmen Sie stattdessen die Suite rein!« Der Dirigent behielt den dicken Umschlag, las den Klavierauszug durch und rief dann an: »Das ist wunderbar! Das machen wir!«

Für einen Glanzberg gab es in dieser Stadt keine Grenzen. Da trieb der Bürgermeister höchstpersönlich fehlendes Geld für zusätzliche Musiker auf. Da wollte man eigentlich keinen Kulturpreisträger, der nicht in Würzburg geboren war. Doch Gudrun Fella vom Kulturamt, die Glanzberg verehrte, hielt den Räten in der Stunde der Entscheidung eine so flammende Rede, dass provinzielle Argumente einmal keine Mehrheit fanden. Bei dem Konzert sollte ihm diese höchste kulturelle Auszeichnung der Stadt verliehen werden. Wieder reisten die Glanzbergs frühzeitig an. In den Proben saß Glanzberg mit versteinertem Gesicht neben dem Dirigenten und zischte mir hinter vorgehaltener Hand zu: »Die Musiker, ich weiß nicht! Findest du nicht auch, dass sie aussehen ... wie soll ich sagen? So unterfränkisch ... Und die erste Geige – eine Frau! Wie soll das gut gehen?«

Die Würzburger Sinfoniekonzerte finden immer an zwei Abenden statt. Ganz spät erst ging mir auf, dass es ein großes Risiko war, die Preisverleihung für das zweite Konzert anzusetzen. Mir machte Angst, was Serge von einer der ersten Aufführungen der Suite erzählt hatte: Sein Vater hatte die Pianisten abscheulich schlecht gefunden und war vor dem Schlussapplaus aus dem Saal geflohen. Serge musste sich mit der ganzen Kraft eines ehemaligen Gewichthebers gegen die Tür stemmen, um ihn aus der Toilette zu zerren. Gesetzt den Fall, dass die Musiker tatsächlich unterfränkisch spielten – würde Glanzberg dann am zweiten Abend überhaupt noch erscheinen? Eine Suite, die schwerfällig war wie ein Laster, würde er sich ganz bestimmt kein zweites Mal anhören. Erst recht nicht bei einer Preisverleihung. Voller Anspannung verließ Glanzberg am Abend des ersten Konzerts eine halbe Stunde vor Konzertbeginn sein Hotel. Mit düsterer Miene nahm er im Konzertsaal seinen Platz ein – direkt vor der Bühne. Aber schon nach wenigen Minuten begann er ganz sanft mit der Hand zu dirigieren. Nach dem ersten Satz riss er erstaunt die Augen auf, deutete auf einige der Musiker und flüsterte: »Viel Talent!« Der Bann war gebrochen. Als der Schlussapplaus donnerte, warf er der Frau an der ersten Geige Kusshände zu. Der Dirigent sprang von der Bühne und umarmte ihn.

Gelöst und seiner Sache sicher, nahm er am zweiten Abend den Kulturpreis der Stadt Würzburg entgegen. »Für die weltweit anerkannte Lebensleistung eines bedeutenden Musikers«, stand auf der Urkunde. »Hokuspokus. Auf solche Dinge lege ich doch gar keinen Wert«, erklärte er. Doch bereits am nächsten Morgen ließ er die Urkunde zum Einrahmen bringen.

Am Tag nach der Preisverleihung wollte er spazieren gehen. Auf der anderen Seite der Alten Mainbrücke, am Fuß des Schlossbergs, wo er vor achtzig Jahren Schlitten gefahren war, machte er Rast im Café »Brückenbäck«. Die Studentin, die ihn bedienen wollte, blieb wie angewurzelt stehen: »Sind Sie nicht Herr Glanzberg? Ich war gestern im Konzert. Vielen, vielen Dank für diese tolle Musik!« Einer der magischen Glanzberg-Momente. Einer der letzten, was niemand ahnte. Es ging ihm so gut wie seit Monaten nicht mehr. Neue Medikamente gegen seine schweren Depressionen weckten öfter als zuvor wieder die Lebensfreude in ihm. Denn für ihn war schon lange jeder Geburtstag ein Jahr weniger. Er rechnete rückwärts ins Ungewisse und wir, Serge, ich und die anderen Freunde – wir rechneten mit. Wir waren an die gepachtete Zeit gewöhnt. Im Dezember, als ich kurz vor Weihnachten in Paris war, schmiedete er bereits Pläne für eine neue Reise nach Würzburg.

Dann blieb der Zeiger dieser unsichtbaren Uhr stehen. Es war der 2. Februar 2001. Das Würzburger Orchester spielte an jenem Abend Verdis Requiem. »Das ist wunderbare Musik«, schwärmte Glanzberg abends zuvor am Telefon. »Ich wünsch dir viel Spaß im Konzert. Sag mir, wie sie gespielt haben.« Er konnte nicht wissen, dass es in gewisser Weise sein Requiem werden sollte.

Der Anruf von Serge kam gegen elf Uhr abends. Er klang beherrscht und suchte nach Zuversicht in dem Chaos: »Hör zu, es gibt schlechte Nachrichten, Norbert hatte heute Abend einen Hirnschlag. Die nächsten zwölf Stunden werden entscheiden, ob er es schafft.« Er musste auflegen, nicht einmal Serge hat genug Kraft für so etwas. Es schneite an diesem 2. Februar nach Verdis Requiem. Matthias Wagner vom Kulturamt war bei mir. Er verstand, was zu tun war: »Du fährst sofort nach Paris«, sagte er und suchte mir die nächste Zugverbindung heraus. Um 2.34 Uhr reiste ich ab, am nächsten Vormittag fuhren Serge und ich sofort ins Hôpital Americain, wo einst Edith nach ihren Zusammenbrüchen behandelt worden war und wo Glanzberg nun auf der Intensivstation lag. Er konnte weder sprechen noch schlucken. Ob er Schmerzen hatte, war nicht klar. Er erkannte uns, das war offensichtlich. Sein Widerwille war jedoch spürbar. Er hasste diesen Zustand der Ohnmacht.

Wir standen hilflos vor seinem Krankenbett. Konnten wir auf eine Besserung hoffen? Oder sollten wir hoffen, dass es schnell zu Ende ging? Glanzberg hatte mich auf diesen Tag vorbereitet: Wenn es mal so weit ist, hatte er hin und wieder eingestreut, dann bleib ein bisschen bei Serge! Aber Serge war tapferer und stärker, als sein Vater geahnt hatte. Eine Woche nach dem Hirnschlag entließen sie ihn nach Hause. Serge organisierte Krankenschwestern, die seinen Vater rund um die Uhr in seiner Wohnung betreuten. Er selbst verbrachte seine ganze Zeit in Neuilly bei ihm. Eine Besserung war nicht in Sicht. Am 24. Februar sagte Serge zu mir am Telefon: »Wir nähern uns dem Ende.« Nachts träumte ich von Glanzberg. Im Traum war er nicht neunzig Jahre alt, sondern dreißig und vergnügt und frech. Es schneite wieder. Der 25. Februar 2001 war ein kalter, blauer Wintertag, der Faschingszug wälzte sich albern lärmend durch die Stadt. Serge rief wieder an: »Es ist so weit.« Knacken in der Leitung. Er konnte nicht weitersprechen.

Die Todesanzeige von den Würzburger Freunden, die Paul Pagel vorschlug, der Organisator seines ersten Konzerts, lautete: »Und trotzdem!« und darunter wurden Norbert Glanzbergs Bild und Daten gedruckt. Sein Bekenntnis, das Ende seiner Suite.

Norbert Glanzberg war seit drei Monaten tot, als sein Freund Fred Chaslin die »Suite Jiddisch« in Jerusalem dirigierte, anlässlich der Feierlichkeiten zum 90. Geburtstag des legendären Jerusalemer Bürgermeisters Teddy Kollek. Das Konzert wurde im Fernsehen in ganz Europa übertragen. Auch das Berliner Jugendorchester spielte an einem sonnigen Herbsttag, dem Tag der Deutschen Einheit, die Suite. Die Bühne stand direkt hinter dem Reichstag. Der Kreis hatte sich geschlossen.

Dank

Norbert, ich danke dir: Wenn es so etwas geben sollte wie ein Geschenk der Götter, dann warst du meins. Oft frage ich mich: Wo zum Teufel bist du, was fällt dir ein, dich gerade jetzt aus dem Staub zu machen? Ich habe nicht genug Luft, um Worte zu finden. Es gibt keine zweite Chance. Oder um mit dir zu sprechen: Wieder einer weg, Vorhang! Doch warum durften es nicht noch ein paar außergewöhnliche Jahre mehr sein? Vielleicht beschenken die Götter einen Menschen nur einmal im Leben. Wie oft bin ich durch Paris gelaufen und wurde die düsteren Gedanken nicht los, die deinen Tod vorwegnahmen. Du würdest mir jetzt zuzwinkern und sagen: Alles Quatsch, es ist doch genug gewesen. Wahrscheinlich denkt man so, wenn man neunzig Jahre alt geworden ist und seinen Frieden mit der Welt vor allem als Kapitulation verstanden hat.

Dieses Buch basiert auf vielen Interviews, die ich mit Norbert Glanzberg in den Jahren 1997 bis 2000 geführt habe. Ich danke Serge Glanzberg: für seine vielfältige Unterstützung dieses Projektes, für seine Erinnerungen und für die zahlreichen Dokumente, Interviewaufnahmen und Fotos, die er aus dem Nachlass seines Vaters zur Verfügung gestellt hat. Ergänzt wurde sein Blick durch die Erinnerungen von Norberts Schwester Liesel Adler, Niura Baruk, Danielle Wasserman, Maiita Desmarais, Hanna Schygulla, Gisela May, Hubert Giraud, Jan George, Dr. Hugo Heyn, Rita Hartig. Einige Zitate sind Glanzbergs Aufsatz »So war es« in dem Sammelband Prägungen entnommen, den Dr. Georg Lechner, der ehemalige Leiter des Goethe-Instituts Paris, 1990 im Düsseldorfer Stefan-Bollmann-Verlag herausgegeben hat. Bernard Marchois vom Edith-Piaf-

Museum in Paris stellte ein Foto von Norbert Glanzberg mit der Piaf sowie Informationen zu den Tourneen zur Verfügung. Das Entstehen des Textes begleiteten meine »Erstleser« Cornelia Boese und Frank Hollmann, denen ich ebenso herzlich danke wie Claire Pascal, die bei den Übersetzungen aus dem Französischen half und die zu Norbert Glanzbergs Würzburger Freundeskreis gehörte. Dank auch an Ernst Weckert und Werner Dettelbacher. Professor Dr. Wolfgang Altgeld und Verena Spinnler von der Universität Würzburg sowie Professor Itzhak Markus gaben wissenschaftliche Hinweise. Für das einfühlsame und engagierte Lektorat danke ich Berrit Barlet und Dr. Constanze Krings. So macht Zusammenarbeit Spaß! Dank außerdem an Robert Hueltner, Ansgar Nöth, Jürgen Schultheis, Dr. Hannelore Vogt und ihr Team der Stadtbücherei Würzburg – und nicht zuletzt an meine Eltern Renate und Lothar Freyeisen.

Lebensdaten

12. Oktober 1910: Norbert Glanzberg wird in Rohatyn, Galizien, Österreich-Ungarn, als Sohn von Malka und Samuel Glanzberg geboren.

1911: Auswanderung der Familie nach Würzburg.

1914: Samuel Glanzberg zieht als österreichischer Sanitätssoldat in den Ersten Weltkrieg, Malka entdeckt Norberts musikalisches Talent: »Mama, warum weint die Musik, warum lacht die Musik«, Geburt der Schwester Liesel

um 1924: Unterricht in Klavier und Komposition am Würzburger Staatskonservatorium für Musik

1928: Kapellmeister-Eleve am Würzburger Stadttheater

1929: Wechsel ans Aachener Stadttheater

1930: Korrepetitor im Berliner »Admiralspalast« für die »Csárdásfürstin« mit Hans Albers

1931: Filmkomponist für die »Comedian Harmonists« in Billy Wilders »Der falsche Ehemann« und für Erich Kästners »Dann schon lieber Lebertran«

1932: In der NS-Zeitung *Der deutsche Film* wird Glanzberg persönlich angegriffen.

1933: Flucht nach Paris, Hungerjahre, Beginn der lebenslangen Freundschaft mit Niura Baruk

um 1935: Pianist für Django Reinhardt, erste Begegnung mit Edith Piaf

1937-1938: Filmhits für den Chanson-Star Lys Gauty, Pianist in Val d'Isère in der Bar des später berühmten Malers Jean Fautrier

1939: Soldat in der polnischen Exilarmee in Frankreich

1941: Klavierbegleiter von Edith Piaf und Tino Rossi in der

Freien Zone; die Piaf versteckt ihren Geliebten Norbert Glanzberg im Schloss der Gräfin Pastré bei Marseille

1943: Verhaftung in Nizza, abenteuerliche Rettung durch Verbindungen zu Tino Rossi und Marie Bell, Versteck in Antibes bei Georges Auric und dem Ehepaar Laporte

1944: Freundschaft mit Maurice Chevalier, Kriegsende und Befreiung in Varilhes bei Toulouse

1945: Rückkehr nach Paris, Aussagen in Kollaborationsprozessen zugunsten von Chevalier und Mistinguett

1947-1950: Tourneen nach Skandinavien, in den Nahen Osten, nach Südamerika und Kanada als Pianist von Tino Rossi, Renée Lebas und Charles Trenet, Wiedersehen mit den Eltern und Schwester Liesel in New York

1949: Yves Montand singt »Les grands boulevards«.

1951: Edith Piaf singt »Padam … Padam«.

1952: Hochzeit mit Marischka Mazurek, »Padam … Padam« gewinnt den Grand Prix des disques, Kauf eines Kinos mit Danielle und Roger Wasserman.

1956: Filmmusik zu »Der Kurier des Zaren« mit Curd Jürgens und »Die Braut ist zu schön« mit Brigitte Bardot

1958: Edith Piaf singt »Mon manège à moi«.

1959: Geburt des Sohnes Serge

1960: Tino Rossi singt »Noël c'est l'amour«.

1962: Petula Clark singt »Chariot«, das Glanzberg an Franck Pourcel verkauft hat – die englische Version »I Will Follow You« wird durch den Kinofilm »Sister Act« weltberühmt.

1966: »Padam … Padam« wird beim ersten Russland-Besuch von Charles de Gaulle im Kreml gespielt.

1984: »Suite Jiddisch« für zwei Klaviere, Lieder nach Texten der Anthologie »Der Tod ist ein Meister aus Deutschland«

1991: Gisela May singt die Lieder in Berlin, Etienne Daho mit Pop-Version von »Mon manège à moi« erfolgreich.

1996: Marischka stirbt.

1998: Hanna Schygulla singt die Lieder in Würzburg

1999: Die »Würzburger Domsingknaben« führen »Noël c'est l'amour« auf.

2000: Der Dirigent Fred Chaslin orchestriert die »Suite Jiddisch«, Würzburger Kulturpreis anlässlich der deutschen Erstaufführung.

25. Februar 2001: Norbert Glanzberg stirbt in Neuilly-sur-Seine, Jerusalemer Aufführung der »Suite Jiddisch« wird in ganz Europa ausgestrahlt, zum Tag der Deutschen Einheit wird sie vom Berliner Jugendorchester vor dem Reichstag aufgeführt.

Werkauswahl

»Hasch mich«
1931, Interpreten: »Comedian Harmonists« im Billy-Wilder-Film *Der falsche Ehemann*
»La belle marinière«
1938, Interpretin: Lys Gauty
»Sans Penser«
1939, Interpretin: Lucienne Delyle
»Sans Penser«
1942, Interpretin: Edith Piaf
»Sophie«
1946, Interpretin: Edith Piaf
»Entre nous«
1947, Interpretin: Renée Lebas
»Tout le long des rues«
1947, Interpret: Renée Lebas
»Moi je m'en fous«
1946, Interpret: Yves Montand
»Grands boulevards«
1949, Interpret: Yves Montand
»Noël c'est l'amour« (instrumental)
1956, im Brigitte-Bardot-Film *La mariée est trop belle*
»Noël c'est l'amour«
1960, Interpret: Tino Rossi
»Noël c'est l'amour«
1999, Interpreten: »Würzburger Domsingknaben«

»Padam...Padam«
1951, Interpretin: Edith Piaf
»Padam...Padam«
1977, Interpretin: Catherine Ribeiro
»Padam...Padam«
1992, Interpretin: Ute Lemper
»Padam ... Padam«
1999, Interpret: André Rieu
»Padam ... Padam«
2003, Interpret: Chimene Badi
»Padam ... Padam«
2003, Interpret: Patrick Bruel
»Mon manège à moi«
1958, Interpretin: Edith Piaf
»Mon manège à moi«
1977, Interpretin: Catherine Ribeiro
»Mon manège à moi«
1993, Interpretin: Etienne Daho
»Au bal de la chance«
1952, Interpretin: Edith Piaf
»A carousel for two« (franz. Mon manège à moi)
Interpret: Ivan Lins
»Suite Jiddisch« (Zwei Klaviere)
1995, Interpreten: Irit Rub-Levy, Daniel Gortler
»In memoriam« (Lieder wider das Vergessen)
1995, Interpretin: Mira Zakai

Zitat- und Bildnachweis

S. 256 Johanna Kirchner, »Im Gefängnis«, in: *Der Tod ist ein Meister aus Deutschland. Deportation und Vernichtung in poetischen Zeugnissen*, hrsg. von Bernd Jentzsch, © Rowohlt Verlage, Reinbek, 1982

S. 257 Franz Werfel, »Der Gute Ort zu Wien«, in: *Das Lyrische Werk,* hrsg. von Adolf D. Klarmann. © S. Fischer Verlag GmbH, Frankfurt am Main, 1967

Fast alle Photos und Dokumente im Bildinnenteil stammen aus dem privaten Nachlass von Norbert Glanzberg. Der Verlag dankt seinem Sohn Serge Glanzberg für die freundliche Genehmigung des Abdrucks. Ausnahmen: S. 9 oben, S. 10 unten, S. 11 oben u. unten: © Astrid Feyeisen; S. 14 oben u. unten: © Daniel Bloch; S. 16 oben: © Wolf-Dietrich Weissbach; S. 16 unten: © Wolfgang Schubert

Liebe Kolleginnen und Kollegen im Sortiment,

ich freue mich sehr, Ihnen heute den Debütroman von Percy Kemp vorlegen zu können, bei dem es sich, wie ich meine, um ein kleines Wunderwerk handelt. Ebenso elegant wie verführerisch in seiner Sprache, entführt uns *Musk* nach Paris, in die Welt des eigensinnigen Monsieur Eme, der alles andere als ein Held, in seiner kompromisslosen Beharrlichkeit jedoch überaus sympathisch ist.

Ich hoffe, dass diese literarische Entdeckung Ihnen ebensolche Lesefreude bereiten wird wie meinen Kollegen und mir, bedanke mich für Ihre Unterstützung im Voraus und verbleibe

mit besten Empfehlungen aus Berlin

Ihr

Hans Christian Rohr

Hans Christian Rohr
Cheflektor